彈性退休制度下
社會養老保險精算問題研究

孫榮 著

財經錢線

前　言

千百年來中國一直都是世界人口大國，在新中國成立初期，中國人口持續高速增長，並創造了三四十年的人口紅利，為中國的經濟增長做出了貢獻。但從中國開始推行計劃生育政策後，人口開始由「高出生、低死亡、高增長」向「低出生、低死亡、低增長」轉變，伴隨著人口增速放緩、人口紅利即將結束，老齡化時代迅速到來。近年來，中國退休人員每年約增加 300 萬人，養老保險「空帳」以 25%左右的速度擴大。隨著人口老齡化進程的加速，退休人員激增，養老金給付面臨著巨大壓力，正在對中國養老保險制度的可持續性形成嚴峻考驗。當前，中國城鎮職工基本養老保險基金收支失衡狀況仍然嚴峻，當期收不抵支的省份從 2014 年的 3 個增加到 2015 年的 7 個。中國養老金融 50 人論壇 2016 年 2 月 27 日發布了《重構中國養老金體系的戰略思考》的報告。該報告稱，中國養老保險體系長期風險的核心問題是養老金缺口大，現行的法定退休制度已經漸漸不再適合中國的人口現狀，難以應對老齡化挑戰。從世界範圍來看，延遲退休年齡主要是兩個原因：緩解養老金支付壓力和增加勞動力供給。而從中國實際情況來看，中國還處於勞動力無限供給階段，中國延遲退休年齡主要是因為養老金支付的巨大壓力。就目前世界範圍來看，解決養老金巨大缺口最簡便易行的方法就是提高退休年齡。中國現行的退休年齡政策是由《國務院關於工人退休、退職的暫行辦法》（國發〔1978〕104 號）文件所規定的男年滿六十週歲，女年滿五十週歲，現行的退休制度屬於明顯的低齡退休，退休年齡偏低就好似倒置的漏鬥，形成了逆漏鬥效應，養老金進少出多，逆漏鬥效應的大小是由退休年齡和平均剩餘壽命決定的，這就標誌著大批勞動者退出生產領域，一方面直接減少了養老金的繳費人數，使養老金的收入規模縮小；另一方面低齡退休者從繳費者變成養老金的領取者，導致養老金支出規模大大增加。因此現行的退休年齡所導致的少收多支，極大地加重了養老金的負擔。相反地，如果延遲退休年齡就可以增加繳費人數和繳費年限從而增加養老金收入，與此同時，縮減養老金給付的年限也減少了養老金的支出，從而達到了一種收支平衡。

2018 年 5 月世界衛生組織（WHO）發布的數據顯示，中國人口預期壽命約為 76.4 歲。其中男性為 75 歲，女性為 77.9 歲，與 2010 年第六次全國人口普查數據相比，男性提高了 2.62 歲，女性提高了 0.53 歲。因此，在預期壽命大幅提高的情況下，依舊按照較低人口預期壽命所制訂的法定退休年齡，是不符合中國人口年齡及結構的發展趨勢的。現行制度下，退休後平均剩餘壽命極大增加，退休後的人群體現出很大的經濟價值，而老年人也表現出強烈的再就業慾望。

養老退休政策事關人民群眾的切身利益，具有較高的複雜性和敏感性，這就需要政府在不斷完善社會保障體系總體框架的同時，積極探索符合中國國情的延遲退休政策方案。為了更好地應對人口老齡化對經濟和社會帶來的挑戰和壓力，人力資源和社會保障部發布了相關信息，加速了有關延長法定退休年齡的討論。來自學術、政府和社會各界對退休年齡的研究和討論日趨激烈。2013 年 11 月 12 日，中國共產黨第十八屆中央委員會第三次全體會議通過的《中共中央關於全面深化改革若干重大問題的決定》指出：研究制定漸進式延遲退休年齡政策。明確了頂層設計，延遲退休政策漸行漸近。雖然當前延遲退休方案還未公布，但是國家對延遲退休政策已經定調，預計 2022 年政策落地。

中國現行的退休年齡是在特殊的歷史背景下建立的，與當時的國情和經濟社會發展在一定程度上是配套的，在保護勞動者生產生活，維護社會穩定等方面起到了極大的作用。但隨著社會的發展，人口結構和經濟情況也在改變，以往的退休制度漸漸暴露出其缺點，這一問題也在引起國家和社會的重視。經濟和社會的發展迫切要求對中國的退休年齡制度進行改革，改革的呼聲也在不斷出現。人均壽命的延長和醫療衛生條件的改善是必然趨勢，目前來看，繼續沿用以往的退休年齡政策標準，難以應對人口老齡化、養老保險基金支付等帶來的壓力；從整個國家和社會發展角度來看，延遲退休年齡制度改革利大於弊，成為一個必然的趨勢。根據中國目前的經濟和社會形勢，逐步延遲退休年齡會減少在改革發展中的障礙，符合中國的現實國情。一方面，為了有效應對人口的老齡化，維持養老金的收支平衡，為老年勞動者提供收入保障，必須考慮適時延遲退休年齡。另一方面，延遲退休年齡，延長人均工作年限，勞動者創造的收入將會增加，養老金將增加資金累積和利息收入。因此，延遲退休年齡對於緩解養老金的給付壓力，具有非常現實的意義。

退休制度的設計與整個社會保障的體系構建密切相關，特別是養老保險制度。在現有模式下，需進一步強化勞動者的退休待遇與工作時繳納的保險費用掛勾關係，充分體現多繳多得的給付關係，避免企業逃避責任，產生道德風險。因此，養老保險的制度設計應考慮公平與效率的結合，針對不同的退休決策採取不同的給付標準。

在目前的養老金繳納和支付體系下進行退休制度改革是必然趨勢，但退休制度改革不等同於簡單地延長退休年齡。從國際經驗來看，增強靈活性是一個重要的改革方向，即引入彈性退休制度。彈性退休制的最大特點是有彈性空間，公民擁有選擇權，即採取自願的原則，讓公民在制度框架內自行選擇自己的退休年齡，與簡單延長退休年齡的觀點相比，彈性退休制度更符合中國實際。結合中國人口年齡結構、人口的教育水準、人口撫養比等因素的變化等實際情況來看，彈性退休制具有可行性，應當是未來中國社會養老保險制度改革的選項之一。對彈性退休制下的社會養老保險相關問題進行精算分析，是評價彈性退休制在中國的可行性、財務可持續性的理論基礎，具有重要的理論意義，而理論界對這一領域的研究較少，這也體現出該研究的現實緊迫性。

保險精算是運用數學、統計學、金融學、保險學及人口學等學科的原理與方法，對保險經營進行定量分析，從而為保險業的風險管理決策提供科學依據的一門科學。人壽保險是以人的壽命為保險標的的人身保險。當被保險人死亡或達到保險合同約定的年齡或期限時，保險人承擔給付保險金的責任。保險人對保額的支付責任是不確定的，它依賴於被保人自保單生效之日起的剩餘壽命，而且保險人保險責任的支付時間是隨機的，保額本身也是可以變動的，在此基礎上形成的生命年金理論、保險金理論、保費及責任準備金理論等是壽險精算中的重要內容，它是產品定價、風險管理決策的基礎。與商業養老保險精算原理類似，社會保險精算也需要首先認識保險項目的風險因素，並根據風險水準和承諾的給付水準確定總成本和分攤成本。但中國社會保險項目採用部分累積制，承諾的給付水準與工資水準相關，並隨著通貨膨脹或勞動生產率而調整，保險繳費通常也以工資的一定比例徵收，因此需要預測未來勞動生產率和工資的變動、未來通貨膨脹的變動情況等，這與社會、經濟、人口發展密切相關。因此，社會保險精算比商業保險精算更為繁瑣和複雜。

本書著力研究彈性退休制下社會養老保險精算

的一些重大問題，包括彈性退休社會養老保險精算的年金理論、彈性退休城鎮職工基本養老保險帳户的隱性債務及償付能力等問題的研究。具體而言主要包括：(1) 介紹了中國社會養老保險制度的演變歷程，闡述了在中國實施彈性退休制的必要性與可行性。(2) 研究了彈性退休相關社會養老保險精算的基本問題，如生命年金、保險金、純保費、多重衰減模型等相關精算問題。(3) 研究了彈性退休制下中國城鎮職工基本養老保險帳户的隱形債務與償付能力的精算問題。本書的主要目的是希望通過對彈性退休制下中國基本養老保險帳户財務狀況進行精算分析，評價彈性退休制在中國財務上的可行性，為相關部門在彈性退休制下相應累積基金的建立、防範養老帳户債務風險決策等提供有效的精算參考。退休制度改革涉及範圍廣、政策性較強，是事關民生的大事。在精算的基礎上合理確定養老金待遇核定、領取機制，採取彈性退休制度逐步過渡，對不同人群採取差異化政策，為促進社會穩定、經濟發展和提供就業崗位提供政策保障。

多年來，本人一直從事與彈性退休相關的養老保險精算問題研究，為此付出了許多努力，但社會養老保險精算問題涉及數學、統計學、金融學、人口學等多學科，由於本人水準有限，書中難免存在著缺點與錯誤，懇請廣大讀者批評指正。

孫榮

目　錄

1　社會養老保險制度的演變及研究現狀

從歷史發展來看，養老制度的演變過程與人類自身的發展史是一致的，研究養老制度可以感受到歷史前進的腳步和滄桑巨變。養老從個人和家庭的需要逐步轉變成了一種社會的需要，由個人和家庭的行為演變成社會制度。人類社會已經進入 21 世紀，社會經濟得到空前發展，包括養老制度在內的社會保障制度已經成為國際社會的一種普遍的社會經濟制度。研究養老問題的方法有兩種：一是定性方法，二是精算方法。前者是中國學者普遍使用的方法，但由於缺乏基本數據支持，研究結論的可信度不高；後者是現代研究養老保險的根本方法，邏輯嚴密，測算精確，結論可信。

1.1　社會養老保險制度在國外的發展與改革

社會保險最早出現在德國。早在 1854 年，德國就建立了疾病保險，是社會保險中歷史最長的國家。德國的「鐵血宰相」俾斯麥執政期間，對工人階級實行「鞭子加糖果」的政策，社會保險在工人階級不斷舉行暴動的背景下出抬。然而，對西方國家影響最大的還是英國著名學者的《貝弗里奇報告》。1964 年，倫敦經濟學院教授貝弗里奇受政府委託，負責制訂一個戰後實行社會保障的計劃。該計劃於 1942 年年底以《社會保險及有關服務》為題發表，對西歐各國產生了深遠影響，各國紛紛效仿英國，建立自己的社會保障體系。

崇尚個人自由主義的美國建立社會保障體制的時間則大大落後於西歐國家，直到 1935 年，其正式的社會保障法案才開始生效。但美國社會保障發展很快，現已形成一整套保障體系，並且由於避免了西歐國家建立「福利國家」所帶來的弊端，注重強調個人責任，正確地兼顧了「公平」與「效率」的原則，被證明是一套十分有效的體制。美國社會保障的主要部分就是所謂

OASDHI（old age，survivor，disability and health insurance，OASDHI）體系。

日本的養老保險則是以年金制度為特徵的，它開始於 1947 年日本憲法中的規定：國家必須在一切生活部門努力提高和增進社會福利、社會保障和公共衛生。1950 年提出的「關於社會保障制度的建議」，又對社會保障的概念下了更廣泛的定義。日本的年金制度有兩大系統：一是以一般就業者為對象的厚生年金；二是以個體營業者和農民為對象的國民年金保險。其他西方國家如瑞典、法國、荷蘭、加拿大、澳大利亞等國都有一套所謂完整的養老保險制度。

目前，西方國家的福利制度受到嚴重挑戰，社會保障制度發生危機。各國政府官員和學者都在對傳統體制進行反思，探索新的途徑。總體來說，造成西方國家福利危機的原因有四個方面：

第一，西方各國經濟增長放緩，高速增長時期已過。經濟停滯不前造成政府收支困難，福利支出的能力下降。

第二，人口結構，特別是年齡結構發生了極大的變化。西方國家在經歷了第二次世界大戰後的「嬰兒潮」階段後，人口出生率大幅度下降，人口的死亡率也在不斷下降，平均預期壽命延長，家庭規模縮小，逐步發展為老齡化社會，整個社會的老年撫養問題越來越突出。

第三，社會倫理道德發生轉變，社會財富的代際交換由從青年一代流向老年一代，轉變成從老年一代流向青年一代，越加刺激了低生育率選擇。老年人傾向於更多地向社會尋求收入保障。並且由於婦女社會角色的轉變，家庭養老服務的主要承擔者逐漸消失了。這樣，政府的責任就越來越大。

第四，以「社會福利最大化」的社會保障項目的設計過於慷慨，給現在造成了無窮的後患。「福利剛性」的作用使得維持改革前的保障體制阻力重重。當初建立理想的「福利國家」的設想建立在不堅實的基礎之上，當時的設計者也未預料到當今世界的經濟形勢變化、人口變動及社會環境變化如此巨大。

還有一些發達國家擁有自己獨特的社會保障制度，例如新加坡的公積金制度，它是由雇主和雇員每月繳納一定比例的工資作為公積金，參加這一公積金制度的成員日後可獲得住房、退休養老及醫療保健等方面的社會保障。這是一種強制儲蓄式的社會保障方法，國家承擔管理和投資責任，而不承擔任何費用。這種方法在新加坡等國家取得成功，是否適用於其他國家是有爭議的。

發達國家是在對舊的社會保障體制進行改革，而發展中國家由於社會經濟發展相對落後，養老保險發展緩慢，多數仍停留在社會救濟階段。以智利為代表的拉丁美洲國家實行養老保險私營化改革，鼓勵各部門競爭，雇員自願選擇養老保險的承辦機構。此外，東歐國家及蘇聯解體後的原各加盟國則紛紛對原有的社會保障制度進行改革，以適應變化了的經濟與政治體制。

1.2 中國社會養老保險制度的發展歷程及其改革的目的

1.2.1 中國社會養老保險制度的發展歷程

自 1949 年中華人民共和國成立以來，中國城鎮職工退休制度大致經歷了四個發展階段：

第一階段（1949—1957 年）是養老保險制度建立階段。1951 年 2 月，勞動部和全國總工會擬定了《中華人民共和國勞動保險條例（草案）》，該條例首先在部分地區和行業實行試點，然後擴大到部分地區和行業部門。該條例規定在企業中採取退休制。1953 年 1 月，政務院又頒布了《政務院關於中華人民共和國勞動保險條例若干修正的決定（1953）》。該規定提出：凡工人職員在 100 人以上的國營、公私合營、私營及合作社經營的工廠、礦場及其附屬單位等對職工實行勞動保險。實行勞動保險的企業，提取全部職員工資的 3%作為保險金由全國總工會統籌使用。在此期間，同時確立了國家工作人員退休費用由國家財政負擔。

第二階段（1958—1965 年）是養老保險的完善與發展階段。將企業職工與國家機關、事業單位和黨派團體工作人員的退休辦法合而為一。同時，適當放寬了退休條件，適當調整了退休待遇。

以上兩個階段中，養老保險資金由全國統一使用，由全國及地方工會管理。各參保單位按工資總額的 3%提交保險費，其中的 30%上繳工會，70%留給企業。養老保險基金平衡方式為年內時期平衡，並且是社會統籌。

第三階段（1966—1977 年）是養老保險的倒退階段。之所以稱為倒退階段，是因為該時期受「文化大革命」的干擾，養老保險基金籌集模式由社會統籌回到了「企業保險階段」。1969 年 2 月，財政部頒發《關於國營企業財務工作中幾項制度的改革意見（草案）》。該文件規定：國營企業一律停辦提取勞動保險金。執行該辦法的嚴重後果：一是社會保險基金的統籌調劑工作停止；二是社會保險停止基金累積，實行實報實銷，重新以企業為單位實行「現收現付制」。這時的養老保險基金平衡方式是以企業為單位的年內時期平衡。

第四階段（1978 年以後）為恢復和改革階段。1978—1984 年，中國城鎮職工養老保險基金平衡方式仍然是以企業為單位的年內時期平衡。在養老保險方面還沒有真正實行改革，只是將被「文化大革命」所破壞了的退休金制度逐步恢復起來。1978 年 6 月，國務院頒布了《關於安置老弱病殘幹部的暫行辦法》和《關於工人退休、退職暫行辦法》。這兩個辦法的實施，使養老保險制度有了很大改善，為以後的深化改革奠定了基礎。1984—1995 年為實行養老保險的社會統籌階段，社會養老保險改革有了實質性進展。1984 年起，中國開始在國營企業中實行退休費社會統籌。社會統籌是指由專門機構統一籌劃、統一管理、統一調劑使用退休費用。實行退休費用社會統籌，首先，解決了企業退休費用負擔畸輕畸重的問題；其次，根據以支定籌、略有結餘的原則統籌退休費用，各地累積了一部分基金。但各地統籌的範圍不同，有的實行市、地級統籌，有的實行了省級統籌。並僅限於城市國營企業和部分集體所有制企業，國家機關、事業單位職工的退休費仍由行政事業費解決。這一時期，養老金支付辦法發生了很大變化。原來是根據工作年限，以退休前最後一個月工資的一定百分比計發，退休費由兩部分組成：第一部分是社會養老金，為上年社會平均工資的 20%~25%，每個人所得數額相同。第二部分為繳費性養老金，按職工本人在職期間繳費年限的長短和繳費的多少來計發。繳費滿 15 年的，每月發給指數化月平均工資的 1.5%；繳費滿 10 年不滿 15 年的，每月發給比例為 1.3%；繳費滿 5 年不滿 10 年的，每月發給比例為 1.1%。社會性養老與繳費性養老體現了社會公平與效率相結合的原則。在養老費的負擔方面，提出由國家、企業和個人三方共同負擔的方法。一般來說，企業按工資總額的 20%左右提交養老保險費，其中個人提交工資的 3%（也有的地方按 5%提交，如北京市），國家財政不直接投資，國家的支持體現在稅收上，即養老保險費在稅前列支。這一時期改革的另一重要方面是提出建立多層次的養老保險體制，即有國家資助的基本養老保險、企業補充養老保險和個人儲蓄性養老保險（包括向保險公司投保）。養老保險的覆蓋範圍有所擴大：不但包括國營企業和集體企業，也逐漸吸收合資、獨資企業、個體經營者；不但吸收永久性居民，也有外來流動人口，但各地差別較大，覆蓋面並未統一。

由於職工中年輕人比例高，退休人員少，在純粹的代際轉移支付養老保險模式下，個人儲蓄性養老保險的繳費積極性差。幾種因素結合在一起，個人帳戶制引起了學者和政策制定者的興趣。但社會統籌又不能放棄，因為存在數量巨大的已退休和將要退休者，他們的退休費用只能由社會統籌來解決。1995 年開始，社會統籌與個人帳戶相結合的養老保險模式被正式提出。這一模式的出發點就是考慮到中國人口老齡化程度越來越高，原先設想的「以支定籌，略有結餘」的半基金制籌資模式易受人口老齡化影響。而個人帳戶是一種繳費限定型資金籌集方式，不涉及代際轉移支付，所以不受人口老齡化的影響。個人帳戶制還可以刺激企業和職工繳費的積極性，因為它可以產生「自己繳費完全用在自己身上」的感覺。

1997 年 7 月，國務院頒布了《國務院關於建立統一的企業職工基本養老保險制度改革的決定》（以下簡稱《決定》）。《決定》按照社會統籌與個人帳戶相結合的原則，從三個方面統一了企業職工基本養老保險制度：統一企業和職工個人的繳費比例；統一個人帳戶的規模；統一基本養老金計發方法。《決定》歸納和總結了多年來改革的實踐經驗和教訓，勾畫出了具有中國特色的企業職工養老保險制度的基本輪廓，標誌著中國社會養老保險制度進入了一個新的發展階段。

1.2.2 中國社會養老保險制度改革的目的

中國城鎮職工養老保險制度改革雖然形式上不斷變化，但要解決的問題是相同的。要對養老保險制度進行深入改革，實際是要解決以下問題：

1. 要實現過去的「承諾」

在舊的退休制度下的「承諾」的總量巨大。這裡所指的「承諾」，簡單地說，是指改革開始時已經退休的人員或即將退休的人員，在其餘生要領取的一筆退休金。這筆退休金的數量是舊的退休金制度或勞動就業制度所規定或承諾的。無論改革怎樣進行，這筆承諾必須兌現，這是問題的實質所在。養老保險形式上的變化只是以不同的方式來償還這筆「應付未付款」。這筆款的「償還期」是已退休或將要退休者的平均剩餘壽命。從該意義上說，我們改革的實質是兩個問題：第一，如何兌現舊體制下已做出的「承諾」；第二，對新的就業者做出新的「承諾」，因為以往的「承諾」方式在新情況下變得不太合理了。在做出新的「承諾」時，就要參考以往的經驗教訓和未來經濟、人口因素的變化，使新的「承諾」保持在合理的範圍之內。

2. 要應對所謂的人口老齡化問題

人口老齡化是一個全球人口結構變化的趨勢，人口老齡化的直接後果便是負擔老年系數的上升，在職職工的養老負擔加重。當前，大多數學者認為，中國人口老齡化趨勢已十分明顯且速度比發達國家快，如果情況是這樣，那麼，社會統籌雖然比「企業保險」前進了一步，但仍然不理想。因為社會統籌的本質是在社會範圍內的代際轉移支付，這種形式受人口年齡結構的影響：人口老齡化的結果使後續代際轉移支付規模下降，可以支付上一代承諾的保險金的人數減少。西方國家已遇到類似問題。有研究認為，現在還不是中國人口老齡化程度最高的時期，最嚴重的是到 21 世紀中葉，那時，即使經濟水準大大提高了，仍難以斷定代際轉移支付這種形式是否能夠承受，這是由於社會保障的週期很長，受人口、經濟變量的制約程度很大的緣故。

3. 建立與經濟社會發展相適宜的社會保障體系，消除地區間養老保險的差異，有利於勞動力流動

新中國成立以來，中國已形成一套包括養老、失業、生育、工傷保險及社會救濟、社會福利在內的社會保障體系。但在傳統的計劃經濟體制下產生的社會保障體制，已完全不適應市場經濟的需要了。中國經濟體制改革的重要方面就是建立現代企業制度、建立人才市場、勞動力市場、建立正常的企業倒閉處理機制。沒有統一的養老、失業保障作為配套措施，現代企業制度的建立就會缺乏社會基礎。因此必須積極探索建立與經濟社會發展相適宜的社會保障體系，消除地區間養老保險的差異，為勞動力的自由流動掃除制度障礙。

1.3 彈性退休制度

1.3.1 彈性退休制度提出的背景

千百年來中國一直都是世界人口大國，在新中國成立初期中國人口持續高速增長，並創造了三四十年的人口紅利，為中國的經濟增長做出了貢獻。但 1973 年中國开始全面推行計劃生育政策，人口開始由「高出生、低死亡、高增長」向「低出生、低死亡、低增長」轉變，伴隨著人口增速放緩，到如今人口紅利即將結束，老齡化時代迅速到來，中國進入不可逆轉的老齡化社會。2001—2100 年，中國的人口老齡化進程預計大致分為三個階段。

第一，2001—2020 年為快速老齡化階段。中國以年增長 596 萬的老年人口發展，增速為 3.28%，超過世界人口增長水準的 0.66%標準，人口老齡化進程明顯加快。

第二，2021—2050 年為加速老齡化階段。由於計劃生育政策的實施，中國老年人口加速增長，計劃生育時期的生育人口在此時進入老年期，年均增長 620 萬老年人口。預計到 2050 年，老年人口總量約 4 億。

第三，2051—2100 年為穩定老齡化階段。這一階段，老年人口規模穩定在 3 億~4 億。

從以上分析可以看出，2030—2050 年中國人口老齡化將達到最嚴峻的時期，表現為：老年人口達到高峰、人口撫養將隨老年人口撫養比大幅提高。屆

時，中國將面臨人口老齡化、總人口過多的雙重困境，這一切將會給中國的經濟、社會帶來嚴峻挑戰。

另外，中國養老金給付也面臨巨大壓力。目前，中國退休人員每年約增加300萬人，而中國的養老保險「空帳」卻以25%左右的速度擴大，因此，中國現行的法定退休制度已經漸漸不再適用中國的人口現狀。在目前的養老金繳納和支付體系下，進行退休制度改革是中國發展的必然趨勢。但退休制度改革又不等同於簡單地延長退休年齡。從國際經驗來看，增強靈活性是—個重要的改革方向，即引入彈性退休制度。目前中國是世界上老齡化程度最高的國家之一，2018年中國65歲以上的老年人口已超過1.6億人，而到2050年，這一數字將會達到3.32億人，超過總人口的23%。不僅如此，中國人口的預期壽命已經呈現穩步上升的趨勢。1980—2010年，平均每五年上升約1歲，如果退休年齡政策不變，則意味著老年人口退休後的剩餘壽命不斷增加，給養老金支付帶來的壓力可想而知。對於中國養老金隱形債務，社科院編撰的《中國養老金發展報告2011》顯示，從1997年各級財政開始對養老保險轉移支付算起，補貼規模迅速擴大。2000年各級財政補貼金額為338億元，2006年為971億元，2010年為1,954億元，2011年新增補貼高達2,272億元，財政累計補貼金額達1.252,6萬億元，按此發展必不能解決老齡化高峰期的養老金危機。人口老齡化挑戰是全世界面對的共同課題，歐美國家提高退休年齡已經成為趨勢，而與其他國家相比，中國的法定退休年齡（男性60歲，女性50歲）過低，與預期壽命嚴重不符。有專家指出，到2035年，中國將面臨兩名納稅人供養1名養老金領取者的情況，這種情況被稱為「老齡社會峰值點」，歐美國家一般提前30到35年制定養老戰略，因此，鑒於中國人口壽命延長的實際情況和養老保險基金壓力，應當適當靈活地延遲退休年齡。彈性退休制度的最大特點是有彈性空間，公民擁有選擇權，即採取自願的原則，讓公民在制度框架內自行選擇自己的退休年齡，相比較簡單延長退休年齡的觀點，彈性退休制度更符合中國實際。

1.3.2 中國實施彈性退休制度的可行性

1. 人口平均預期壽命的延長

根據2010年第六次全國人口普查公布的數據，中國總人口為13.397億人（數據未含港、澳、臺地區），其中60歲及以上人口為1.776,4億人，占13.26%，而65歲及以上人口為1.188億人，占8.87%。同2000年第五次人口普查相比，60歲及以上人口比重上升2.93%，65歲及以上人口比重上升

1.91%。另外，20世紀50年代制定法定退休年齡時的人口平均預期壽命僅50歲左右。2000年第五次人口普查，中國人口平均預期壽命達到71.4歲。2010年的普查結果為74.83歲，其中男性人口平均預期壽命72.38歲，較2000年提高2.75歲，女性人口平均預期壽命77.37歲，較2000年提高4.04歲。顯然，女性壽命提高速度比男性更快，且女性壽命較男性更長。因此，在預期壽命大幅提高的情況下，依舊維持按照較低人口預期壽命所制定出的法定退休年齡，是不符合中國人口年齡及結構的發展趨勢的。

2. 中國高學歷群體的初始就業年齡偏大

根據2010年第六次全國人口普查公布的數據，中國省、自治區、直轄市及現役軍人中（數據未含港、澳、臺地區），大學（包括大專以上）文化程度人口約有1.1億人；高中（含中專）文化程度人口約有1.879億人；初中文化程度人口約有5.196億人；小學文化程度人口約有3.587億人。並且，中國的文盲人口（15歲及以上不識字的人）為5,465.7萬人，文盲率為6.72%，比2000年減少2.64%。中國人口受教育文化程度大幅提升的原因在於教育事業的蓬勃發展。自1999年全國教育工作會議以後，高等教育學校也開始大規模擴招，根據國際通用標準，高等學校的毛入學率達到15%的即為大眾化的高等教育。經過多年的擴招，教育部發布的《2017年全國教育事業發展統計公報》顯示，中國全國各類高等教育在學總規模達到3,779萬人，高等教育毛入學率達到45.7%。新增勞動力平均受教育年限已超過13.3年，相當於大學一年級水準。勞動力進入勞動市場前受教育時間延長，初始就業年齡相應延後，通常本科應屆畢業生、碩士、博士研究生畢業平均年齡為24、26、29週歲，甚至可能更晚。另外，女性在更高學歷人群結構中占比越來越大，因此，高學歷女性不僅面臨更晚就業、更早退休的處境，更有甚者，她們在就業時往往還面臨著年齡、性別及生育的歧視。這往往更容易造成人力資本的浪費以及社會生活的不公平，也對中國社會統籌基金的收支平衡形成衝擊。

3. 從生命週期理論看，延遲退休具有合理性

根據美國經濟學家莫迪利安尼的「生命週期消費理論」：個人的消費與其生命週期有關係，人們會在更長的時間範圍以內來計劃他們的生活消費及儲蓄，以此來達到在整個生命週期內消費的最佳配置，並使其消費效用最大化。這一理論區別於凱恩斯的消費函數理論，強調的是當前消費支出與消費者一生的全部預期收入有關。從個人的人生發展階段看，年輕時收入較少，但為購買耐用消費品等生活方面的支出更多，尤其是青年時代，消費與儲蓄相比往往更高；進入中年時代後，收入增加，多餘的部分往往成為儲蓄，並且不斷累加；

到退休後的老年時代，收入降低，消費增加並且成為「負儲蓄」，歷年儲蓄也呈現出遞減趨勢。根據以上分析，人口的平均預期壽命增加，但進入工作的勞動者尤其是高學歷勞動人群，他們進入勞動市場的時間更晚。這意味著在退休年齡不做調整的前提下，個人生命週期中工作年限縮短，個人的自我儲蓄減少。相應的，退休後的生活時間延長，個人生命週期中「負儲蓄」時間更長，並且領取社會保障退休金的時間也隨之延長，同時，通貨膨脹率不斷攀升，個人生活水準可能得不到保障，晚年還有可能陷入貧困的境況。因此，在社會保障繳費率不變的情況下，延長退休年齡是可行且必要的。

4. 從年齡結構看，可降低老年人口撫養比，創造新的動態人口紅利

人口撫養比作為衡量人口年齡結構變化對社會經濟發展影響的重要統計指標，又稱撫養系數，是指總體人口中非勞動年齡人口占勞動年齡人口的比重。其中老年人口撫養比是 65 歲以上的老年人口占 15～65 歲勞動年齡人口的比重，表明每一百名勞動年齡人口要負擔多少老年人口，該比重可用 ODR 表示。

改革開放後，中國老年人口撫養比總體來看是上升的，原因在於中國老年人口不斷增加。因此，中國勞動力減少是遲早的事，延遲退休可以為降低老年人口撫養比，減輕勞動年齡人口負擔提供有利條件。

另外，人口紅利的轉變也為提高退休年齡，延遲退休提供了推力。在不考慮人口素質提高、壽命延長、勞動生產率提高和經濟發展模式轉變的動態指標的情況下，單以勞動年齡人口的比重作為衡量標準來界定的稱之為靜態人口紅利，即第一人口紅利。其核心在於無限供給的勞動力打破了新古典增長理論的勞動力短缺假設，從而保證不會出現資本報酬遞減現象。第一人口紅利源於人口轉變所帶來的勞動年齡人口比重在一定時期內上升，高生育階段出生的人口到了勞動年齡後能補充勞動力供給，使其迅速增加。在生產要素等資本富足的情況下，這既使得勞動力成本很低，又能為經濟增長提供富足的勞動力。但伴隨著人口年齡結構及人口紅利的動態變化，經濟體內不再富有生產力，經濟增長率又將回落到較低的穩態水準。相關的文獻中也已經證明了總和生育率與 GDP 增長間的倒 U 型關係：總和生育率下降，GDP 增長率上升；反之則下降。

但在 21 世紀，老年人口撫養比處於較低水準上的人口轉變時間較短，隨後隨著老年人口撫養比的上升，總體人口撫養比將出現較大回升，其結果是社會總體養老負擔加重，即第一人口紅利開始消失。但未來可能伴隨老年人口比重提高形成新的儲蓄動機及新的人力資本供給，從而出現第二次人口紅利，即人口預期壽命的提高，延長了的平均剩餘壽命可以成為新的源泉。第一，養老保障需求能在多層養老保障體系下增加勞動者的儲蓄率；第二，教育和培訓的

擴大能提高人力資本的集中度，勞動年齡人口生產能力提高；第三，擴大勞動參與率，緩解養老負擔。以上三點作為新的源泉開發能為中國創造第二次人口紅利，但它對於政策的依賴性更強，實施的關鍵在於延遲退休政策的推行，以及在延遲退休勞動者的人力資本存量偏低的情況下，更需要根據配套條件的成熟度來實施。

5. 延遲退休與就業無絕對的替代關係

自 20 世紀 90 年代以來，國內外關於實施延遲退休政策對就業有無影響的研究就一直存在。有學者試著用奧肯定律來解釋延遲退休與失業間的聯繫，並以美國 2004 年的數據加以說明。其觀點認為將退休年齡延遲後，更多的勞動者停留在勞動領域的時間變長，勞動參與率上升，而勞動參與率與失業率相關，因此失業率上升。國內學者的觀點也不盡相同。有學者認為中國每年的新生勞動力約 2,000 萬~2,400 萬，但新增工作崗位只有 1,000 萬~1,200 萬，新增的工作崗位有 30%為「自然更新」，大部分則由退休者替代產生，因此延遲退休會增加失業率。也有學者認為就業與否取決於勞動力市場的供求，居民過早退休，一方面確實讓出工作崗位，但另一方面收入下降後，從宏觀上也使勞動力市場的需求下降，並且社會養老壓力增大後，國家可能提高繳費率及稅率從而增加企業營運成本，導致失業率上升。可能出現的情況甚至還有退休過早將使退休後再就業率提高。

1.4 社會養老保險精算研究的現狀

社會養老保險基金不僅關係到保險人和投保人的利益，而且關係到職工年老退休所造成的經濟損失能否得到及時的足額的補償。在中國還關係到經濟制度改革的成敗，因此，社會養老保險制度的健全和完善具有十分重要的社會意義。多年來，中國許多學者已經致力於這方面的研究，並有諸多建樹。筆者考察了已有的諸多研究，認為不足之處不在於研究的範圍上，而在於研究所運用的方法和技術比較落後，即絕大多數文章都是以定性研究為主，而忽略了定量研究，忽略了精算分析，從而出現人雲亦雲的情況，所得出的結論缺乏基礎數據的支持，可信度低。社會養老保險的性質決定了精算技術在社會養老保險研究中的重要地位。社會保險是國家或政府運用商業保險的某些手段來實現社會保險的目的，主要是運用風險理論和精算學方法，針對公民在勞動和生活中可能遇到的某些風險，運用精算學的方法預測風險損失的大小，建立保險基金，待風險損失發生時給予經濟補償，從而實現社會保障的目的。社會養老保險是社會保險的主要項目，主要借鑑人壽保險的基本理論和精算方法，目的在於處理參加保險者的壽命風險和保險基金營運中的利率風險。

社會養老保險從其萌芽發展至今，已有百餘年的歷史。其在發展過程中經歷了多次創新，每一次創新都離不開精算師們的辛勤勞動。可以說，社會養老保險的重大決策都是以精算師們提供的穩健可靠的精算數據為基礎的。而每一個既定的養老保險制度又必須通過精算使它得到具體展現，形成具體方案。由此可見，對社會養老保險的精算技術和方法的運用已成為社會養老保險研究的一項核心內容。

一種行之有效的社會養老保險制度，必須設計出不同的方案，經過精密的計算和預測，最後從中挑選一種作為實施方案，並且，還得定期檢驗、補充和完善此項方案。作為一般原則，實行任何模式的社會養老保險，第一，必須測算未來幾十年對養老金的需要總額，然後，據以測算需要收繳的養老保險總額，以及國家、企業和個人的保險費率。第二，必須對影響養老保險未來的經營過程中的不確定因素進行詳細分析，並對未來面臨的各種風險，如籌資不足、人口老化、通貨膨脹、投資風險等做出準確的評估，從而提供信息，使該計劃無論是現在還是將來都建立在合理的財力基礎之上。第三，運用精算技術將社會養老制度具體化、量化。可見，對社會養老計劃費用及其可能的變化和面臨的風險做長期預測是精算師們的主要工作，而其結果是否準確和有效首先取決於精算模型的構建及精算方法的採用是否合理和正確。隨著社會養老保險經營經驗的累積和對其風險的認識的不斷深化，保險人對保險方案的制定更趨合理化、複雜化。而用於社會養老保險測算的精算技術和方法，也從簡單的推算和簡潔的表達形式變得複雜和難懂。

精算科學和精算師職業在國外已有 150 餘年的發展歷史。作為人壽保險經營的科學基礎的壽險精算學也得到了很大發展，在保險業中發揮著十分重要的作用。雖然社會養老保險在精算方面採用了人壽保險的原理，但由於社會養老保險與商業的人壽保險有著根本的不同，故不能簡單套用壽險精算模型，需要根據社會養老保險的特點，對壽險精算模型進行修正或重新推導。北美精算師鮑爾斯等著的《精算數學》從兩個方面介紹了退休金計劃的精算原理並推導出一些基本精算模型：一是退休金計劃估價理論，論述了退休金計劃的特點，推導出醵出金、退休受益等指標的精算基本函數；二是退休基金累積理論，推導了用於描述精算成本方法的有用的函數。布朗在《人口數學》中論述和推導了人口統計的一些方法和模型，並介紹了人口普查數據在美國退休金保障上應用的思路和方法。凱利森在《利息理論》中論述了利率變動情況下如何測算每年一元的年金現值和終值，對本書中研究社會養老保險的利率風險具有啓發作用。另外，鮑爾斯等著的《風險理論》和倫敦著的《生存模型》都為本書的研究奠定了紮實的理論基礎。

由於中國引進精算高等教育才 10 餘年的歷史，故從精算角度研究社會養老保險的學者很少，有關這方面的專著和文章所見不多。目前，現有的國內社會養老保險精算主要是對現有退休制度下利率確定與連續隨機條件下的精算問題進行研究。其他大部分只是定性方面的研究。對確定利率條件下的研究主要有：錢文浩、黃潔綱（1995）建立了固定繳款養老金計劃和固定給付的保險費繳納與養老金給付的精算公式；王曉軍（1996）通過建立多減因子模型、工資變動子模型、退休年金精算現值子模型等建立了養老金的給付精算現值；邱菀華和高建偉（2002）、高建偉和丁克詮（2005）、張文慧和吴君民（2007）等分析了個人帳戶養老金給付及發放標準精算模型；王茶香（2005）利用養老保險平衡原理對個人帳戶和社會統籌帳戶職工在崗期間養老金繳納的終值和退休後養老金領取的現值建立了精算模型，這些模型為中國養老帳戶核算提供了精算基礎。由於養老金計劃時間上的長期性，確定利率不能夠反應利率變動的風險性，所以理論上對隨機利率下的社會養老保險精算研究是大趨勢，這方面的研究主要有：高建偉和李春杰（2004）對利率分別以 AR（p）與廣義的 AR（p）建模分析了繳費預定型企業年金保險生存年金的精算現值模型；東明、郭亞軍和楊懷東（2005）對利率以 Wiener 過程建模得到了養老金給付現值的期望值和方差的具體表達式；高建偉和丁克詮（2006）以及高建偉、張興平和高明（2006）對利率分別以 MA（q）、ARMA（q）建模分析了繳費預定型企業年金精算函數；孫榮（2010）以利息力服從 Vasicek 變化過程建立了養老金計劃的多重衰減模型。這些模型對利率進行了隨機化處理，反應了利率變動的風險性，但這些利率模型多是連續的或平穩的隨機模型，不能夠反應利率在時間上的非穩定性。為了彌補這一不足，尚勤和秦學志（2009）等引入了帶跳的非連續隨機微分方程生存模型及連續的 CIR 隨機微分方程利率模型，對隨機條件下的退休年金進行了討論，用統計模擬的方法分析了長壽風險對年金成本的影響，該模型可以保證死力恒正、死亡率發生的跳躍及利率的均值回復特徵，具有一定的理論與實踐意義。上述模型雖然對利率進行了隨機化處理，但均沒有考慮利率時間上突變性的特徵，沒有考慮退休年齡變化對年金的影響，不適用於彈性退休制。孫榮（2016）研究了運用二項分佈擬合退休年齡，帶跳的非連續隨機微分方程擬合利率，帶跳 Feller 過程擬合死力強度的彈性退休制下生命年金、退休年金、退休年金二階矩精算現值與均衡淨保費的多隨機精算模型，並利用模型對相關精算函數進行了模擬測算，這些理論為彈性退休制下的社會養老保險精算奠定了一定基礎。

1.5 居民延長退休方式意願調查

目前中國是世界上老齡化程度最高的國家之一，截至 2017 年年底，中國 65 歲以上老年人口占比飆升至 11.4%，處於快速老齡化階段，而 2021—2050 年，中國將處於加速老齡化階段，這一階段老齡人口將穩定在 3 億~4 億，超過總人口的 23%，老年人口數量達到峰值，老年人口撫養比大幅提高。屆時，中國將面臨人口老齡化、總人口過多的雙重困境，這將會給中國的經濟、社會帶來嚴峻挑戰。不僅如此，中國人口的預期壽命已經呈現穩步上升的趨勢，國家衛生健康委員會發布的《2017 年中國衛生健康事業發展統計公報》顯示，至 2017 年年底，中國居民人均預期壽命已由 2016 年的 76.5 歲提高到 76.7 歲，如果退休年齡政策不變，則意味著老年人口退休後的剩餘壽命不斷增加，同時中國退休人員每年約增加 300 萬人，這給養老金支付帶來的壓力可想而知。中國現有退休制度在人口老齡化背景下導致了退休年齡低齡化、退休人口贍養率提高、退休制度缺乏彈性導致人力資本浪費、由於出生率與死亡率的變化導致勞動力短缺等問題的出現，這些問題的出現使得延遲退休成了我們的必然選擇。從較早進入老齡化社會的西方國家的退休制度來看，為應對老齡化對養老保障制度的衝擊，西方國家延遲退休的方式主要是兩種：固定年齡延遲退休與彈性年齡延遲退休。比如：法國是最先進入老齡化社會的國家，從 2004 年開始，其法定的退休年齡從 60 歲延長到 65 歲，企業職工在 14~16 歲參加工作、保險年限達 40~42 年時間，允許其在 56~59 歲間申請提前退休。在瑞典，職工可以在 65 歲的時候退休，也可以在 70 歲的時候退休，每推遲一個月退休，其養老金就增加 0.6%；在 60~64 歲退休的，每提前一個月退休，其養老金就減少 0.5%；在 60~70 歲之間退休的，可以部分地領取養老金而從事非全日制的工作。英國領取國民養老金的年齡分別為男性 65 歲、女性 60 歲。女性的退休年齡將在 2010—2020 年逐步提高至 65 歲，男性公民國民年金繳費滿 44 年，女性繳費滿 39 年即可獲得全額養老金。女性的繳費期限也將在 2010—2020 年間逐步延長為 44 年。美國的退休年齡為 62 歲，每提前一個月退休的，其養老金水準減少法定退休年齡養老金的 0.56%，推遲一年退休，其養老金水準增加

3%，到2027年時，每推遲一年，其養老金增加8%。彈性年齡延遲退休，即彈性退休制的最大特點是有彈性空間，公民擁有選擇權，採取自願的原則，讓公民在制度框架內自行選擇自己的退休年齡。現有的涉及退休意願調查的文獻主要是對是否願意延遲退休的意願調查。魏徵宇（2009）對城鎮居民延長退休年齡意願進行了調查研究，其結論顯示經濟發展水準、受教育程度等因素會影響延遲退休意願。張樂川（2013）分析了上海市在職職工的延遲退休意願，發現勞動者工作單位的屬性是決定其延長退休年齡意願最為重要的影響因素。劉晗等（2014）研究了天津市居民延遲退休意願，其結論顯示年齡、健康狀況、工作單位類型、收入因素對居民的延退意願有統計學意義。徐露琴（2015）調查了江西省基層公務員的延遲退休意願，其主要結論包括：個人特徵中性別、年齡和受教育程度與之正相關；家庭特徵中有需要負擔的上一代是負向影響，有需要負擔的下一代是正向影響；家庭經濟狀況也顯著影響延遲退休意願；工作特徵中行政級別和月均收入與基層公務員延遲退休意願呈現正相關；其他特徵中工資政策和養老保險政策與其延遲退休意願呈現正相關。田立法等（2017）研究了漸進式延遲退休的居民意願，結果發現：年齡越大、受教育程度越高、身體越健康、收入越高的居民更易於接受漸進式延遲退休年齡政策，身處管理崗的居民要比非管理崗的居民更易於接受該政策，與民營、私營企業職員相比，政府機關、事業單位、國企、外企單位的職員更易於接受該政策。而對固定延遲與彈性延遲的意願比較的相關研究還沒有。當前彈性退休制度已成為眾多國家應對人口老齡化、勞動力市場結構調整的重要政策主張。從西方較早進入老齡化國家的實際情況來看，彈性退休制具有可行性，應當是未來中國社會養老保險制度改革的選項之一，由於中國具體的國情原因，社會養老保障制度假設相對滯後，對國民的退休方式意願進行調查，可以為中國進行養老保險制度改革頂層的延遲方式設計提供重要的民意基礎，具有重要的現實意義。

1.5.1 影響選擇延遲退休方式的因素

（1）居民的個人狀況

①性別。通常情況下，由於生理及心理等方面的原因，女性與男性在延遲退休方式選擇上會有差異。

②年齡。通常隨著年齡的增長，個人對選擇延遲退休的方式會有變化。

③接受教育情況。依據教育耗時耗錢這一不可避免的屬性，接受教育程度越高，則需要花更長時間收回投入的資本，所以受教育程度越高者更傾向於延長工作年限來獲取資本收益。

④身體狀況。通常來說，身體素質較差的人更傾向於依據實際的身體狀況選擇彈性年齡延遲退休。

（2）居民的家庭狀況

①婚姻狀態。通常來說，已婚人士的家庭觀念更強，未婚人士對家的概念比較薄弱。處於不同婚姻狀態的個人對其延遲退休方式的選擇不同。

②家庭經濟條件。許多研究者認為經濟條件是影響延遲退休的決定因素。通常來說，大家會覺得經濟條件富裕的人會更傾向於盡早退休。

③撫養與贍養壓力。需要承擔的家庭責任越重的人群，會希望盡可能延長工作年限來獲取更多的報酬，而通常認為有需要照顧的長輩的人群可能更希望盡早退休以照顧老人。

（3）居民的工作情況

①職業類型。通常來說，工作單位對在職員工提供的福利越高、保障越全面，或工作職位處於領導層的人越傾向於盡可能地延長工作年限。

②月均收入。工資是一個人付出勞動而應得的報酬，一般認為，平均每月工資收入越高的人，越傾向於盡可能地延長工作年限。

③工作滿意程度。從工作中獲得的滿足感會影響一個人對待工作的態度。當心理滿足感較低時，人們會消極對待工作，因此工作效率降低；相反，如果在工作中得到較大的滿足，則會增加工作的激情，願意為工作而努力。對工作的滿意程度也會影響個人延遲退休方式的選擇。

（4）居民的其他情況

①工資變動。通常來說，工資的預期變動會影響居民對延遲退休方式的選擇。

②養老金保險的繳費比例。通常來說，如果職工負擔的養老保險比例變化會影響其延遲退休方式的選擇。

1.5.2 樣本特徵

（1）數據來源

本次調查的目的是研究在可預期的延遲退休政策的條件下影響居民選擇延遲退休方式的主要影響因素。本次調查在 2017 年 12 月份進行，為了保證樣本的代表性，本次調查通過電子問卷調查形式，對重慶市都市區的渝中區、南岸區、渝北區，渝東北的萬州區，渝東南的黔江區、秀山縣、彭水縣，渝西的合川區等區縣進行調研。最終收回問卷共 2,247 份，通過整理研究分析，最後具有研究價值問卷為 2,089 份。此次問卷內容可以概括為四個方面：第一個方面是對受訪者的個人情況的調查，主要有性別、年齡、受教育水準、健康狀況等；第二個方面是對受訪者的家庭狀況的調查，主要有是否有配偶、工資收入、是否有較重的贍養和撫養責任等；第三個方面是對受訪者的工作條件的調查，主要有工作時間、工作單位類型、工作滿意程度等；第四個方面是瞭解受訪者對當前退休政策的看法。

（2）變量的選取及定義

本研究主要是分析重慶市居民對延遲退休方式的意願調查，因變量為支持彈性延遲退休或支持固定年齡延遲。通過調查樣本的數據對延遲退休方式意願進行統計描述，更加可以直接體現居民對延遲退休的看法，見表 1-1。

表 1-1　因變量的描述統計分析

因變量	頻數	百分比（%）
支持固定年齡延遲	824	39.45
支持彈性年齡延遲	1,265	60.55
合計	2,089	100.00

由表 1-1 可以看出，居民中同意固定年齡延遲的人數比例只有 39.45%，處於較低水準。據此，需將各種因素對延遲退休意願的影響程度進行量化分析並建立迴歸模型。在張樂川（2013）與劉晗等人（2014）的分析成果的基礎上，本研究從四個方面取出了 16 個指標來對迴歸模型進行實證檢驗，自變量的具體概念如表 1-2。

表 1-2　變量的定義及符號

變量	符號	定義
因變量		
是否支持彈性年齡延遲退休	a	是=1，否=0
自變量		
個人因素		
性別	b_1	男=1，女=0
年齡	b_2	受訪者真實年齡
文化程度	b_3	高中、中專及以下=1，大專=2，本科=3，研究生及以上=4
身體狀況	b_4	非常不健康=1，比較不健康=2，一般=3，健康=4

表1-2(續)

變量	符號	定義
家庭因素		
是否有撫養壓力	b_5	是=1，否=0
是否有贍養壓力	b_6	是=1，否=0
婚姻情況	b_7	已婚=1，未婚=0
家庭經濟條件	b_8	非常不寬裕=1，比較不寬裕=2，一般=3，比較寬裕=4，寬裕=5
工作因素		
職業類型	b_9	公務員=1，事業單位人員=2，企業管人員=3，企業普通職員=4，其他職業=5
平均每月收入	b_{10}	2,000元及以下=1，2,001~3,000元=2，3,001~4,000元=3，4,001~5,000元=4，5,001元及以上=5
工作滿意情況	b_{11}	非常不滿意=1，比較不滿意=2，一般=3，比較滿意=4，滿意=5
其他因素		
工資調整	b_{12}	是=1，否=0
養老金調整	b_{13}	是=1，否=0
當前退休年齡	b_{14}	過早=1，適當=2，過晚=3，無所謂=4

（3）變量的統計描述

①調查對象個體因素描述。表1-3是對調查對象的個人情況進行的統計描述分析。

表1-3　樣本的個體因素

因素	選項	頻數	百分比（%）	有效百分比（%）	累計百分比（%）
性別	男	1,105	52.9	52.9	54.8
	女	984	47.1	47.1	100.0
年齡	20~30歲	87	28.9	28.9	28.9
	31~40歲	42	20.6	20.6	49.5
	41~50歲	73	25.5	25.5	75
	51歲以上	28	12.8	12.8	100.0

表1-3(續)

因素	選項	頻數	百分比(%)	有效百分比(%)	累計百分比(%)
受教育程度	高中、中專及以下	355	17.0	17.0	17.0
	大專	345	16.5	16.5	33.5
	本科	1,080	51.7	61.7	95.2
	研究生及以上	300	14.8	4.8	100.0
身體狀況	非常不健康	8	0.3	0.3	0.3
	比較不健康	21	9.1	9.1	9.4
	一般	96	41.7	41.7	51.1
	健康	108	48.9	48.9	100.0

由表 1-3 可以看出，參加調查的男性有 1,105 人，占樣本總量的 52.9%；女性有 984 人，占樣本總量的 47.1%。在調查總樣本中，20～30 歲的居民最多，占樣本總量的 28.9%；接下來是 41～50 歲及 51 歲以上的人，其占比為 25.5%；最少的是 51 歲以上的人，其占比為 12.8%。從文化程度來看，本科文憑占比最高，達 51.7%；其次是高中、中專及以下，其占比為 17.0%；再次是大專學歷，其占比為 16.5%；研究生所占比例最低，為 14.8%。從身體狀況分析，調查數據顯示健康占比最高，達 48.9%，可以得出該地區居民身體素質偏好。

②調查對象家庭因素描述。

表 1-4 體現了調查對象的家庭情況。

表 1-4　樣本的家庭因素

因素	選項	頻數	百分比(%)	有效百分比(%)	累計百分比(%)
需要撫養晚輩	是	790	37.8	37.8	37.8
	否	1,299	62.2	62.2	100.0
需要贍養長輩	是	508	39.9	39.9	39.9
	否	1,581	60.1	60.1	100.0
婚姻狀態	已婚	1,249	59.8	59.8	59.8
	未婚	840	40.2	40.2	100.0

表1-4(續)

因素	選項	頻數	百分比（%）	有效百分比（%）	累計百分比（%）
家庭經濟條件	非常不寬裕	169	8.1	8.1	8.1
	比較不寬裕	399	19.1	19.1	27.2
	一般	1,228	58.8	58.8	86.0
	比較寬裕	196	9.4	9.4	95.4
	寬裕	97	4.6	4.6	100.0

從表 1-4 可以看出，調查人群中已婚人數占比較未婚人數占比高 19.8 個百分點。從家庭條件來看，認為家庭經濟條件一般的人數占比最高，為 58.8%；寬裕人數最少，為 4.6%；比較不寬裕與非常不寬裕分別占 19.1%和 8.1%。再從家庭負擔來看，撫養情況占比 37.8%，贍養情況占比 39.9%。

③調查對象工作因素描述。

調查對象工作情況詳見表 1-5。

表 1-5　樣本的工作因素

因素	選項	頻數	百分比（%）	有效百分比（%）	累計百分比（%）
職業類型	公務員	207	9.9	9.9	9.9
	事業單位人員	474	22.7	22.7	32.6
	企業管理人員	403	19.3	19.3	51.9
	企業普通職員	449	21.5	21.5	73.4
	其他職業	556	26.6	26.6	100.0
月均收入	2,000 元及以下	79	3.8	3.8	3.8
	2,001~3,000 元	221	10.6	10.6	14.4
	3,001~4,000 元	520	24.9	24.9	39.3
	4,001~5,000 元	765	36.6	36.6	75.9
	5,001 元及以上	504	24.1	24.1	100.0

表1-5(續)

因素	選項	頻數	百分比(%)	有效百分比(%)	累計百分比(%)
工作滿意度	非常不滿意	86	4.1	4.1	4.1
	比較不滿意	224	10.7	10.7	14.8
	一般	1,076	51.5	51.5	66.3
	比較滿意	470	22.5	22.5	88.8
	滿意	233	11.2	11.2	100.0

從表 1-5 得出，調查人群從事其他職業的占比 26.6%，其中包括個體工商戶、退休職工、在校大學生等。除此之外，占比由低到高分別為公務員(9.9%)、企業管理人員（19.3%)、企業普通職員（21.5%）和事業單位人員(27.8%)。工資在 4,000~5,000 元的占比最高，為 36.6%，這反應了重慶市居民的收入水準。調查人群中對工作的滿意程度一般的人數占比超過 50%，證明被調查人群目前比較滿足於當前工作環境。

④調查對象其他因素描述。

表 1-6 主要討論了各方面政策對居民延遲退休方式意願的影響。一方面，工資政策的變化會導致 72.5%的人改變對延遲退休方式的選擇；另一方面，再次對上繳養老金比例的變動也導致 70.6%的人改變延遲退休方式的選擇。

表 1-6 樣本的其他因素

因素	選項	頻數	百分比(%)	有效百分比(%)	累計百分比(%)
工資變化	是	1,515	72.5	72.5	72.5
	否	574	27.5	27.5	100.0
養老金比例	是	1,262	70.6	70.6	70.6
	否	827	29.4	29.4	100.0

1.5.3 實證分析

1. 變量間的相關分析及驗證

變量間的相關分析及驗證見表 1-7。

表 1-7　變量間的相關分析

	是否願意彈性年齡延遲退休	
性別	Pearson 相關性	0.012
	顯著性（雙側）	0.589
年齡	Pearson 相關性	0.687**
	顯著性（雙側）	0
文化水準	Pearson 相關性	0.824**
	顯著性（雙側）	0.000
是否有撫養壓力	Pearson 相關性	0.859**
	顯著性（雙側）	0
是否有贍養壓力	Pearson 相關性	0.061
	顯著性（雙側）	0.432
職業類型	Pearson 相關性	-0.642**
	顯著性（雙側）	0.000
月均收入	Pearson 相關性	0.712**
	顯著性（雙側）	0.000

從表 1-7 可以看出，首先，個人因素中的年齡、文化水準與是否願意選擇彈性年齡延遲退休在 0.01 的雙側置信水準下顯著，相關係數分別為 0.687（p=0.000<0.01）和 0.824（p=0.004<0.01），表明年齡、文化水準與是否願意彈性延遲退休有顯著的相關性。其次，家庭因素中的撫養壓力與是否願意選擇彈性年齡延遲退休在 0.01 的雙側置信水準下顯著，相關係數為 0.859（p=0.000<0.01），表明家庭撫養壓力與是否願意彈性延遲退休有顯著的相關性。最後，工作因素中的職業類型、月均收入與是否願意選擇延遲退休在 0.01 的雙側置信水準下顯著，相關係數分別為-0.642（p=0.000<0.01）和 0.712（p=0.000<0.01），表明職業類型、月收入與是否願意彈性延遲退休有顯著的相關性。通過分析發現，其他因素對居民是否願意選擇彈性年齡延遲退休沒有顯著相關性。

2. 二元 Logistic 模型構建與迴歸分析

（1）二元 Logistic 模型構建

為了整體分析影響居民延遲退休態度的因素，又因為被解釋變量延遲退休方式意願是一個二元變量，所以本研究選擇了採用二元 Logistic 迴歸模型進行研究，其中對被解釋變量取 0 和 1 兩個值。將被解釋變量——居民延遲退休方式意願設為 A，結果為 1 表示居民願意彈性年齡延遲退休，結果為 0 表示居民願意固定年齡延遲退休。導致 A 的結果不同的 j 個解釋變量分別記為 b_1，b_2，……，b_j假設居民 i 願意彈性年齡延遲退休的概率為 p，$1-p_i$ 則表示居民願意固定年齡延遲退休的概率，它們都是解釋變量 B（b_1，b_2，……，b_j）組成的非線性函數：

$$p_i = F(a) = F(\beta_0 + \sum_{k=1}^{j} \beta_k b_k) = 1/\left\{1 + \exp\left[-(\beta_0 + \sum_{k=1}^{j} \beta_k b_k)\right]\right\}$$

對 $p_i/(1-p_i)$ 進行對數轉換，將 Logistic 方程寫成

$$\ln(p_i/1 - p_i) = \beta_0 + \sum_{k=1}^{j} \beta_k b_k$$

上兩式中，β_0 為常數項，j 為解釋變量個數，此處的 β_k 為解釋變量對居民延遲退休意願的影響程度和變化方向。

（2）二元 Logistic 模型分析

運用 SPSS 軟件對樣本數據採用二元 Logistic 迴歸分析。在進行二元 Logistic 迴歸分析時，第一步是對被解釋變量進行編碼，支持彈性年齡延遲退休用 1 表示，支持固定年齡延遲退休用 0 表示，見表 1-8。

表 1-8　因變量編碼

初始值	內部值
否	0
是	1

由表 1-9 可知，在沒有解釋變量參與時，假設認為所有重慶市居民都支持彈性年齡延遲退休，那麼調查樣本的分類百分比的準確率為 65.2%。此次迴歸模型以最大似然為原則，強行進入的方法，加快迭代過程收斂。

表 1-9　無解釋變量參與的分類百分比

	已觀測		已預測		
			是否願意彈性年齡延遲退休		百分比校正（%）
			是	否	
步驟 0	是否願意彈性年齡延遲退休	是	1,363	0	100.0
		否	726	0	0.0
	總計百分比（%）				65.2

a. 模型中包括常量。

b. 切割值為 0.500。

表 1-10 主要是對模型系數進行的綜合性檢驗。從表 1-10 中的自由度和卡方值和 Sig 值。選取顯著性水準為 0.05，查表卡方檢驗臨界值為 14.067，表中卡方值為 214.589 大於臨界值，而且對應的 Sig 值小於 0.05，因此得出結果在 0.05 的顯著性水準下，通過顯著性檢驗，模型整體顯著。

表 1-10 模型系數的綜合檢驗

	卡方	df	Sig.
模型	214.589	7	0.000

從表 1-11 可知最大似然平方的對數值為 187.765，以此來檢驗迴歸模型正整體的擬合程度，明顯大於卡方臨界值 14.067，可以得出模型通過驗證。Cox & Snell 擬合程度和 Nagelkerke 的擬合程度分別為 0.619 和 0.861，表示迴歸模型擬合效果較好。

表 1-11 模型匯總

步驟	-2 對數似然值	Cox & Snell R 方	Nagelkerke R 方
1	187.765[a]	0.619	0.861

a. 因為參數估計的更改範圍小於 0.001，所以估計在迭代次數 7 處終止。

從表 1-12 的 Hosmer 和 Lemeshow 檢驗結果可知，選取顯著性水準為 0.05，自由度為 8，計算得出卡方檢驗臨界值為 15.507。然而，Hosmer 和 Lemeshow 檢驗的卡方值為 7.084<15.507，同時 Sig 值 0.792 大於 0.05，通過驗證，表示模型擬合程度比較好。

表 1-12 Hosmer 和 Lemeshow 檢驗

步驟	卡方	df	Sig.
1	7.084	8	0.792

表 1-13 是對調查的樣本進行分類，從表中可以看出支持彈性延遲退休的分類準確性是 89.9%，支持固定年齡延遲退休的分類準確性是 70.5%，總的分類準確性是 83.1%，相對於表 1-9 中步驟 0 的 65.2%，提高了 17.9%，說明迴歸模型的預測結果比較理想。

表 1-13　解釋變量參與後的分類百分比

	已觀測		已預測		
			是否願意彈性年齡延遲退休		百分比校正（%）
			是	否	
步驟 1	是否願意彈性年齡延遲退休	是	1,225	118	89.9
		否	214	512	70.5
	總計百分比（%）				83.1

a. 切割值為 0.500。

從表 1-14 中可以看出：個人因素中，性別對重慶市居民對延遲退休的意願的影響系數為 0.432 而且顯著，表示女性較男性而言，支持彈性年齡延遲退休的意願強。年齡對重慶市居民延遲退休意願的影響系數為 0.356，在 0.05 的顯著性水準下顯著且符號為正，表示年齡越大的居民越願意選擇彈性年齡延遲退休，同時年齡每向上提高一個層級，其中支持彈性年齡延遲退休的發生比就會增加 1.428 倍。文化程度對重慶市居民彈性年齡延遲退休的意願的影響系數為 0.119，且在 0.05 的顯著性水準下顯著，表明文化程度越高的重慶市居民支持彈性年齡延遲退休的意願更強，同時文化程度每向上提高一個層級，支持彈性年齡延遲退休的發生比就會增加 1.226 倍。家庭因素中，撫養壓力對重慶市居民延遲退休意願的影響系數為-0.286 且不顯著，說明有無需要負擔的下一代對居民是否選擇彈性年齡延遲退休的意願影響較弱。贍養壓力對重慶市居民延遲退休意願的影響系數為 0.248 且顯著，說明有需要贍養老人的居民選擇彈性年齡延遲退休的意願較強，具有贍養壓力的人支持延遲退休的發生比是沒有贍養壓力的 1.281 倍。工作因素中，職業類型和月均收入的系數分別為 0.391 和-0.474 且顯著，說明體制外的比體制內的更願意彈性延遲退休，其發生比體制外的是體制內的 1.478 倍，收入低的更願意彈性退休。

表 1-14　方程中的變量

	變量	B	S. E,	Wals	df	Sig.	Exp（B）
步驟 1	性別	0.432	0.081	20.175	1	0.042,4	1.540
	年齡	0.356	0.154	32.123	1	0.000	1.428
	文化水準	0.119	0.294	6.019	1	0.015	1.226
	是否有撫養壓力	-0.286	0.893	1.820	1	0.180	0.751
	是否有贍養壓力	0.248	0.072	22.891	1	0.047	1.281
	職業類型	0.391	0.132	7.422	1	0.000	1.478
	月均收入	-0.474	0.513	6.234	1	0.041	0.623
	常量	2.285	0.879	22.714	1	0.000	9.826

1.5.4 結論

通過對重慶市居民的數據調查，在2,089名調查對象中，有65.2%的調查者表示支持彈性延遲退休. 在給出的自變量中，有4個變量體現出顯著性。

①個人因素中，年齡對居民延遲退休意願有顯著影響，年齡越大的居民，越願意選擇彈性年齡延遲退休。同時，文化程度對居民的延遲退休意願也有顯著影響，文化程度越高，越願意選擇彈性年齡延遲退休。

②家庭因素中，有贍養壓力的人更傾向於彈性年齡延遲退休。

③工作因素中，企業工作人員這些體制外的居民更願意彈性年齡延遲退休，原因在於體制外的就業安全保障、工資福利等待遇不確定因素高，彈性退休更具有靈活性。

④其他因素中的工資調整政策和養老金調整政策對居民延遲退休有顯著影響。原因在於這些政策的調整對未來在崗在預期收入及退休以後的養老保障有影響。

通過本文對調查樣本數據的分析結論可以看出運用Logit迴歸模型擬合效果是好的，彈性年齡延遲退休具有一定的民意基礎，當然在中國這樣一個人口大國進行養老保障制度改革是一項特別重大的改革，對彈性退休政策可採用先試點後推廣的做法，這是中國推進改革過程的一個成功做法，先在局部試點探索，取得經驗、達成共識後，再把試點的經驗和做法推廣開來，這樣的改革比較穩當。可以在彈性退休意願比較高的人群或城市先進行彈性退休制度的試點，再根據試點的效果逐步推廣，實現中國養老退休制度的平穩過渡。同時完善中國的工資調整及養老金制度在體制外與體制內的差異，體現社會保障制度的公平性，也有利於中國養老退休制度改革的順利推進。

2 社會養老保險精算相關基礎問題研究

精算學是運用數學、統計學、金融學、保險學及人口學等學科的原理與方法，對保險經營進行定量分析，從而為保險業的風險管理決策提供科學依據的一門科學，是一門涉及多門學科的交叉科學。本章將對社會養老保險所涉及的相關基礎理論知識進行分析。具體而言包括利息理論、生命表技術、隨機過程理論、年金理論及人口預測理論等內容。

由於養老保險產品的期限通常較長，因此，養老保險產品的定價必須考慮利率變化的影響，必須考慮貨幣的時間價值，因此利息理論構成社會養老保險精算的一項重要理論基礎。由於利率變動的過程非常複雜，一般具有隨機性和非連續性，所以在現代精算理論中，利率的變動常常需要運用隨機過程來描述，隨機過程理論在現代精算理論的重要性就越來越突出。

社會養老保險精算是建立在被保險人的生存情況的基礎上的。被保險人的壽命分佈狀況，也就是被保險人能夠存活多久，他在各個年齡段的死亡率情況是保險人關心的問題。事實上，在養老保險精算中，從保險費的厘定，責任準備金的計提，保單現金價值的計算到保單紅利的分配，等等，都必須考慮一個重要的因素——死亡率。而各個年齡段的死亡率就構成了一個生命表。因此，精算學的發展始於對生存分佈和生命表的研究。所以生命表的構成方法的研究是社會養老保險精算研究必須解決的問題。

在人壽保險中由於投保人保險費的交付往往不是一次全部繳清，而是依時間不同分批交付的，所以要求對投保人的保險費的計算除了必須考慮到生存率、死亡率及利息的息率等因素之外，還必須考慮年金因素，它也是構成人壽保險精算的重要基礎。

壽險產品的價格表現為保費，即投保人轉移風險所付出的代價，是保險人進行經營活動的物質基礎，也是社會養老保險精算中必須確定保費精算的基本原理。

參保人口數量的變化影響社會養老保險帳戶的收入與支出水準，所以人口預測也構成社會養老保險精算的基礎。人口預測是通過採集基礎資料、建立預測模型和確定預測參數等基本環節來最後完成的，所以，建立體現預測基本方法的預測模型，在人口預測中佔有十分重要的地位。人口預測的基本方法和模型較多，一般較為流行和實用的有人口發展方程、年齡移算法、矩陣方程和指數方程等幾類。本章的人口測算方法是後面研究彈性社會基本養老保險帳戶退休隱性債務與支付能力的人口測算基礎。它的理論基礎是人口數學。

在養老金計劃中，對於一個已經生效的保單，除了死亡因素之外，還有其他影響保單失效的因素，以企業年金為例，引起合同失效的因素可以是死亡，也可以是員工的殘疾、退休和辭職等，考慮這些因素（衰減原因，或稱減因）對養老金計劃的影響是編製養老金計劃的健康保險及傷殘保險等精算的基礎，在保險精算中把這種同批人受兩個或者兩個以上的減因影響陸續減少過程規律的數學模型稱為多重衰減模型。本章中討論了多重衰減模型的研究背景，對多重衰減模型的衰減力度、概率分佈的計算以及多重衰減願意概率表進行了分析，給出了利率確定條件下與隨機條件下的生命年金、保險金精算現值、均衡淨保費及保險損失的表達式。這些精算函數也是分析彈性延遲退休養老保險精算的重要理論基礎。

2.1 利率與生命表

人壽保險的保險標的是以人的生存和死亡為保險事故的保險，被保險人在保險期內死亡或生存到一定年齡，保險人依照契約規定支付保險金。在人壽保險上，由於保險費的交付在前而保險金的給付在後以及其他的原因，這就要求對投保人的保險費的計算必須考慮到生存率、死亡率及利息的息率等因素。這些是人壽保險精算的重要基礎。

2.1.1 精算現值

根據大數定律，保險人所收取的純保費的總額應與保額支出的總額相等。也就是說，為了計算保費，需要比較純保費與保額，但因保費與保額的發生並不同時，且在其中涉及被保人的生死狀況，所以對二者的比較應在同一時間點上，一般選擇在保單生效之時。這樣，對保費和保額的比較就不單純是看其數額的大小，而且需要考慮貨幣的時間價值、被保人的生死狀況以及保險人可能發生的費用，還有可能存在的風險等因素的影響。也就是說，人壽保險的保險人對保額的支付不僅與預定的利息率和費用率有關，還與被保人的生死概率密切相關，即保費與保額要在精算現值的意義上相等。

所謂精算現值是指現值的期望值，又稱期望現值。精算現值與現值不同的地方在於：精算現值考慮了人的生死概率，是從一個概率的角度來討論生存、死亡保險的。保額的精算現值是保單的躉繳保費，不過，這一保費不能以任何一種方式反應出由保險公司承擔的風險，因此，為了評估這一風險，還需瞭解它的分佈的其他特徵，如方差等。

2.1.2 利息的度量

利息是使用資本的代價或報酬。資本使用者不一定擁有資本的所有權，他可借入資本來使用。對資本借入者來說，利息就是因他使用資本借出者的資本而支付給後者的代價，對資本借出者來說，利息就是他暫時轉讓資本的使用權而從資本借入者處得到的報酬。

影響利息的因素主要有本金、時期、通貨膨脹和風險四個方面。

1. 本金

用來生息的資本以貨幣計量時，就稱作本金。過了一定時期後收到的總金額稱為累積值或終值。終值和本金的差額就是投資期間內的利息金額。在其他因素不變的情況下，本金越多，可得到的利息也越多。通常稱時刻 0 時的 1 單位貨幣到時刻 t 時的累積值為累積函數，記為 $a(t)$ 。顯然，$a(0)=0$，$a(t)$ 通常是遞增函數。如果原始投資額不是 1，則稱時刻 0 時的初始投資到時刻 t 時的累積值為金額函數，記為 $A(t)$ 。若初始投資為 C，則 $A(0)=C$，並且 $A(t)=Ca(t)$ 。

2. 時期

在理論上，投資的時間可用許多不同的單位來度量，如日、月、年等，最常用的是 1 年。在其他因素不變的情況下，使用資本的時間越長，可得到的利息就越多。若用 $I(t)$ 表示時間段 $(t-1,\ t)$ 內的利息額，則 $I(t)=A(t)-A(t-1)$ 。

3. 通貨膨脹

通貨膨脹越嚴重，貨幣的貶值就越厲害。此時對資本的使用就應得到較高的利息。一般所說的利息率實際上是單純由時間因素引起的資本增值和由通貨膨脹因素引起的資本增值的共同作用的結果。

4. 風險

在經濟生活中，存在著各種各樣的風險，如國家經濟政策的變化，資本市場的波動等，這些因素都將影響使用資本得到的收益。

從投資的角度來看，利息率（投資回報率）= 無風險利息率+風險利息率+通貨膨脹利息率。

支付利息的方式通常有兩種，期末支付和期初支付。期末支付利息的方式又稱滯後利息。設在期初投入 1 單位貨幣資本，則在期末可回收資本 $1+i$，i 就是這一期的利息率，簡稱利率。以 $i(t)$ 表示時間段 $(t-1, t)$ 上的有效利率，則

$$i(t)=\frac{a(t)-a(t-1)}{a(t-1)}=\frac{A(t)-A(t-1)}{A(t-1)}$$

滯後利息按期初的資本額計算，但在期末支付。期初支付利息的方式又稱預付利息。它是在投入資本之時即獲得利息。設在期初投入 1 單位貨幣資本，以 d 表示該方式下獲得的預付利息率（又稱貼現率），則投資者期初實際投入的資本為 $1-d$。到期末時，該投資者可回收資本 1。以 $d(t)$ 表示時間段 $(t-1, t)$ 上的有效貼現率，則

$$d(t)=\frac{a(t)-a(t-1)}{a(t)}=\frac{A(t)-A(t-1)}{A(t)}$$

預付利息按期末的資本額計算，但在期初支付。利息率 i 與貼現率 d 之間的關係為

$$d=\frac{i}{1+i}$$

計算利息的方法有單利法和複利法。單利法是僅對本金生息，而對產生的利息不再生息。複利法不僅對本金生息，還對產生的利息生息。單利偶爾在短期業務中使用，壽險精算中都採用複利法。設第一年年初的本金為 $A(0)$，第 t 年的有效利率為 $i(t)$，如果按單利法計算，n 年內的利息總額為 $A(0)[i(1)+i(2)+\cdots i(n)]$；按複利法計算，$n$ 年內的利息總額為 $A(0)\{[1+i(1)][1+i(2)]\cdots[1+i(n)-1]\}$。

如果計算利息的期間與基本的時間單位一致，則資本在該段時間內獲得利息的能力就是有效利率，又稱實際利率或實質利率。即某時期內有效利率是該時期內得到的利息金額與此時期開始時投資的本金金額之比，它體現了在一個度量時期內的利息。當計算利息的期間與基本的時間單位不一致時，則稱為名義利率。設利息在每 $h(h>0)$ 長的時間內支付一次，稱 $i_h(t)$ 為時刻 t 時的每單位時間內的名義利率。顯然

$$i_h(t) = \frac{a(t+h) - a(t)}{ha(t)}$$

當 $h = 1$ 時，$i_h(t)$ 就是每單位時間內的有效利率。當 $h = 1/p$（p 為正整數）時，記 $i^{(p)} = i_{1/p}$ 此時在基本的時間單位內計息 p 次，$i^{(p)}$ 是單位時間內的名義利率，假設在單位時間的期初投入單位貨幣，本單位時間內的有效利率為 i，則

$$1 + i = \left(1 + \frac{i^{(p)}}{p}\right)^p$$

$$即\ i^{(p)} = p[(1+i)^{1/p} - 1]$$

稱 $\delta(t) = \lim_{h\to 0^+} i_h(t)$ 為時刻 t 時每單位時間的利息力。利息力是時刻 t 時瞬時獲取利息的能力。由利息力的定義可得

$$\delta(t) = \lim_{h\to 0^+} i_h(t) = \lim_{h\to 0^+} \frac{a(t+h) - a(t)}{ha(t)} = \frac{a'(t)}{a(t)} = \frac{A'(t)}{A(t)}$$

從而

$$a(t) = e^{\int_0^t \delta(s)\mathrm{d}s} \quad A(t) = A(0)e^{\int_0^t \delta(s)\mathrm{d}s}$$

稱 $e^{\int_0^t \delta(s)\mathrm{d}s}$ 為累積因子，即原始投資 1 到時刻 t 時的值為 $e^{\int_0^t \delta(s)ds}$。設時刻 t 時的資本額為 1，則 0 時需投資 $e^{-\int_0^t \delta(s)\mathrm{d}s}$ 才能夠保證在時刻 t 的資本額為 1，故稱為貼現因子，記為 $v(t)$，即

$$v(t) = e^{-\int_0^t \delta(s)\mathrm{d}s}$$

當利息力為常數時，$\delta(t) = \delta$ 時，$v(t) = 1/(1+i)$。

2.1.3 生命表函數與生命表構造

2.1.3.1 生命表函數

對於新生兒，死亡年齡 X 是一個連續型隨機變量。用 $F(x)$ 記 X 的分佈函數。

(1) 生存函數

定義：$S(x) = Pr(X \geqslant x)$

意義：新生兒能活到 x 歲的概率。

與分佈函數的關係：$S(x) = 1 - F(x)$

與密度函數的關係：$f(x) = -S'(x)$

由分佈函數性質可得到生存函數的一些性質：

① $S(0) = 1$，$\lim_{x\to\infty} S(x) = 1$

② $S(x)$ 是單調遞減函數

新生兒將在 x 歲至 z 歲之間死亡的概率：

$$\Pr(x < X \leqslant z) = s(x) - s(z)$$

（2）剩餘壽命

定義：已經活到 x 歲的人（簡記 x），還能繼續存活的時間，稱為剩餘壽命，記作 $T(x)$ 。

可以推出：

$${}_tp_x = \Pr[T(x) > t] = \Pr(X > x + t \mid X > t) = \frac{s(x+t)}{s(x)}$$

$${}_tq_x = \Pr[T(x) \leqslant t] = \Pr(x < X < x + t \mid X > t) = 1 - \frac{s(x+t)}{s(x)} = \frac{F(x+t) - F(x)}{F(x)}$$

其中：${}_tq_x$ 表示 (x) 將在 t 年內死亡的概率，它是 $T(x)$ 的分佈函數，${}_tp_x$ 表示至少還能夠活 t 年的概率，它是 $T(x)$ 的生存函數。

當 $x = 0$ 時，$T(0) = X$，且 ${}_xp_0 = S(x)$

x 歲的人在 $x + t$ 歲和 $x + t + u$ 歲之間死亡的概率為

$${}_{t|u}p_x = \Pr[t < T(x) \leqslant t + u] = {}_{t+u}q_x - {}_tq_x = {}_tp_x - {}_{t+u}p_x = {}_tp_x\,{}_uq_{t+x}$$

記 $K(x) = [T(x)]$ 表示 (x) 未來存活的整數年，則

$$P[K(x) = k] = P\{k \leqslant T(x) < k + 1\} = {}_{k+1}q_x - {}_kq_x = {}_kp_x - {}_{k+1}p_x = {}_kp_x\,{}_uq_{x+k} = {}_{k|}q_x$$

（3）死亡力度

定義：是指在達到 x 歲的人當中，在此瞬間裡死亡的所占比率。死亡力度（簡稱死力）也稱瞬間死亡率或死亡密度用 μ_x 表示：

$$\mu_x = \frac{s'(x)}{s(x)} = \frac{f(x)}{s(x)} = -\ln[s(x)]'$$

死力與生存函數的關係：

$$s(x) = \exp\{-\int_0^x \mu_s \mathrm{d}s\}$$

$${}_tp_x = \exp\{-\int_x^{x+t} \mu_s \mathrm{d}s\}$$

死力與密度函數的關係：

$$f(x) = \mu_x \cdot s(x) = \mu_x \cdot \exp\{-\int_0^x \mu_s \mathrm{d}s\}$$

死力表示剩餘壽命的密度函數 $g(t)$：

$$G(t)=1-{}_tp_x=\frac{s(x)-s(x+t)}{s(x)}$$

$$g(t)=\frac{\mathrm{d}}{\mathrm{d}t}G(t)=\frac{\mathrm{d}}{\mathrm{d}t}\left[\frac{s(x)-s(x+t)}{s(x)}\right]=\frac{s(x+t)\mu_{x+t}}{s(x)}={}_tp_x\cdot\mu_{x+t}$$

（4）期望剩餘壽命：(x) 剩餘壽命的期望值（均值），簡記 $\mathring{e}_x$

$$\mathring{e}=E[T(x)]=\int_0^\infty t\mathrm{d}(1-{}_tp_x)=\int_0^\infty {}_tp_xdt$$

剩餘壽命的方差

$$\mathrm{Var}[T(x)]=E[T(x)^2]-E[T(x)]^2=2\int_0^\infty \cdot{}_tp_xdt-\mathring{e}_x^2$$

2.1.3.2　生命表的構造

1. 有關壽命分佈的參數模型

（1）de Moivre 模型（1729）

$$\mu_x=\frac{1}{\omega-x}$$

$$s(x)=1-\frac{x}{\omega},\ 0\leqslant x\leqslant\omega$$

（2）Gompertz 模型（1825）

$\mu_x=Bc^x$

$s(x)=\exp\{-B(c^x-1)/\ln c\}$，$B>0$，$c>1$，$x\geqslant0$

（3）Makeham 模型（1860）

$\mu_x=A+Bc^x$

$s(x)=\exp\{-Ax-B(c^x-1)/\ln c\}$，$B>0$，$A\geqslant-B$，$c>1$，$x\geqslant0$

（4）Weibull 模型（1939）

$\mu_x=kx^n$

$s(x)=\exp\{-kx^{n+1}/(n+1)\}$，$k>0$，$n>0$，$x\geqslant0$

（4）參數模型的缺點

①至今為止找不到非常合適的壽命分佈擬合模型。這四個常用模型的擬合效果不太令人滿意。

②使用這些參數模型推測未來的壽命狀況會產生很大的誤差。

③壽險中通常不使用參數模型擬合壽命分佈，而是使用非參數方法確定的生命表擬合人類壽命的分佈。

④在非壽險領域，常用參數模型擬合物體壽命的分佈。

2. 生命表的起源

（1）生命表的定義

根據已往一定時期內各種年齡的死亡統計資料編製成的由每個年齡死亡率所組成的匯總表。

（2）生命表的發展歷史

1662 年，Jone Graunt 根據倫敦瘟疫時期的洗禮和死亡名單，寫下《關於死亡率的自然觀察和政治觀察》。這是生命表的最早起源。

1693 年，Edmund Halley 著有《根據 Breslau 城出生與下葬統計表對人類死亡程度的估計》，生命表的年齡是：文中第一次使用生命表的形式給出人類死亡年齡的分佈。人們因而把 Halley 稱為生命表的創始人。

3. 生命表的特點

生命表的特點是：構造原理簡單、數據準確（大樣本場合）、不依賴總體分佈假定（非參數方法）。

4. 生命表的構造

（1）原理

在大數定理的基礎上，用觀察數據計算各年齡人群的生存概率（用頻數估計頻率）。

（2）常用符號

①新生生命組個體數：l_0

②年齡：x

③極限年齡：ω

④ l_0 個新生生命能生存到年齡 x 的期望個數：l_x

$$l_x = l_0 \cdot s(x)$$

⑤ l_0 個新生生命中在年齡 x 與 $x+n$ 之間死亡的期望個數 $_nd_x$：特別，當 $n=1$ 時，記作 d_x

$$_nd_x = l_x - l_{x+n} = l_x \cdot {}_nq_x$$

$$d_x = l_x - l_{x+1} = l_x \cdot q_x$$

⑥ l_0 個新生生命在年齡 x 與 $x+t$ 區間共存活年數：$_tL_x$

$$_tL_x = \int_x^{x+t} l_y \mathrm{d}y$$

⑦ l_0 個新生生命中能活到年齡 x 的個體的剩餘壽命總數：

$$T_x = \int_x^{\varpi} l_y \mathrm{d}y$$

$$\Rightarrow \overset{o}{e}_x = \frac{T_x}{l_x}$$

在人壽保險中，保險公司所承擔的責任，就是在被保險人生存或死亡時，對其受益人支付保險金。因此，保險公司首先必須掌握各個年齡段人群的生存或死亡的規律，作為計算純保費的基礎，這個規律就是生命表。生命表又稱死亡表，它是對一定數量的人口自出生直至全部死亡這段時間內的生存和死亡情況的記錄。生命表通常包含年齡 x 、死亡率 q_x 、生存人數 l_x 、死亡人數 d_x 的數值，按各年齡列成表格，可能的話還會增加一些衍生函數。假設新生生命組成的群體的個數為 l_0，則生命表各欄目間有如下的關係：

$$l_x - l_{x+1} = d_x \text{ , } p_x = l_{x+1}/l_x \text{ , } q_x = d_x/l_x \text{ , } l_x = l_0 S(x) = \sum_{k=0}^{\infty} d_{x+k}$$

作為表格生存模型，生命表反應在封閉人口條件（沒有人口遷移）下，這些人從出生到死亡全過程的一種統計表。在這一封閉人口中，只有人口的出生與死亡變動。它包括一群生存到某一個特定年齡的人，在一年內死亡的人數以及一定年齡的人在一年內的生存率和死亡率。編製人口生命表的資料來源主要有兩個：一是在人口調查時所做的人口統計和死亡登記記載，根據這個資料編製的生命表稱為國民生命表；二是根據實際的被保險人中的死亡人數編製的生命表稱為經驗生命表。人口統計學家的一項重要任務就是定期構造生命表，作為一個群體在一定時期死亡概況的寫照，但因為生活習慣和醫療水準的發展，生命表會隨著地區和時期的不同而改變，這會對保險公司的定價產生很大的影響。

生命表提供了整數年齡上的壽命分佈，但有時我們需要分數年齡上的生存狀況，於是我們通常依靠相鄰兩個整數生存數據，選擇某種分數年齡的生存分佈假定，估計分數年齡的生存狀況。基本原理是插值法，常用方法有：

①均勻分佈假定（線性插值）

$$s(x+t) = (1-t)s(x) + ts(x+1),\ 0 < t < 1$$

②常數死亡力假定（幾何插值）

$$s(x+t) = s(x)^{1-t} \cdot s(x+1)^t,\ 0 < t < 1$$

③Balducci 假定（調和插值）

$$\frac{1}{s(x+t)} = \frac{1-t}{s(x)} + \frac{t}{s(x+1)},\ 0 < t < 1$$

2.2 隨機過程理論

由於壽險的投保時間一般都較長，利率與死亡率等變量常常會受到許多因素的影響，與傳統的壽險精算不同，在現代壽險精算中，死亡率與利率等因素常常都會做隨機化處理，因此隨機過程理論在現代壽險精算中有著重要的地位。

本節將分析一些後面的模搭建中運用到的隨機過程理論，這也是在壽險精算中常用到的。

2.2.1 布朗運動（Brownian motion）

被分子撞擊的懸浮微粒做無規則運動的現象叫作布朗運動。看起來連成一片的液體，在高倍顯微鏡下看其實是由許許多多分子組成的。液體分子不停地做無規則的運動，不斷地隨機撞擊懸浮微粒。當懸浮的微粒足夠小的時候，由於受到的來自各個方向的液體分子的撞擊作用是不平衡的。在某一瞬間，微粒在另一個方向受到的撞擊作用超強的時候，致使微粒又向其他方向運動，這樣就引起了微粒的無規則的運動，即布朗運動。

稱實過程 $\{B(t), t \geqslant 0)\}$ 是參數為 σ^2 的布朗運動，也稱為維納過程，如果滿足以下性質：

① $B(0) = 0$。

②獨立的增量（independence of increments）：對於任意的 $t > s$，$B(t) - B(s)$ 獨立於之前的過程 $B(u)$：$0 \leqslant u \leqslant s$。

③正態的增量（normal increments），即 $\forall 0 \leqslant s \leqslant t$，$B(t) - B(s) \sim N[0, \sigma^2(t-s)]$。$\sigma^2 = 1$ 時稱為標準布朗運動。

在保險精算中，布朗運動常常用來描述利率與死亡率變化的隨機過程。

設 $\mu \in R$，$\sigma > 0$，定義 $B_t^\sigma = \mu t + \sigma B_t$，$\forall t \geqslant 0$。$\{B_t^\sigma, t \geqslant 0)\}$ 為 (μ, σ^2) 布朗運動。其均值函數為：

$$EB_t^\sigma = \mu t$$

其自相關函數為

$$R_{B_t^\sigma}(s, t) = \mu^2 st + \sigma^2 \min(s, t)$$

若 $B_t^{ge} = \exp(B_t^\sigma)$，$\forall t \geqslant 0$，稱 B_t^{ge} 為幾何布朗運動。

其均值函數為

$$
\begin{aligned}
EB_t^{ge} &= E\exp(B_t^{\sigma}) \\
&= \int_{-\infty}^{+\infty} e^{\mu t+\sigma x} \frac{1}{\sqrt{2\pi t}} e^{-\frac{x^2}{2t}} \mathrm{d}x \\
&= e^{\mu t} \int_{-\infty}^{+\infty} \frac{1}{\sqrt{2\pi t}} e^{-\frac{x^2-2\sigma t x}{2t}} \mathrm{d}x \\
&= \exp\left\{ (\mu + \frac{\sigma^2}{2}) t \right\}
\end{aligned}
$$

其自相關函數為

$$
\begin{aligned}
R_{B^{ge}}(s, t) &= Ee^{\mu s+\sigma B(s)} e^{\mu t+\sigma B(t)} \\
&= Ee^{\mu(s+t)+\sigma(B(s)+B(t))} \\
&= e^{\mu(s+t)} Ee^{\sigma(B(s)+B(t)-B(s)+B(s))} \\
&= e^{\mu(s+t)+} Ee^{2\sigma B(s)} Ee^{\sigma(B(t)-B(s))}
\end{aligned}
$$

若 $B_t^{re} = |B(t)|$，$\forall t \geqslant 0$，稱 B_t^{re} 為反射布朗運動。

其均值函數為

$$
\begin{aligned}
EB_t^{ge} &= E(|B(t)|) \\
&= \int_{-\infty}^{+\infty} |x| \frac{1}{\sqrt{2\pi t}} e^{-\frac{x^2}{2t}} \mathrm{d}x \\
&= \frac{2t}{\sqrt{2\pi t}} (-e^{-\frac{x^2}{2t}} |_0^{+\infty}) \\
&= \sqrt{\frac{2t}{\pi}}
\end{aligned}
$$

方差函數為

$$
\begin{aligned}
D_{B^{re}}(t) &= E(|B(t)|)^2 - (E|B(t)|)^2 \\
&= E(|B(t)|)^2 - \frac{2t}{\pi} \\
&= t - \frac{2t}{\pi}
\end{aligned}
$$

2.2.2 泊松（Passion）過程

在離散隨機過程中，計數過程在可靠性工程中運用很廣泛，可以用於描述失效、完全修復數等。在保險精算中常用於死亡率與利率的描述中。所謂計數過程是非負且取值為整數的隨機過程 $\{N(t), t \geqslant 0\}$，如果 $N(t)$ 表示時間間隔 $[0, t]$ 內事件發生的總數，並滿足如下兩條特性，

①若 $t_1 < t_2$，則 $N(t_1) \leqslant N(t_2)$：

②若 $t_1 < t_2$，則 $N(t_1) \leqslant N(t_2)$ 為時間間隔 $[t_1, t_2]$ 間事件發生的總數。

泊松過程是計數過程最重要的類型，泊松過程具有如下性質：

① $N(0) = 0$；

②過程具有獨立增量；

③在任一長度為 t 的區間中事件的個數服從均值為 λt 的泊松分佈。即對於一切 s，$t \geqslant 0$，有

$$P[N(t+s) - N(t) = n] = e^{-\lambda t} \frac{\lambda t^m}{m!}$$

根據泊松過程與標準布朗運動的性質，可以得到結論：

結論一：$Ee^{-\gamma N(t)} = \exp\{\lambda t(e^{-\gamma} - 1)\}$

證明：由於 $N(t)$ 服從參數為 λ 的泊松分佈，故

$$P[N(t) = k] = e^{-\lambda t} \frac{(\lambda t)^k}{k!}$$

$$\begin{aligned} Ee^{-\gamma N(t)} &= \sum_{k=0}^{\infty} e^{-\lambda t} \frac{(\lambda t)^k}{k!} \\ &= e^{-\lambda t} e^{-\gamma \lambda t} \sum_{k=0}^{\infty} \frac{(e^{-\gamma \lambda t} \lambda t)^k}{k!} e^{-\gamma \lambda t} \\ &= \exp\{\lambda t(e^{-\gamma} - 1)\} \end{aligned}$$

證畢。

結論二：$Ee^{\gamma[N(t)+N(s)]} = \exp\{\lambda(e^{-\gamma} - 1)(t + se^{-\gamma})\}$

證明：$Ee^{\gamma[N(t)+N(s)]} = Ee^{\gamma[N(t)-N(s)+2N(s)]} = Ee^{2\gamma N(s)} Ee^{\gamma[N(t)-N(s)]}$

由性質②可知，過程具有獨立增量，$N(t) - N(s)$ 服從均值為 $\lambda(t-s)$ 的泊松分佈。

$$\begin{aligned} \text{故有：} Ee^{\gamma[N(t)-N(s)]} &= \sum_{k=0}^{\infty} e^{-\lambda k} \frac{[\lambda(t-s)]^k}{k!} e^{-\lambda(t-s)} \\ &= e^{-\lambda(t-s)} e^{-\gamma\lambda(t-s)} \sum_{k=0}^{\infty} \frac{[e^{-\gamma}\lambda(t-s)]^k}{k!} e^{-\gamma\lambda(t-s)} \\ &= \exp\{\lambda(t-s)(e^{-\gamma} - 1)\} \end{aligned}$$

$$\begin{aligned} Ee^{\gamma[N(t)+N(s)]} &= \exp\{\lambda(t-s)(e^{-\gamma} - 1)\} \cdot \exp\{\lambda s(e^{-2\gamma} - 1)\} \\ &= \exp\{\lambda(e^{-\gamma} - 1)\} \cdot \exp\{t - s + s(e^{-\gamma} - 1)\} \\ &= \exp\{\lambda(e^{-\gamma} - 1)(t + se^{-\gamma})\} \end{aligned}$$

2.2.3 關於布朗運動的積分

本節定義關於布朗運動的積分 $\int_0^T X(t)\mathrm{d}B(t)$ 或簡記為 $\int X(t)\mathrm{d}B(t)$ 。首先考慮一個非隨機的簡單過程 $X(t)$ ，即 $X(t)$ 是一個簡單函數（不依賴於 $B(t)$ ）。由簡單函數的定義，存在 $[0, T]$ 的分割 $0 < t_0 < \cdots < t_n = T$ 及常數 $c_0, c_1, \cdots, c_{n-1}$ ，使得

$$X(t) = \begin{cases} c_0 & \text{當 } t = 0 \\ c_i & \text{當 } t_i < t < t_{i+1},\ i = 0, 1, \cdots, n-1 \end{cases}$$

於是，可定義其積分為

$$\int_0^T X(t)\mathrm{d}B(t) = \sum_{i=0}^{n-1} c_i[B(t_{i+1}) - B(t_i)]$$

由布朗運動的獨立增量性可知，上式所定義的積分是高斯分佈的隨機變量，其均值為0，方差為

$$\begin{aligned} \mathrm{Var}\left[\int X(t)\mathrm{d}B(t)\right] &= E\left\{\sum_{i=0}^{n-1} c_i[B(t_{i+1}) - B(t_i)]\right\}^2 \\ &= E\left\{\sum_{i=0}^{n-1}\sum_{j=0}^{n-1} c_i c_j[B(t_{i+1}) - B(t_i)][B(t_{i+1}) - B(t_i)]\right\} \\ &= \sum_{i=0}^{n-1} c_i^2(t_{i+1} - t_i) \end{aligned}$$

用取極限的方法可以將這一定義推廣到一般的非隨機函數 $X(t)$ 。但是要定義的是隨機過程的積分，因此將簡單函數中的常數 c_i 用隨機變量 ζ_i 來代替，並要求 ζ_i 是 F_{t_i} 可測的。這裡 $F_{t_i} = \sigma\{B(u), 0 \leqslant u \leqslant t\}$ 。於是，由布朗運動的鞅性質得

$$E[\zeta_i[B(t_{i+1}) - B(t_i) \mid F_{t_i}] = \zeta E[_i[B(t_{i+1}) - B(t_i) \mid F_{t_i}] = 0$$

因此

$$E[\zeta_i[B(t_{i+1}) - B(t_i)] = 0$$

定義一：設 $\{X(t), 0 \leqslant t \leqslant T\}$ 是一個簡單隨機過程，即存在 $[0, T]$ 的分割 $0 < t_0 < \cdots < t_n = T$ ，隨機變量 $\zeta_0, \zeta_1, \cdots, \zeta_{n-1}$ 使得 ζ_0 是常數 ζ_i 依賴於 $B(t)$，$t \leqslant t_i$，但不依賴於 $B(t)$，$t > t_i$ ，$i = 0, 1, \cdots, n-1$。

此時，Ito 積分 $\int_0^T X(t)\mathrm{d}B(t)$ 定義為

$$\int_0^T X(t)\mathrm{d}B(t) = \sum_{i=0}^{n-1} \zeta_i[B(t_{i+1}) - B(t_i)]$$

簡單過程的積分是一個隨機變量，滿足下述性質：

①線性。如果 $X(t)$，$Y(t)$ 是簡單過程，則

$$\int_0^T [\alpha X(t) + \beta Y(t)] \mathrm{d}B(t) = \alpha \int_0^T X(t) \mathrm{d}B(t) + \beta \int_0^T Y(t) \mathrm{d}B(t)$$

② $\int_0^T I_{[a,\ b]}(t) \mathrm{d}B(t) = B(b) - B(a)$

其中 $I_{[a,\ b]}$ 是區間 $[a,\ b]$ 的示性函數。

③零均值性。如果 $E(\zeta_i^2) < \infty$ $(i = 0,\ 1,\ \cdots,\ n-1)$，則

$$E[\int_0^T X(t) \mathrm{d}B(t)] = 0$$

④等距性。如果 $E(\zeta_i^2) < \infty$ $(i = 0,\ 1,\ \cdots,\ n-1)$，則

$$E[\int_0^T X(t) \mathrm{d}B(t)]^2 = \int_0^T E[X(t)^2] \mathrm{d}t$$

證明性質①②③是簡單的，讀者可自行證之，這裡只證明性質④。利用 Cauchy-Schwarz 不等式，得到

$$E\{|\zeta_i[B(t_{i+1}) - B(t_i)]|\} \leqslant \sqrt{E(\zeta_i)E[B(t_{i+1}) - B(t_i)]}$$

於是，

$$\begin{aligned}
\mathrm{Var}[\int X(t) \mathrm{d}B(t)] &= E\left\{\sum_{i=0}^{n-1} \zeta_i[B(t_{i+1}) - B(t_i)]\right\}^2 \\
&= E\left\{\sum_{i=0}^{n-1} \zeta_i[B(t_{i+1}) - B(t_i)] \cdot \sum_{j=0}^{n-1} \zeta_j[B(t_{j+1}) - B(t_j)]\right\} \\
&= \sum_{i=0}^{n-1} E\{\zeta_i^2 [W(t_{i+1}) - W(t_i)]^2\} + 2\sum_{i<j} E\{\zeta_i\zeta_j[B(t_{i+1}) - \\
&\quad B(t_i)][B(t_{j+1}) - B(t_j)]\}
\end{aligned}$$

由布朗運動的獨立增量性以及關於 ζ_i 的假定，有

$$E\{\zeta_i\zeta_j[B(t_{i+1}) - B(t_i)][B(t_{j+1}) - B(t_j)]\} = 0$$

所以，由布朗運動的鞅性質，

$$\begin{aligned}
\mathrm{Var}[\int X(t) \mathrm{d}B(t)] &= \sum_{i=0}^{n-1} E\{\zeta_i^2 [B(t_{i+1}) - B(t_i)]^2\} \\
&= \sum_{i=0}^{n-1} E(E\{\zeta_i^2 [B(t_{i+1}) - B(t_i)]^2\} \mid F_{t_i}) \\
&= \sum_{i=0}^{n-1} E(\zeta_i^2 E\{[B(t_{i+1}) - B(t_i)]^2\} \mid F_{t_i}) \\
&= \sum_{i=0}^{n-1} E(\zeta_i^2)(t_{i+1} - t_i) \\
&= \int_0^T E[X(t)^2] \mathrm{d}t
\end{aligned}$$

定義二：設 $\{X(t),\ t \geqslant 0\}$ 是隨機過程，$\{F_t,\ t \geqslant 0\}$ 是 σ 代數流，如果

對任何 t，$X(t)$ 是 F_t 可測的，則稱 $\{X(t)\}$ 是 $\{F_t\}$ 適應的。

記 B 為 $[0,\ \infty)$ 上的 Borel σ 代數，

$V=\{h:\{h\}$ 是定義在 $[0,\ \infty)$ 上的 $B\times F$ 可測的適應過程，滿足 $E[\int_0^T h^2(s)\mathrm{d}s]<\infty\}$。可以將隨機積分的定義按下述步聚擴展到 V。

定義三：設 $f\in V(0,\ T)$，則 f 的 Ito 積分定義為

$$\int_0^T f(t,\ \varpi)\mathrm{d}B(t,\ \varpi)=\lim_{n\to\infty}\int_0^T \varphi_n(t,\ \varpi)\mathrm{d}B(t,\ \varpi)\qquad [L^2(P)\text{ 中極限}]$$

這裡 φ_n 是初等隨機過程的序列，使得當 $n\to\infty$ 時，

$$E\{\int_0^T [f(t,\ \varpi)-\varphi_n(t,\ \varpi)]^2\}\mathrm{d}s\to 0$$

在實際問題中，常常會遇到的過程並不滿足 V 中的可積性條件而僅僅滿足下述的 V^* 中的條件。事實上，Ito 積分的定義可以推廣到更廣泛的過程 $\{h(s):s\geqslant 0\}$ 類：$V^*=\{h:\{h\}$ 是 $B\times F$ 可測的適應過程，且 $T>0$ 滿足 $E[\int_0^T h^2(s)\mathrm{d}s]<\infty$，$a.\ s.$ 。

2.2.4 Ito 積分過程

設對任何實數 $T>0$，$X\in V*$，則對任何 $t\leqslant T$，積分 $\int_0^t X(s)\mathrm{d}B(s)$ 是適定的。因為對任何固定的 t，$\int_0^t X(s)\mathrm{d}B(s)$ 是一個隨機變量，所以作為上限 t 的函數，它定義了一個隨機過程 $\{Y(t)\}$，其中 $Y(t)=\int_0^t X(s)\mathrm{d}B(s)$，可以證明，Ito 積分 $Y(t)$ 存在連續的樣本路徑，即存在一個連續隨機過程 $\{Z(t)\}$，使得對所有的 t 有 $Y(t)=Z(t)$，$a.\ s.$。因此，積分都假定是其連續的樣本路徑。

Ito 公式，隨機分析中的變量替換公式或鏈鎖法則，是隨機分析中的一個主要工具，許多重要的公式，例如 Dynkin 公式、Feynman-Kac 公式以及分部積分公式，都是由 Ito 公式公式導出的。

因為布朗運動在 $[0,\ t]$ 上的二次變差為 t，即在依概率收斂的意義下

$$\lim_{\delta_n\to 0}\sum_{i=0}^{n-1}[B(t_{i+1}^n)-B(t_i^n)]^2=t,$$

這裡 $\{t_i^n\}$ 是 $[0,\ t]$ 的分割，$\delta_n=\max\limits_{0\leqslant i\leqslant n-1}(t_{i+1}^n-t_i^n)$ 形式上，上式可表示為

$$\int_0^t [\mathrm{d}B(s)]^2=\int_0^t \mathrm{d}s=t$$

或

$$[\mathrm{d}B(s)]^2 = \mathrm{d}t 。$$

更一般地，我們有下面的定理一。

定理一：設 g 是有界連續函數，$\{t_i^n\}$ 是 $[0, t]$ 的分割，則對任何 $\theta_i^n \in [B(t_{i+1}^n), B(t_i^n)]$ 依概率收斂意義下的極限

$$\lim_{\delta_n \to 0} \sum_{i=0}^{n-1} g(\theta_i^n) [B(t_{i+1}^n) - B(t_i^n)]^2 = \int_0^t g[B(s)]\mathrm{d}s 。$$

證明：首先取 $\theta_i^n = B(t_i^n)$，由 g 的連續性和積分的定義，有

$$\sum_{i=0}^{n-1} g[B(t_i^n)](t_{i+1}^n - t_i^n) \to \int_0^t g[B(s)]\mathrm{d}s$$

在 L^2 中成立。記 $\Delta B_i = B(t_{i+1}^n) - B(t_i^n)$，$\Delta t_i = t_{i+1}^n - t_i^n$，則布朗運動的獨立增量性和取條件期望的方法得到

$$\begin{aligned}
& E\{ \sum_{i=0}^{n-1} g[B(t_i^n)] [(\Delta B_i)^2 - \Delta t_i]^2 \}^2 \\
&= E(E\{ \sum_{i=0}^{n-1} g^2[B(t_i^n)] [(\Delta B_i)^2 - \Delta t_i]^2 \} \mid F_{t_i}) \\
&= E\{ \sum_{i=0}^{n-1} g^2[B(t_i^n)] E[(\Delta B_i)^2 - \Delta t_i]^2 \mid F_{t_i} \} \\
&= 2E\{ \sum_{i=0}^{n-1} g^2[B(t_i^n)] (\Delta t_i)^2 \} \\
&\leqslant 2\delta E \sum_{i=0}^{n-1} g^2[B(t_i^n)]\Delta t_i \to 0 \quad (\text{當 } \delta_n \to 0 \text{ 時})
\end{aligned}$$

因此，在均方收斂的意義下

$$\sum_{i=0}^{n-1} g^2(B(t_i^n)) [(\Delta B_i)^2 - \Delta t_i)^2] \to 0$$

這樣 $\sum_{i=0}^{n-1} g[B(t_i^n)][B(t_{i+1}^n) - B(t_i^n)]^2$ 與 $\sum_{i=0}^{n-1} g[B(t_i^n)](t_{i+1}^n - t_i^n)$ 有相同的極限 $\int_0^t g[B(s)]\mathrm{d}s$。

對任意的 $\theta_i^n \in [B(t_{i+1}^n), B(t_i^n)]$，當 $\delta_n \to 0$ 時，

$$\begin{aligned}
& \sum_{i=0}^{n-1} \{g(\theta_i^n) - g[B(t_i^n)]\} (\Delta B_i)^2 \\
&\leqslant \max_i \{g(\theta_i^n) - g[B(t_i^n)]\} \sum_{i=0}^{n-1} [B(t_{i+1}^n) - B(t_i^n)]^2
\end{aligned}$$

由 g 和 B 的連續性，有 $\max[g(\theta_i^n) - g(B(t_i^n)] \to 0, a. s.$ 。由布朗運動二次變差的定義得 $\sum_{i=0}^{n-1} [B(t_{i+1}^n) - B(t_i^n)]^2 \to 0, a. s.$ ，於是當 $\delta_n \to 0$ 時，

$\sum_{i=0}^{n-1}\{g(\theta_i^n)-g[B(t_i^n)]\}(\Delta B_i)\to 0$。因此 $\sum_{i=0}^{n-1}[g(\theta_i^n)](\Delta B_i)^2$ 與 $\sum_{i=0}^{n-1}g[B(t_i^n)]$ $(\Delta B_i)^2\to 0$ 具有相同的依概率收斂意義的極限 $\int_0^t g[B(s)]\mathrm{d}s$。

定理二：如果 f 是二次連續可微函數，則對任何 t，有

$$f[B(t)]=f(0)+\int_0^t f'[B(s)]\mathrm{d}B(s)+\frac{1}{2}\int_0^t f''[B(s)]\mathrm{d}s$$

證明：易見上式中的積分都是適定的。取 $[0,t]$ 的分割 $\{t_i^n\}$，有

$$f[B(t)]=f(0)+\sum_{i=0}^{n-1}\{f[B(t_{i+1}^n)]-f[B(t_i^n)]\}$$

對 $f[B(t_{i+1}^n)]-f[B(t_i^n)]$ 應用 Taylor 公式得

$$f[B(t_{i+1}^n)]-f[B(t_i^n)]=f'[B(t_i^n)][B(t_{i+1}^n)]-$$
$$[B(t_i^n)]+\frac{1}{2}f''[B(\theta_i^n)][B(t_{i+1}^n)]-[B(t_i^n)]$$

其中 $\theta_i^n\in[B(t_{i+1}^n),B(t_i^n)]$。於是，

$$f[B(t)]=f(0)+\sum_{i=0}^{n-1}f'[B(t_i^n)][B(t_{i+1}^n)]-[B(t_i^n)]+$$
$$\frac{1}{2}\sum_{i=0}^{n-1}f''[B(\theta_i^n)][B(t_{i+1}^n)]-[B(t_i^n)]$$

令 $\delta_n\to 0$ 取極限，則上式中的第一個和收斂於 Ito 積分 $\int_0^t f'[B(s)]\mathrm{d}B(s)$。利用定理一可知上式中的第二個和收斂於 $\frac{1}{2}\int_0^t f''[B(s)]\mathrm{d}s$。

上式稱為布朗運動的 Ito 積分公式。由此看出布朗運動的函數可以表示為一個 Ito 積分加上一個具有有界變差的絕對連續過程，這類過程稱為 Ito 過程。嚴格地，我們有定義一。

定義一：如果過程 $\{Y(t),0\leqslant t\leqslant T\}$ 可以表示為

$$Y(t)=Y(0)+\int_0^t\mu(s)\mathrm{d}(s)+\int_0^t\sigma(s)\mathrm{d}B(s),0\leqslant t\leqslant T,$$

其中過程 $\{\mu(t)\}$ 和 $\{\sigma(t)\}$ 滿足：

① $\mu(t)$ 是適應的並且 $\int_0^t|\mu(s)|\mathrm{d}(s)$，$a.\ s.$

② $\sigma(t)\in V$

則稱 $\{Y(t),0\leqslant t\leqslant T\}$ 為 Ito 過程。

有時也將 Ito 過程記為微分的形式

$$\mathrm{d}Y(t)=\mu(t)\mathrm{d}(t)+\sigma(t)\mathrm{d}B(t),0\leqslant t\leqslant T。$$

如果用微分形式表示定理二中的 Ito 公式則為

$$\mathrm{d}f[B(t)]=f'[B(t)]\mathrm{d}B(t)+\frac{1}{2}f''[B(t)]\mathrm{d}t$$

下面定理給出了關於 Ito 過程的 Ito 公式。

定理三：設 $\{X(t)\}$ 是由

$$\mathrm{d}X(t))=\mu(t)\mathrm{d}(t)+\sigma(t)\mathrm{d}B(t)$$

給出的 Ito 過程，$g(t, x)$ 是 $[0, \infty)\times R$ 上的二次連續可微函數

$$\{Y(t)\}=\{g(t, x)\}$$

仍為 Ito 過程，並且

$$\mathrm{d}Y(t)=g'_t[t, X(t)]\mathrm{d}t+g'_x[t, X(t)]\mathrm{d}X(t)+\frac{1}{2}g''_x[t, X(t)]\cdot[\mathrm{d}X(t)]^2,$$

其中 $[\mathrm{d}X(t)]^2=[\mathrm{d}X(t)]\cdot[\mathrm{d}X(t)]$，運算規則為

$$\mathrm{d}t\cdot\mathrm{d}t=\mathrm{d}t\cdot\mathrm{d}B(t)=\mathrm{d}B(t)\cdot\mathrm{d}t=0,\ \mathrm{d}B(t)\cdot\mathrm{d}B(t)=\mathrm{d}t,$$

即上式可以改寫為

$$\mathrm{d}Y(t)=\{g'_t[t, X(t)]\mathrm{d}t+g'_x[t, X(t)]\mu(t)\}+$$

$$g'_x[t, X(t)]\sigma(t)\mathrm{d}B(t)+\frac{1}{2}g''_x[t, X(t)]\sigma(t)\mathrm{d}t。$$

特別地，如果 $g(t, x)=g(x)$ 只是 x 的函數，則可簡化為

$$\mathrm{d}Y(t)=\{g'[X(t)]\mu(t)+\frac{1}{2}g''[X(t)]\sigma^2(t)\}\mathrm{d}t+g'[X(t)]\sigma(t)\mathrm{d}B(t)$$

2.2.5 連續仿射期限結構模型

定義一：假設 Y 是一個 n 維的狀態向量，r 是短期利率，稱一個模型是仿射的即狀態向量是下面的發散的隨機微分方程的解

$$\mathrm{d}Y=k(\theta-Y)\mathrm{d}t+\Sigma V\mathrm{d}B,$$

$$r=\delta_0+\delta'_1Y \tag{2.1}$$

其中 $k\in R^{n\times n}$，$\theta\in R^{n\times 1}$，$\Sigma\in R^{n\times n}$（常數矩陣），$\delta_0\in R$，$\delta_1\in R^{n\times 1}$，$V$ 是 $R^{n\times n}$ 的對角陣滿足 $VV'=diag(\alpha_i+\beta'_iY)$，$B\in R^{n\times 1}$ 是一個標準的維納過程。假設等價鞅測度存在。隨機微分方程（2.1）意味著狀態向量 Y 的聯合條件矩生成函數（CMGF）是指數仿射的，即

$$\varphi(u, t)=E_t[e^{u'Y(T)}]=e^{u_0(\tau)+u_1(\tau)'Y(t)}$$

其中 $\tau=T-t$。

引理一：假設狀態向量 Y 滿足方程（2.1）。下面的邊界值問題：

$$\frac{\partial f}{\partial t} + [k(\theta - Y)]'\partial_Y f + \frac{1}{2}tr[V'\Sigma'\partial_{YY'}f\Sigma V] - \alpha r(t, Y)f = 0 \quad (2.2)$$

$$f(T, Y) = e^{u'Y} \quad (2.3)$$

有隨機解

$$f(t, Y) = E_t\{\exp(-\alpha\int_t^T r[s, Y(s)]\mathrm{d}s + u'Y(T)\}$$
$$= e^{\varphi_0(\tau)+\varphi_1(\tau)'Y(t)} \quad (2.4)$$

滿足初始條件: $\varphi_0(0) = 0$, $\varphi_1(0) = u$

證明：對函數

$$Z_w = f(w, Y)\exp\{-\alpha\int_t^w r[s, Y(s)]\mathrm{d}s\}$$

運用 Ito 公式可知,

$$Z_T = f[T, Y(T)]\exp\{-\alpha\int_t^T r[s, Y(s)]\mathrm{d}s\}$$
$$= f[t, Y(t)] + \int_0^T \partial_Y f\Sigma V\mathrm{d}B(s)[s, Y(s)]\mathrm{d}s +$$
$$\int_0^T\left\{\frac{\partial f}{\partial s} + [k(\theta - Y)]'\partial_Y f + \frac{1}{2}tr[V'\Sigma'\partial_{YY'}f\Sigma V] - \alpha r(s, Y)\right\}\mathrm{d}s$$

對兩邊取條件期望後，等式右邊前兩個積分為 0，則有

$$f(t, Y(t)) = E_t(\exp\{-\alpha\int_t^T r[s, Y(s)]\mathrm{d}s\}f[T, Y(T)])$$
$$= E_t(\exp\{-\alpha\int_t^T r[s, Y(s)]\mathrm{d}s\} + u'Y(T)]$$

為了證明方程（2.2）的指數仿射形式解（2.4）。假設仿射形式解（2.4）成立，將 $f(t, Y) = e^{\varphi_0(\tau)+\varphi_1(\tau)'Y(t)}$ 代入方程（2.2）得到

$$\partial_t\varphi_0(\tau) + \partial_t\varphi_1(\tau)'Y + [k(\theta - Y)]'\varphi_1(\tau)'$$
$$+ \frac{1}{2}r[V'\Sigma'\varphi_1(\tau)\varphi_1(\tau)'\Sigma V] - \alpha(\delta_0 + \delta_1'Y) = 0。$$

等式的左邊是一個仿射函數。因為方程對任意的向量 Y 成立，故函數中的所有參數必須為 0。這個條件為 $\varphi_0(\tau)$ 和 $\varphi_0(\tau)$ 產生了兩個 Riccati 常微分方程：

$$\partial_t\varphi_0(\tau) + k\theta\varphi_1(\tau) + \frac{1}{2}\varphi_1(\tau)'H_0\varphi_1(\tau) - \alpha\delta_0 = 0$$

$$\partial_t\varphi_1(\tau) - k\varphi_1(\tau) + \frac{1}{2}\varphi_1(\tau)'H_1\varphi_1(\tau) - \alpha\delta_1 = 0$$

其中 H_0 和 H_1 滿足：

$$\Sigma VV'\Sigma' = \Sigma diag(\alpha_i)\Sigma' + \Sigma diag(\beta_i Y)\Sigma'$$
$$= H_0 + H_1 Y$$

由（2.3）可知初始值是

$$\varphi_0(0) = 0 ,\ \varphi_1(0) = u 。$$

當 $\alpha = 0$ 時，上式恰為仿射發散過程的矩生成函數：

$$\varphi(u,\ t) = E_t[e^{u'Y(T)}] = e^{u_0(\tau) + u_1(\tau)'Y(t)}$$

其中的系數滿足下列 Riccati 常微分方程：

$$\partial_t u_0(\tau) + k\theta u_1(\tau) + \frac{1}{2}u_1(\tau)'H_0 u_1(\tau) = 0 ,$$

$$\partial_t u_1(\tau) - k u_1(\tau) + \frac{1}{2}u_1(\tau)'H_1 u_1(\tau) = 0 ,$$

$$u_0(0) = 0 ,\ u_1(0) = u 。$$

利用連續的仿射期限模型，在等價鞅測度存在的前提下，可以用一個發散的 Gauss-Markov 過程來描述無違約債券價格變化：

$$\mathrm{d}r(t) = \mu(t)\mathrm{d}t + \sigma(t)\mathrm{d}B(t) ,$$

其中 $\{B(t) ,\ 0 \leqslant t \leqslant T\}$ 是一個標準布朗運動過程，$\mu(t)$ 和 $\sigma(t)$ 是合適的 $F_t = \{B(u) ,\ 0 \leqslant u \leqslant t\}$ 適應過程。假設 $\mu(t)$ 和 $\sigma(t)$ 是 $r(t)$ 的簡單函數，即 $\mu(t) = \mu(r(t),\ t)$ ，$\sigma(t) = \sigma(r(t),\ t)$ 。

定理一：對於 Hull-White 模型

$$\mathrm{d}r(t) = [\alpha(t) - \beta(t)r(t)]\mathrm{d}t + \sigma(t)\mathrm{d}B(t) \qquad (2.5)$$

其中 $\alpha(t)$ 、$\beta(t)$ 和 $\sigma(t)$ 是 t 的非隨機函數，滿足

$$\int_0^T [\ |\alpha(t)| + |\beta(t)| + \sigma^2(t)\mathrm{d}t] < \infty \qquad (2.6)$$

則在 T 時支付額為 1 的零息票無違約債券 t 時的價格為

$$D(t,\ T) = \exp[A(t,\ T)] - r(t)[C(t,\ T)] ,$$

其中，

$$A(t,\ T) = \frac{1}{2}\int_t^T \left\{\int_s^T \frac{g(u)}{g(s)}\sigma(s)\mathrm{d}u\right\}^2 \mathrm{d}s - \int_t^T \left\{\int_t^u \frac{g(u)}{g(s)}\sigma(s)\mathrm{d}s\right\} \mathrm{d}u\mathrm{d}s$$

$$C(t,\ T) = \frac{1}{2}\int_t^T \frac{g(u)}{g(s)}\mathrm{d}u ,\ 這裡\ g(t) = \exp(-\int_0^t \beta(s)\mathrm{d}s)$$

可見，Merton 模型、Vasicek 模型以及 Ho-Lee 模型都是式（2.5）的特例。

證明：在定理條件的假定下，式（2.5）有唯一的強解

$$r(t) = g(t)[r_0 + \int_0^t \frac{\alpha(s)}{g(s)}\mathrm{d}s + \frac{\sigma(s)}{g(s)}\mathrm{d}B(s)]$$

由於 $r = [r(t)]_{t\leq T}$ 是一個 Gauss-Markov 過程，因此有

$$D(t,\ T) = E[\exp(-\int_t^T r(s)\mathrm{d}s \mid r(t)]$$
$$= E[\exp(-I(t,\ T) \mid r(t)]$$

其中，$I(t,\ T) = \int_t^T r(s)\mathrm{d}s$ 是條件正態分佈的，其條件均值、條件方差以及 Laplace 變化為

$$E[I(t,\ T) \mid r(t)]$$
$$= r(t)\int_t^T \frac{g(u)}{g(s)}\mathrm{d}u + \int_t^T\left\{\int_t^u \frac{g(u)}{g(s)}\alpha(s)\mathrm{d}s\right\}\mathrm{d}u\ ,$$

$$\mathrm{Var}[I(t,\ T) \mid r(t)] = \int_t^T\left\{\int_s^T \frac{g(u)}{g(s)}\sigma(s)\mathrm{d}u\right\}^2\mathrm{d}s$$

$$E\{\exp[-I(t,\ T)] \mid r(t)\} = \exp\{\frac{1}{2}\mathrm{Var}[I(t,\ T) \mid r(t)] - E[I(t,\ T) \mid r(t)]\}\text{。}$$

因此在 T 時支付額為 1 的零息票無違約債券 t 時的價格為

$$D(t,\ T) = \exp[A(t,\ T)] - r(t)[C(t,\ T)]\text{。}$$

注意：當 $\mu(t) = \alpha[\beta - r(t)]$，$\sigma(t) = \sigma(\alpha > 0)$，這樣 $\alpha(t) = \alpha\beta$，$\beta(t) = \alpha$，$\sigma(t) = \sigma$ 模型（2.5）就變為 Vasicek 模型，由引理一可知

$$C(t,\ T) = e^{\alpha t}\int_t^T e^{-\alpha y}\mathrm{d}y = \frac{1}{\alpha}(1 - e^{-\alpha(T-t)})$$

$$A(t,\ T) = \int_t^T e^{\alpha t}\alpha\beta[\int_v^T e^{-\alpha y}\mathrm{d}y - \frac{1}{2}e^{2\alpha v}\sigma^2(\int_v^T e^{-\alpha y}\mathrm{d}y)^2]\mathrm{d}v$$
$$= \alpha\beta\int_t^T C(v,\ T)\mathrm{d}v - \frac{1}{2}\sigma^2\int_t^T C(v,\ T)^2\mathrm{d}v$$
$$= -\frac{[C(t,\ T) - T + t]}{\alpha^2} + \frac{\sigma^2 C(t,\ T)^2}{4\alpha}\text{。}$$

定理二：對於 Cox-Ingersoll-Ross（CIR）模型，利率過程為

$$\mathrm{d}r(t) = [\alpha - \beta r(t)]\mathrm{d}t + \sigma\sqrt{r(t)}\,\mathrm{d}B(t)$$

則在 T 時支付額為 1 的零息票無違約債券 t 時的價格為

$$D(t,\ T) = e^{-r(t)C(t,\ T) - A(t,\ T)}$$

其中，

$$C(t,\ T) = \frac{\sin(\gamma(T-t))}{\gamma\cos[\gamma(T-t)] + \frac{1}{2}\beta\sin[\gamma(T-t)]}$$

$$A(t, T) = -\frac{2\alpha}{\sigma^2}\log\{\frac{\gamma e^{\frac{1}{2}\beta(T-t)}}{\gamma\cosh[\gamma(T-t)] + \frac{1}{2}\beta\sinh[\gamma(T-t)]}\}$$

$$\gamma = \frac{1}{2}\sqrt{\beta^2 + 2\sigma^2}$$

證明：債券價格過程為

$$D(t, T) = E\{\exp[-\int_t^T r(u)\mathrm{d}u \mid F(t)]\}$$

$$\exp[-\int_0^t r(u)\mathrm{d}u]D(t, T) = E\{\exp[-\int_0^T r(u)\mathrm{d}u \mid F(t)]\}$$

這顯示其為鞅。Markov 性質表明 $D(t, T) = D[r(t), t, T]$。由於 $\exp[-\int_0^t r(u)\mathrm{d}u]D[r(t), t, T]$ 是鞅，故其微分不存在飄移項。

同時由 Ito 公式可知

$$\mathrm{d}\{\exp[-\int_0^t r(u)\mathrm{d}u]D(r(t), t, T)]\}$$

$$= \exp[-\int_0^t r(u)\mathrm{d}u]\{-r(t)D[r(t), t, T]\mathrm{d}t + D'_r[r(t), t, T]\mathrm{d}r(t) + \frac{1}{2}D'_{rr}[r(t), t, T]\mathrm{d}r(t) + D'_t[r(t), t, T]\mathrm{d}t\}$$

$$= \exp[-\int_0^t r(u)\mathrm{d}u][-r(t)D\mathrm{d}t + D'_r(\alpha - \beta r)\mathrm{d}t + D'_r\sigma\sqrt{r}\mathrm{d}B + \frac{1}{2}D'_{rr}\sigma^2 r\mathrm{d}t + D'_t\mathrm{d}t]$$

因為飄移項是 0，故得偏微分方程

$$-rD(r, t, T) + D'_t(r, t, T) + (\alpha - \beta r)D'_r(r, t, T) + \frac{1}{2}\sigma^2 rD'_{rr}(r, t, T) = 0$$

終端條件是 $D(r, t, T) = 1$，$r \geqslant 0$. 我們尋找一個形式為 $D(r, t, T) = e^{-rC(t, T)-A(t, T)}$ 的解，其中 $C(T, T) = 0$，$A(T, T) = 0$. 這樣可得到 $D'_t = (-rC_t, -A_t)D$，$D'_r = -CD$，偏微分方程變為

$$-rD(-1 - C_t + \beta C + \frac{1}{2}\sigma^2 C^2) - D(A_t + \alpha C) = 0$$

常微分方程變為

$$-1 - C_t(t, T) + \beta C(t, T) + \frac{1}{2}\sigma^2 C^2(t, T) = 0$$

其中 $C(T, T) = 0$,

$$A(t, T)=\alpha\int_t^T C(u, T)\mathrm{d}u$$

且 $A(T, T)=0$，$A_t'(t, T)=-\alpha C(t, T)$

這等同於求

$$\frac{\mathrm{d}C(s, T)}{\left[C(s, T)+\frac{\beta-\sqrt{\beta^2+2\sigma^2}}{\sigma^2}\right]\left[C(s, T)+\frac{\beta+\sqrt{\beta^2+2\sigma^2}}{\sigma^2}\right]}=\frac{\sigma^2}{2}\mathrm{d}s$$

對兩邊關於 s 分別積分得

$$\int_t^T\frac{\mathrm{d}C(s, T)}{C(s, T)+\frac{\beta-\sqrt{\beta^2+2\sigma^2}}{\sigma^2}}-\int_t^T\frac{\mathrm{d}C(s, T)}{C(s, T)+\frac{\beta+\sqrt{\beta^2+2\sigma^2}}{\sigma^2}}$$

$$=\sqrt{\beta^2+2\sigma^2}(T-t)$$

令 $\delta=\sqrt{\beta^2+2\sigma^2}$，則

$$\frac{\sigma^2C(t, T)+\beta+\delta}{\sigma^2C(t, T)+\beta-\delta}=e^{\delta(T-t)}\left(\frac{\beta+\delta}{\beta-\delta}\right)$$

因此

$$C(t, T)=\frac{(e^{\delta(T-t)}-1)(\beta+\delta)}{\sigma^2\left\{\left[1-e^{\delta(T-t)}\right]\left(\frac{\beta+\delta}{\beta-\delta}\right)\right\}}$$

$$=\frac{2(e^{\delta(T-t)}-1)}{(\beta+\delta)e^{\delta(T-t)}-(\beta-\delta)]}$$

因為 $\sigma^2=\dfrac{\delta^2-\beta^2}{2}$

$$=\frac{2(e^{2\gamma(T-t)}-1)}{2\gamma(e^{2\gamma(T-t)}+1)+\beta(e^{2\gamma(T-t)}-1)}$$

令 $\delta=2\gamma$

$$=\frac{\sin[\gamma(T-t)]}{\gamma\cos[\gamma(T-t)]+\frac{1}{2}\beta\sin[\gamma(T-t)]}$$

2.2.6 非連續（帶跳）仿射期限結構模型

定義：假設 Y 是一個 n 維的狀態向量，r 是短期利率，稱一個模型是仿射的即狀態向量是下面的發散的隨機微分方程的解

$$\mathrm{d}Y=k(\theta-Y)\mathrm{d}t+\Sigma V\mathrm{d}B+J\mathrm{d}N, \tag{2.7}$$

其中 $k \in R^{n\times n}$，$\theta \in R^{n\times 1}$，$\Sigma \in R^{n\times n}$（常數矩陣），$\delta_0 \in R$，$\delta_1 \in R^{n\times 1}$，$V$ 是 $R^{n\times n}$ 的對角陣滿足 $VV' = diag(\alpha_i + \beta_i'Y)$，$B \in R^{n\times 1}$ 是一標準的維納過程。N 是泊松計數過程具有狀態相依強度，Y 的一個正仿射函數 $(Y) = \lambda_0 + \lambda_1'Y$。$J$ 是跳的大小具有時齊的矩生成函數 $\varphi_J(u) = Ee^{u'J}$。假設跳到達時間與跳的大小與發散部分無關。

引理一：假設狀態向量 Y 滿足式（2.7），則過程 Y 的聯合條件矩生成函數（CMGF）及積分為

$$f(t, Y) = E_t(\exp\{-\alpha\int_t^T r[s, Y(s)]\mathrm{d}s + u'Y(T)\})$$

$$= e^{\varphi_0(\tau)+\varphi_1(\tau)'Y(t)}$$

其中 $\tau = T - t$。CMGF 是如下邊界問題的解

$$\frac{\partial f}{\partial t} + Af - r(t, Y)f = 0$$

$$f(T, Y) = e^{u'Y}$$

這裡，

$$Af = [k(\theta - Y)]'\partial_Y f + \frac{1}{2}tr[V'\Sigma'\partial_{YY'}f\Sigma V] +$$

$$\lambda(Y)[E_J f(t, Y + J) - f(t, Y)]$$

是 Y 對於函數 f 的無窮小算子。系數 $\varphi_0(\tau)$ 與 $\varphi_1(\tau)$ 是下列常微分方程的解

$$\partial_t\varphi_0(\tau) + [k\theta]'\varphi_1(\tau) + \frac{1}{2}\varphi_1(\tau)'H_0\varphi_1(\tau) + \lambda_0\{\varphi_J[\varphi_1(\tau)] - 1\} - \delta_0 = 0$$

$$\partial_t\varphi_1(\tau) - k'\varphi_1(\tau) + \frac{1}{2}\varphi_1(\tau)'H_1\varphi_1(\tau) + \lambda_1\{\varphi_J[\varphi_1(\tau)] - 1\} - \delta_1 = 0$$

$$\varphi_0(0) = 0, \varphi_1(0) = u$$

證明：證明過程類似引理一。

2.3 年金理論

2.3.1 確定利率條件年金理論

年金是在相等的時間間隔上進行的一系列支付，兩次年金付款之間的間隔稱為支付期。年金並不局限於每隔一年支付一次，只要是每隔相等的區間提供

一次支付的就可稱為年金。年金在經濟生活中是常見的，如房屋的租金、抵押付款、定期存入銀行的存款、分期償還的債務及養老保險中按月支付的退休金等。

如果在固定的時期支付確定金額的款項，這種年金稱為確定年金。確定年金是指只要事先約定，就會確定支付的年金，它與人的生死不發生關係，純粹以預定利息率作為累積基礎。如購買債券定期獲得的利息就是確定年金，不管債權人的情況如何，債務人都要按約定的條件支付利息。生命年金是生存保險的範疇之一，是指以年金保險的被保險人的生存為條件，在保險有效期內按照年金方式支付保險金。年金受領人一旦死亡，則年金立即停止支付，這是與確定年金不一樣的地方。

年金有多種分類，通常情況下的分類有：金額是在每一期的期末（如年末、月末等）支付的期末年金、金額是在每一期的期初（如年初、月初等）支付的初付年金、年金的給付在簽約後即刻開始的即時年金、經過一段時間後才開始給付的延期年金、年金的給付限於一定期間的有限期年金與年金的給付無限期延續的無限期年金等。

生存年金在精算實務中的應用較為普遍。在保費繳納期內，投保人繳納保費的現金流就是一個支付年金的過程。在保費繳納時刻如果被保險人還生存，則投保人繳納保費；若被保險人死亡，則投保人不需要繳納保費。這一生存年金的期限為保費繳納期，支付的條件是被保險人生存。生存年金的一個例子是年金保險。年金保險是人壽保險的一個重要類別，是指在保險人約定的時間內，按照一定的週期給付年金領取者保險金的保險。在給付時刻只有當被保險人生存時，保險人才給付保險金。

2.3.2 年金現值的計算

1. 固定利率下的確定年金現值

假設在 n 年期年利率均為 j，則年貼現值為 $v = 1/(1+j)$，年貼現率為 $j/(1+j)$。若 $k < n$，則在 k 年內，每年年末支付額均為 1 的年金現值之和記為 $a_{\overline{k}|j}$，則

$$a_{\overline{k}|j} = v + v^2 + \cdots + v^k = \frac{1-v^k}{j} \quad k = 1, 2, \cdots, n$$

且

$$a_{\overline{k}|j} = v(1 + a_{\overline{k-1}|j}) \quad k = 2, 3, \cdots, n$$

若將 k 年內每年年初支付為 1 的年金現值之和記為 $\ddot{a}_{\overline{k}|j}$，則有

$$\ddot{a}_{\overline{k}|j} == 1 + v + v^2 + \cdots + v^{k-1} = \frac{1 - v^k}{d} \quad k = 1, 2, \cdots, n$$

$$\ddot{a}_{\overline{k}|j} = 1 + v\ddot{a}_{\overline{k-1}|j} \quad k = 2, 3, \cdots, n$$

若將 k 年內每年年末分別支付 1，2，…，k 的標準遞增年金的現值之和記為 $(Ia)_{\overline{k}|j}$，則

$$(Ia)_{\overline{k}|j} = v + 2v^2 + \cdots + kv^k = (1 + \frac{1}{j} + k)a_{\overline{k}|j} - \frac{k}{j} \quad k = 1, 2, \cdots, n$$

且

$$(Ia)_{\overline{k}|j} = v + [1 + (Ia)_{\overline{k-1}|j} + a_{\overline{k-1}|j}] \quad k = 2, 3, \cdots, n$$

在 k 年內每年年初分別支付 1，2，…，k 的標準遞增初付年金的現值之和記為 $(I\ddot{a})_{\overline{k}|j}$，則

$$(I\ddot{a})_{\overline{k}|j} = 1 + 2v + 3v^2 \cdots + kv^{k-1} = (\frac{1}{d} + k)\ \ddot{a}_{\overline{k}|j} - \frac{k}{d} \quad k = 1, 2, \cdots, n$$

且

$$(I\ddot{a})_{\overline{k}|j} = 1 + v[1 + (I\ddot{a})_{\overline{k-1}|j} + \ddot{a}_{\overline{k-1}|j}] \quad k = 2, 3, \cdots, n$$

若將 k 年內每年年末分別支付 n，$n-1$，$n-2$，…，$n-k+1$ 的標準遞減延付年金的現值之和記為 $(Da)_{\overline{k}|j}$，則

$$\begin{aligned}(Da)_{\overline{k}|j} &= nv + (n-1)v^2 + \cdots + (n-k+1)v^k \\ &= (n - \frac{1}{j} - k)a_{\overline{k}|j} + \frac{k}{j} \quad k = 1, 2, \cdots, n\end{aligned}$$

且

$$(Da)_{\overline{k}|j} = v[n + (Da)_{\overline{k-1}|j} - a_{\overline{k-1}|j}] \quad k = 2, 3, \cdots, n$$

若將 k 年內每年年初分別支付 n，$n-1$，$n-2$，…，$n-k+1$ 的標準遞減延付年金的現值之和記為 $(D\ddot{a})_{\overline{k}|j}$，則

$$\begin{aligned}(D\ddot{a})_{\overline{k}|j} &= n + (n-1)v + (n-2)v^2 + \cdots + (n-k+1)v^{k-1} \\ &= (n - \frac{1}{j} - k)\ddot{a}_{\overline{k}|j} + \frac{k}{d} \quad k = 1, 2, \cdots n\end{aligned}$$

且

$$(D\ddot{a})_{\overline{k}|j} = n + v[(D\ddot{a})_{\overline{k-1}|j} - \ddot{a}_{\overline{k-1}|j}] \quad k = 2, 3, \cdots, n$$

若年金的第一次收付款發生在 n 年後，這樣的年金稱為延期確定年金。用 ${}_{n|}a_{\overline{m}|}$ 表示延期 n 年的 m 期定期期末付每年 1 單位元的年金現值。

$$\begin{aligned}{}_{n|}a_{\overline{m}|} &= v^{n+1} + v^{n+2} + \cdots + v^{n+m} \\ &= v^n(v + v^2 + \cdots + v^m) \\ &= v^n a_{\overline{n}|}\end{aligned}$$

$_{n|}\ddot{a}_{\overline{m}|}$ 表示延期 n 年的 m 期定期期首付每年 1 單位元的年金現值。

$$
\begin{aligned}
{}_{n|}\ddot{a}_{\overline{m}|} &= v^{n} + v^{n+1} + \cdots + v^{n+m-1} \\
&= v^{n}(1 + v + v^{2} + \cdots + v^{m-1}) \\
&= v^{n}\ddot{a}_{\overline{m}|}
\end{aligned}
$$

若每年收付款 1 單位元，而收付款期間為永久的無確定期限的年金稱為永久年金。用 $\ddot{a}_{\overline{\infty}|}$ 表示每年年初收付款 1 單位元的永久年金在初始時刻的現值。

$$
\begin{aligned}
\ddot{a}_{\overline{\infty}|} &= 1 + v + v^{2} + \cdots \\
&= \frac{1}{1 - v} \\
&= \frac{1}{d}
\end{aligned}
$$

用 $a_{\overline{\infty}|}$ 表示每年年末收付款 1 單位元的永久年金在初始時刻的現值。

$$
\begin{aligned}
a_{\overline{\infty}|} &= v + v^{2} + v^{3} + \cdots \\
&= v\frac{1}{1 - v} \\
&= \frac{1}{i}
\end{aligned}
$$

且 $\ddot{a}_{\overline{\infty}|} = a_{\overline{\infty}|}(1 + i)$ 。

2. 固定利率下的生命年金現值

生命年金的主要種類有終身生命年金、n 年定期生命年金、n 年確定期終身生命年金、延期終身生命年金等。這些種類的生命年金也叫基本生命年金。按照以下三種方式給付，生命年金現值均有不同。

（1）方式一：連續生命年金

連續生命年金即以連續方式給付生存年金。

①終身生命年金：從個體 x 歲開始給付的終身生命年金，年金給付終止時間的為 $T(x)$ ，所以年金給付的現值可表示為 $\bar{a}_{\overline{T(x)}|}$ ，其精算現值為 $\bar{a}_{x}$ 。

結論一：$\bar{a}_{x} = \int_{0}^{\infty} v^{t}\ {}_{t}p_{x}\mathrm{d}t$

證明：由精算現值定義，

$$
\begin{aligned}
\bar{a}_{x} &= E\,\bar{a}_{\overline{T(x)}|} = E\left[\int_{0}^{T(x)} v^{t}\mathrm{d}t\right] = E\left\{\int_{0}^{\infty} v^{t}I_{[T(x) > t]}\mathrm{d}t\right\} \\
&= \int_{0}^{\infty} v^{t}P[T(x) > t]\mathrm{d}t = \int_{0}^{\infty} v^{t}\ {}_{t}p_{x}\mathrm{d}t
\end{aligned}
$$

結論二：$\frac{\mathrm{d}}{\mathrm{d}x}\bar{a}_{x} = [\mu(x) + \delta]\,\bar{a}_{x} - 1$

證明：由結論一可知，

$$\bar{a}_x = \int_0^{\infty} v^t \, {}_tp_x \mathrm{d}t = \int_0^{\infty} v^t \exp\left\{-\int_x^{x+t} \mu(s)\mathrm{d}s\right\} \mathrm{d}t$$

對兩邊求導數有

$$\frac{\mathrm{d}}{\mathrm{d}x}\bar{a}_x = \int_0^{\infty} v^t \frac{\mathrm{d}}{\mathrm{d}x}\left(\exp\left\{-\int_x^{x+t}\mu(s)\mathrm{d}s\right\}\right)\mathrm{d}t$$

$$= \int_0^{\infty} v^t \exp\left\{-\int_x^{x+t}\mu(s)\mathrm{d}s\right\}[\mu(x) - \mu(x+t)]\mathrm{d}t$$

$$= \mu(x)\int_0^{\infty} v^t \exp\left\{-\int_x^{x+t}\mu(s)\mathrm{d}s\right\}[-\mu(x+t)]\mathrm{d}t -$$

$$\int_0^{\infty} v^t \exp\left\{-\int_x^{x+t}\mu(s)\mathrm{d}s\right\}\mu(x+t)\mathrm{d}t$$

$$= \mu(x)\,\bar{a}_x + \int_0^{\infty} v^t \mathrm{d}({}_tp_x)\mathrm{d}t$$

$$= \mu(x)\,\bar{a}_x + v^t \, {}_tp_x \Big|_0^{\infty} - \int_0^{\infty} {}_tp_x \mathrm{d}(v^t)$$

$$= \mu(x)\,\bar{a}_x - 1 + \delta\int_0^{\infty} {}_tp_x v^t \mathrm{d}(t)$$

$$= [\mu(x) + \delta]\,\bar{a}_x - 1$$

證畢。

② n 年定期生命年金：從個體 x 歲開始給付的 n 年定期生命年金，年金給付時間的長短為 $T(x)$，其與 n 的最小值，即 $T(x) \wedge n = \min[T(x), n]$，所以年金給付的現值可表示為 $\bar{a}_{\overline{T(x)\wedge n|}}$，其精算現值為 $\bar{a}_{x:\overline{n|}}$。

結論三：$\bar{a}_{x:\overline{n|}} = \int_0^n v^t \, {}_tp_x \mathrm{d}t$

證明：

方法 1，由精算現值定義，

$$\bar{a}_{x:\overline{n|}} = E\,\bar{a}_{\overline{T(x)\wedge n|}} = E\,\bar{a}_{\overline{T(x)\wedge n|}} I_{(T(x)<n)} + E\,\bar{a}_{\overline{T(x)\wedge n|}} I_{(T(x)\geqslant n)}$$

$$= \int_0^n v^t \, {}_tp_x \mathrm{d}t + \bar{a}_{\overline{n|}} \, {}_np_x$$

$$= -\int_0^n \bar{a}_{\overline{t|}} \mathrm{d}({}_tp_x) + \bar{a}_{\overline{n|}} \, {}_np_x$$

$$= \int_0^n v^t \, {}_tp_x \mathrm{d}t$$

方法 2，

$$\bar{a}_{x:\overline{n|}} = E\,\bar{a}_{\overline{T(x)\wedge n|}} = E\left[\int_0^{T(x)\wedge n} v^t \mathrm{d}t\right] = E\left\{\int_0^{\infty} v^t I_{[t\leqslant T(x)\wedge n]} \mathrm{d}t\right\}$$

$$= \int_0^\infty v^t P[T(x) \wedge n \geqslant t] \mathrm{d}t = \int_0^n v^t \ {}_t p_x \mathrm{d}t$$

證畢。

③n年確定期終身生命年金：在x歲開始給付的n年確定期終身生命年金，在前n年內不論年金領取人(x)是否生存都給付年金，過了n年只有年金領取人(x)生存才能夠領取年金。這種年金是前n年期確定年金與延期n年終身生命年金組合而成。

可分兩種情況對年金的給付時間長度進行討論：

a. 年金領取人(x)是在前n年內死亡，即未來的生存時間$T(x) < n$；

b. 年金領取人(x)活過n年，即未來的生存時間$T(x) \geqslant n$。

所以，(x)領取年金的時間長度為$T(x) \vee n = \max[T(x), n]$。

年金給付的現值可表示為$\bar{a}_{\overline{T(x) \vee n}|}$，其精算現值為$\bar{a}_{\overline{x:n}|}$。

結論四：$\bar{a}_{\overline{x:n}|} = \bar{a}_{\overline{n}|} + {}_{n|}\bar{a}_x$

證明：

$$\bar{a}_{\overline{T(x) \vee n}|} + \bar{a}_{\overline{T(x) \wedge n}|} = \bar{a}_{\overline{T(x)}|} + \bar{a}_{\overline{n}|}$$

$$\bar{a}_{\overline{T(x) \vee n}|} = \bar{a}_{\overline{T(x)}|} - \bar{a}_{\overline{T(x) \wedge n}|} + \bar{a}_{\overline{n}|}$$

兩邊取期望，

$$\bar{a}_{\overline{x:n}|} = \bar{a}_x - \bar{a}_{x:\overline{n}|} + \bar{a}_{\overline{n}|} = \bar{a}_{\overline{n}|} + \int_n^\infty v^t \ {}_t p_x \mathrm{d}t = \bar{a}_{\overline{n}|} + {}_{n|}\bar{a}_x$$

證畢。

④延期終身生命年金：從個體x歲延期n年給付的終身生命年金，可以理解為從對個體(x)終生生存年金的給付中扣除對個體n年給付的終身生命年金，年金給付的現值可表示為$\bar{a}_{\overline{T(x)}|} - \bar{a}_{\overline{T(x) \wedge n}|}$，其精算現值為${}_{n|}\bar{a}_x = \int_n^\infty v^t \ {}_t p_x \mathrm{d}t$。

結論五：${}_{n|}\bar{a}_x = \bar{a}_x - \bar{a}_{x:\overline{n}|}$

證明：由於延期n年的終身生命年金的現值可以表示為終身生命年金的現值減去對個體n年給付的終身生命年金的現值，所以

$${}_{n|}\bar{a}_x = E(\bar{a}_{\overline{T(x)}|} - \bar{a}_{\overline{T(x) \wedge n}|}) = \bar{a}_x - \bar{a}_{x:\overline{n}|}$$

又根據結論一和結論二的結論，有

$${}_{n|}\bar{a}_x = \bar{a}_x - \bar{a}_{x:\overline{n}|} = \int_0^\infty v^t \ {}_t p_x \mathrm{d}t - \int_0^n v^t \ {}_t p_x \mathrm{d}t = \int_n^\infty v^t \ {}_t p_x \mathrm{d}t$$

證畢。

（2）方式二：期初生命年金

從個體x歲開始的終身生命年金、n年定期生命年金、n年確定期終身生命年金及延期終身生命年金對應的支付次數分別為

$K(x)+1 \quad [K(x)+1] \wedge n \quad [K(x)+1] \vee n \quad K(x)+1-[K(x)+1] \wedge n$

對應年金的精算現值為 $\ddot{a}_x$ ，$\ddot{a}_{x:\overline{n}|}$ ，$\ddot{a}_{\overline{\overline{x:n}}|}$ ，${}_{n|}\ddot{a}_x$ 。

對應年金的現值表示為：

終身生命年金 $\ddot{a}_{\overline{K(x)+1}|}$ ，

n 年定期生命年金 $\ddot{a}_{\overline{[K(x)+1]\wedge n}|}$ ，

n 年確定期終身生命年金 $\ddot{a}_{\overline{[K(x)+1]\vee n}|}$ ，

延期終身生命年金 $\ddot{a}_{\overline{K(x)+1}|} - \ddot{a}_{\overline{[K(x)+1]\wedge n}|}$ 。

結論六：可採用下面的公式來計算個生命年金的精算現值：

$$\ddot{a}_{x:\overline{n}|} = \sum_{j=0}^{n-1} v^j {}_jp_x \text{ , } \ddot{a}_x = \sum_{j=0}^{\infty} v^j {}_jp_x$$

$${}_{n|}\ddot{a}_x = \sum_{j=n}^{\infty} v^j {}_jp_x \qquad \ddot{a}_{\overline{\overline{x:n}}|} = \ddot{a}_{\overline{n}|} + \sum_{j=n}^{\infty} v^j {}_jp_x$$

證明：

$$\begin{aligned}\ddot{a}_x &= E[\ddot{a}_{\overline{K(x)+1}|}] = E\{\sum_{j=0}^{\infty} v^j I_{[K(x)\geqslant j]}\} \\ &= \sum_{j=0}^{\infty} v^j EI_{[K(x)\geqslant j]} = \sum_{j=0}^{\infty} v^j {}_jp_x\end{aligned}$$

其他可類似證明。

證畢。

(3) 方式三：期末生命年金

從個體 x 歲開始給付，每年年末給付，每次給付金額為單位元。

終身生命年金、n 年定期生命年金、n 年確定期終身生命年金及延期終身生命年金對應的支付次數分別為

$K(x) \quad K(x)\wedge n \quad K(x)\vee n \quad K(x)-K(x)\wedge n$

對應年金的精算現值為 a_x ，$a_{x:\overline{n}|}$ ，$a_{\overline{\overline{x:n}}|}$ ，${}_{n|}a_x$ 。

對應年金的現值表示為：

終身生命年金 $a_{\overline{K(x)}|}$ ，

n 年定期生命年金 $a_{\overline{K(x)\wedge n}|}$ ，

n 年確定期終身生命年金 $a_{\overline{K(x)\vee n}|}$ ，

延期終身生命年金 $a_{\overline{K(x)}|} - a_{\overline{K(x)\wedge n}|}$ 。

結論七：可採用下面的公式來計算個生命年金的精算現值：

$$a_{x:\overline{n}|} = \sum_{j=1}^{n} v^j {}_jp_x \text{ , } a_x = \sum_{j=1}^{\infty} v^j {}_jp_x$$

$${}_{n|}\ddot{a}_x = \sum_{j=n+1}^{\infty} v^j {}_jp_x \qquad \ddot{a}_{\overline{\overline{x:n}}|} = \ddot{a}_{\overline{n}|} + \sum_{j=n+1}^{\infty} v^j {}_jp_x$$

證明：

$$a_x = E[a_{\overline{K(x)}|}] = E\{\sum_{j=1}^{\infty} v^j I_{[K(x)\geqslant j]}\}$$

$$= \sum_{j=1}^{\infty} v^j EI_{[K(x)\geqslant j]} = \sum_{j=1}^{\infty} v^j \ {}_jp_x$$

其他可類似證明。

證畢。

結論八：期初生命年金與期末生命年金之間的關係為

$$a_x = \ddot{a}_x - 1 \ ; \ a_{x:\overline{n}|} = \ddot{a}_{x:\overline{n}|} - 1 + v^n \ {}_np_x$$

$$a_{x:\overline{n}|} = \ddot{a}_{x:\overline{n+1}|} - 1$$

證明：個體 (x) 期初生命年金與期末生命年金現值的關係為

$$a_{\overline{K(x)}|} = \ddot{a}_{\overline{K(x)+1}|} - 1$$

$$a_{\overline{K(x)\wedge n}|} = \ddot{a}_{\overline{[K(x)+1]\wedge n}|} - 1 + v^n I_{[T(x)\geqslant n]}$$

$$= \ddot{a}_{\overline{[K(x)+1]\wedge(n+1)}|} - 1$$

兩邊取期望有，

$$a_x = \ddot{a}_x - 1$$

其他可類似證明。

證畢。

結論九：期初生命年金與期末生命年金之間的方差關係為

$$\mathrm{Var}[a_{\overline{K(x)}|}] = \mathrm{Var}[\ddot{a}_{\overline{K(x)+1}|}]$$

證明：由 $a_{\overline{K(x)}|} = \ddot{a}_{\overline{K(x)+1}|} - 1$ 可得，

$$\mathrm{Var}[a_{\overline{K(x)}|}] = \mathrm{Var}[\ddot{a}_{\overline{K(x)+1}|} - 1] = \mathrm{Var}[\ddot{a}_{\overline{K(x)+1}|}]$$

證畢。

2.3.2 隨機利率下的年金理論

傳統的精算理論假定利率是確定的，目的是為了簡化計算。但人壽保險是一種長期性的經濟行為，投保期間的政府政策、經濟週期等因素都會造成不確定性，帶來一定的風險，因此採用固定利率可能會造成預期與實際之間的較大偏差。同時，由於利率隨機性產生的風險，對保險公司來說是相當大的。根據傳統的精算原理，由死亡率隨機性產生的風險可以通過出售大量的保單來分散。但如果保險公司出售的每張保單採用與實際十分接近的利率，這樣利率的風險只單一存在於保險公司一方，一旦風險發生，可導致保險公司破產。保險公司為了減少因利率的調整而可能導致的損失，往往在費率計算時將保險中使用的年利率定得較實際低，這樣勢必增加投保人的保費負擔，也會導致投保人數的增加，並未降低隨機利率的風險。參加保險人數的減少。從而，減少利率不確定性的更好辦法就是採用隨機利率模型。在該模型中，利率不再被看作固定的常量，而是被視為隨機變量，這種利率稱為隨機利率。吴金文和楊靜平等（2001）針對隨機利率壽險模型，考慮一保單組的平均給付額的性質，結果表明，投保人數的增加，並未降低隨機利率的風險。隨著精算理論研究的深入，利率隨機性的研究在近 20 年來逐步受到重視，隨機利率下的精算理論的研究已成為當前的重點與熱點問題之一。

對壽險定價的利率風險研究開始於 20 世紀 70 年代，主要是利用各種隨機模型分析利率對壽險產品定價的影響。1971 年，J. H. Polland 首次把利率視為隨機變量，對精算函數進行了研究。隨後一批學者開始採用各種隨機模型來模擬隨機利率。1976 年，Boyel 考慮了壽險與年金中死亡率與利率均為隨機的情況，即所謂「雙隨機性」。相應的隨機利息的一般理論由 Panjer 和 Bellhouse 在 20 世紀 50 年代初建立，隨後 Dhaene（1989）等進行了這方面的研究。對於隨機利率，他們都是以時間序列方法建模的，例如白噪聲過程、AR(2) 過程和 ARIMA 過程等。20 世紀 90 年代，一批學者利用攝動方法建模，得到了具有雙隨機性的某些年金及壽險的一系列結果。1994 年，Gary Parke 發表了在他博士論文中的一些結果。他研究了在死亡所在保單年度之末等額給付的定期壽險。當保單數目趨於無窮時，每張保單平均成本的極限，得到了這一極限隨機變量的近似分佈函數的遞推公式，還得到了這一極限隨機變量的前三階矩。何文炯、蔣慶榮（1998）對隨機利率採用 Gauss 過程建模，得到了一類即時給付的增額壽險的給付現值的各階矩，並在死亡均勻分佈的假設下得到了矩的簡潔表達式。劉凌雲、汪榮明（2001）則對隨機利率採用 Gauss 過程與 Poisson 過程聯合建模，也給出了即時給付的增額壽險的給付現值的各階矩，發展了何文炯與蔣慶榮的結果。David Perry 等在 2001、2003 年，將隨機利率採用反射布朗運動（RBM）建模，得到確定年金的期望值公式。Abraham Zaks（2001）也論述了隨機利率下的確定年金的計算問題。楊靜平、吴嵐（1997）討論了 n 年期壽險的總體索賠量的極限分佈。在利息力為白噪聲條件下，得到了極限分佈的密度函數的遞推公式。郎艷懷（2001）將利息力用標準的 Wiener 過程建模，給出一類綜合人壽保險模型的現值的前二階矩。孫榮等（2012）採用 Wiener 過程對隨機利率建模，分析了家庭聯合保險年金模型。

2.3.2.1 隨機利率下的年金現值

如果第 k 年的利率是隨機變量 i_k，則第 k 年的年貼現值是 $v_k = \dfrac{1}{1 + i_k}$。假設 i_1，i_2，…，i_n 相互獨立，並且對每個 k，$E(i_k) = j$，記

$$E(v_k)=E(\frac{1}{1+i_k})=\mu=\frac{1}{1+i} \tag{2.8}$$

$$E(v_k^2)=E[(\frac{1}{1+i_k})^2]=\nu=\frac{1}{1+\lambda} \tag{2.9}$$

則 $\mathrm{Var}(v_k)=\nu-\mu$ 。定義 r 為

$$\frac{\nu}{\mu}=\frac{1+i}{1+\lambda}=\frac{1}{1+r}=R \tag{2.10}$$

若將 k 年內每年年末分別支付 b_1，b_2，…，b_k 的延付年金的現值之和記為 $B_{1,k}$，且嘉定 $b_1=1$。記

$$E(B_{1,k})=\mu_k \tag{2.11}$$

$$E(B_{1,k}^2)=\nu_k \tag{2.12}$$

則 $\mu_1=\mu$，$\nu_1=\nu$，且 $\mathrm{Var}(B_{1,k})=\nu_k-\mu_k^2$ 。

考慮 $b_1=b_2=\cdots=b_{k-1}=0$，$b_k=1$ 的情況，$B_{1,k}$ 是在 k 年年末一次性支付額為 1 的現值，於是

$$B_{1,k}=\frac{1}{1+i_1}\cdot\frac{1}{1+i_2}\cdots\frac{1}{1+i_k}=\frac{B_{2,k-1}}{1+i_1} \quad k=2, 3, \cdots, n$$

同樣地，若 $b_1=b_2=\cdots=b_{k-1}=0$，$b_k=1$ 的情況，$\ddot{B}_{1,k}$ 是在 k 年年初一次性支付額為 1 的現值，於是

$$\ddot{B}_{1,k}=\frac{1}{1+i_1}\cdot\frac{1}{1+i_2}\cdots\frac{1}{1+i_k}=\frac{\ddot{B}_{2,k-1}}{1+i_1} \quad k=2, 3, \cdots, n$$

則：$\mu_k=\mu\mu_{k-1}$，$\nu_k=\nu\nu_{k-1}$，因此

$$\mu_k=\mu^k,\ \nu_k=\nu^k$$

$$E(B_{1,n})=\mu^n,\ Var(B_{1,n})=\nu^n-\mu^{2n} \tag{2.13}$$

考慮 $b_1=b_2=\cdots=b_{k-1}=b_k=1$ 的情況，$B_{1,k}$ 是在 k 年內每年年末支付額為 1 的現值之和，則

$$\begin{aligned}B_{1,k}&=\frac{1}{1+i_1}+\frac{1}{(1+i_1)(1+i_2)}+\cdots+\frac{1}{(1+i_1)(1+i_2)\cdots(1+i_k)}\\&=\frac{1}{1+i_1}[1+\frac{1}{((1+i_2)}+\cdots+\frac{1}{(1+i_2)(1+i_3)\cdots(1+i_k)}]\\&=\frac{1}{1+i_1}(1+B_{2,k-1}) \quad k=2, 3, \cdots, n\end{aligned} \tag{2.14}$$

因此

$$\mu_k=\mu(1+\mu_{k-1}),\ \nu_k=\nu(1+2\mu_{k-1}+\nu_{k-1}) \tag{2.15}$$

假設 A_1：假設第 k 年的年利率是隨機變量 i_k，第 k 年的年貼現值是 $v_k = \frac{1}{1+i_k}$。且 i_1，i_2，…，i_n 相互獨立，並且對每個 k，$E(v_k)=\mu=\frac{1}{1+i}$，$E(v_k^2)=v=\frac{1}{1+\lambda}$。

定理一：在假設 A_1 下，如果 $B_{1,k}$ 是在 k 年內每年年末支付額為 1 的現值之和，則 $\mu_k = E(B_{1,k}) = a_{\overline{k}|i}$，$k=1, 2, \cdots, n$

引理一：在假設 A_1 下，有

$$E(B_{1,k}^2) = \nu_k = (\nu + \nu^2 + \cdots + \nu^k) + 2(\nu a_{\overline{k-1}|i} + \nu^2 a_{\overline{k-2}|i} + \cdots + \nu^{k-1} a_{\overline{1}|i}) \tag{2.16}$$

證明：因為

$$\nu_2 = \nu(1 + 2\mu_1 + \nu_1)$$

說明當 $k=2$ 時結論成立。

假設對 $k(2 \leqslant k \leqslant n-1)$ 結論成立，則

$$\begin{aligned}\nu_{k+1} &= \nu(1 + 2\mu_k + \nu_k)\\ &= \nu + 2\nu\mu_k + \nu\nu_k)\\ &= \nu + 2\nu a_{\overline{k-1}|i} + \nu[(\nu + \nu^2 + \cdots + \nu^k) + 2(\nu a_{\overline{k-1}|i} + \nu^2 a_{\overline{k-2}|i} + \cdots + \nu^{k-1} a_{\overline{1}|i})]\\ &= (\nu + \nu^2 + \cdots + \nu^{k+1}) + 2(\nu a_{\overline{k}|i} + \nu^2 a_{\overline{k-1}|i} + \cdots + \nu^k a_{\overline{1}|i})]\end{aligned}$$

說明當 $k+1$ 時結論亦成立。由數學歸納法知引理成立。

引理二：在假設 A_1 下，有

$$E(B_{1,k}^2) = \nu_k = a_{\overline{k}|\lambda} + 2\frac{a_{\overline{k-1}|\lambda} - \mu^k a_{\overline{k-1}|r}}{i} \quad k = 2, 3, \cdots, n$$

引理三：

$$(a_{\overline{k}|i})^2 = \frac{2a_{\overline{k}|i} - a_{\overline{2k}|i}}{i}$$

證明：因為

$$(a_{\overline{k}|i})^2 = \frac{1 - 2\mu^k + \mu^{2k}}{i^2} = \frac{2(1-\mu^k)/i - (1-\mu^{2k})/i}{i} = \frac{2a_{\overline{k}|i} - a_{\overline{2k}|i}}{i}$$

定理二：在假設 A_1 下，有 $E(B_{1,k}) = a_{\overline{k}|i}$，且

$$\mathrm{Var}(B_{1,k}) = a_{\overline{k}|\lambda} + \frac{2(a_{\overline{k-1}|\lambda} - \mu^k a_{\overline{k-1}|r} - a_{\overline{2k}|i}}{i} \quad k = 2, 3, \cdots, n$$

同理可得在假設 A_1 下，有

$E(\ddot{B}_{1,k}) = \ddot{a}_{\overline{k}|i}$，$k = 1, 2, 3, \cdots, n$

$$\mathrm{Var}(\ddot{B}_{1,k}) = \ddot{a}_{\overline{k}|\lambda} + \frac{2(\ddot{a}_{\overline{k-1}|\lambda} - \mu^{k-1}\ddot{a}_{\overline{k-1}|r})}{i} + (1 + \frac{1}{i})(\ddot{a}_{\overline{2k}|i} - 2\ddot{a}_{\overline{k}|i})$$

$k = 2, 3, \cdots, n$

2.3.2.2 隨機利率下按級數變化支付的年金的現值的期望和方差

若將第 l 年年末支付額為 l 的標準遞增延付年金在 k 年內的現值之和記為 $(IB)_{1,k}$，這是 $b_l = l$，$l = 1, 2, \cdots, n$ 的標準遞增年金的情況，則

$$(IB)_{1,k} = \frac{1}{1+i_1} + \frac{2}{(1+i_1)(1+i_2)} + \cdots + \frac{k}{(1+i_1)(1+i_2)\cdots(1+i_k)}$$

$$= \frac{1}{1+i_1}[1 + (IB)_{2,k-1} + B_{2,k-1}] \tag{2.17}$$

若記 $E(IB)_{1,k} = (I\mu)_k$，$E[(IB)^2_{1,k}] = (I\nu)_k$，則

$$(I\mu)_k = \mu[(1 + (I\mu)_{k-1} + \mu_{k-1}], \tag{2.18}$$

$$(I\nu)_k = \nu\{1 + (I\nu)_{k-1} + \nu_{k-1} + 2(I\mu)_{k-1} + 2\mu_{k-1} + 2E[(IB)_{2,k-1}B)_{2,k-1}]\} \tag{2.19}$$

且 $(I\mu)_1 = \mu$，$(I\nu)_1 = \nu$

定理三：在假設 A_1 下，如果 $(IB)_{1,k}$ 表第 l 年年末支付額為 l 的 k 年內延付年金的現值之和，則 $(I\mu)_k = E[((IB)_{1,k}] = a_{\overline{k}|i}$，$k = 1, 2, \cdots, n$

引理四：在假設 A_1 下，有 $E[(IB)^2_{1,k}] = (I\nu)_k = M_{1k} + 2M_{2k} + M_{3k} + 2M_{4k} + 2M_{5k}$ 成立。

其中：

$M_{1k} = \nu + \nu^2 + \cdots + \nu^k$

$M_{2k} = \nu\mu_{k-1} + \nu^2\mu_{k-2} + \cdots + \nu^k\mu_1$

$M_{3k} = \nu\nu_{k-1} + \nu^2\nu_{k-2} + \cdots + \nu^k\nu_1$

$M_{4k} = \nu(I\mu)_{k-1} + \nu^2(I\mu)_{k-2} + \cdots + \nu^k(I\mu)_1$

$M_{5k} = \nu E[(IB)_{2,k-1}B_{2,k-1}] + \nu^2 E[(IB)_{3,k-1}B_{3,k-2}] + \cdots + \nu^k E[(IB)_{k,1}B_{k,1}]$,

$E[(IB)_{i,k-i+1}B_{i,k-i+1}] = \nu + \nu\mu + \nu\mu^2 + \cdots + \nu\mu^{k-i}$

$+ 2(\nu\mu + \nu^2 + \nu^2\mu + \cdots + \nu^2\mu^{k-i-1})$

$+ 3(\nu\mu^2 + \nu^2\mu + \nu^3 + \cdots + \nu^3\mu^{k-i-2})$

$+ \cdots$

$+ (k - l + 1)(\nu\mu^{k-l} + \nu^2\mu^{k-l-1} + \cdots + \nu^{k-l+1})$

由式（2.19）及數學歸納法，容易證明引理四的結論。

引理五：在假設 A_1 下，有

$$E[(IB)_{1,k}^2]=(I\nu)_k=a_{\overline{k}|\lambda}+[\frac{1}{\lambda}+\frac{2}{i}(2+\frac{1}{i})]a_{\overline{k-1}|\lambda}$$

$$+\frac{2}{i}(\frac{1}{r}-k-\frac{1}{i}-1)\mu^k a_{\overline{k-1}|r}+\frac{2}{i\lambda}a_{\overline{k-2}|\lambda}$$

$$-\frac{2\mu^k}{ir}a_{\overline{k-2}|r}+2M_{5k}-[\frac{k-1}{\lambda(1+\lambda)}+\frac{2(k-2)}{i\lambda}+\frac{2}{ir(1+i)})]\nu^{k-1}$$

引理六：

$$(Ia)_{\overline{k}|\lambda}^2=\frac{2}{i}(1+\frac{1}{i})(1+\frac{1}{i}+k)a_{\overline{k}|i}-\frac{1}{i}(1+\frac{1}{r}+k)^2a_{\overline{2k}|i}+\frac{k^2}{i^2}$$

證明：因為

$$(Ia)_{\overline{k}|\lambda}^2=[(1+\frac{1}{i}+k)a_{\overline{k}|i}-\frac{k}{i}]^2$$

$$=(1+\frac{1}{i}+k)a_{\overline{k}|i}^2-\frac{2k}{i}(1+\frac{1}{i}+k)a_{\overline{k}|i}^2+\frac{k^2}{i^2}$$

再利用確定年金現值的性質即可證得結論。

由引理三和引理四，可以得到如下的定理。

定理四：在假設 A_1 下，有

$$E[(IB)_{1,k}]=(Ia)_{\overline{k}|i},$$

且

$$\mathrm{Var}[(IB)_{1,k}^2]=a_{\overline{k}|\lambda}+[\frac{1}{\lambda}+\frac{2}{i}(2+\frac{1}{i})]a_{\overline{k-1}|\lambda}$$

$$+\frac{2}{i}(\frac{1}{r}-k-\frac{1}{i}-1)\mu^k a_{\overline{k-1}|r}+\frac{2}{i\lambda}a_{\overline{k-2}|\lambda}-\frac{2\mu^k}{ir}a_{\overline{k-2}|r}-$$

$$[\frac{k-1}{\lambda(1+\lambda)}+\frac{2(k-2)}{i\lambda}+\frac{2}{ir(1+i)})]\nu^{k-1}$$

$$-\frac{2}{i}(1+\frac{1}{i})(1+\frac{1}{i}+k)a_{\overline{k}|i}-\frac{1}{i}(1+\frac{1}{r}+k)^2a_{\overline{2k}|i}+\frac{k^2}{i^2}$$

$$+2\sum_{l=2}^{k}\sum_{H=1}^{k-l}H\nu^{l+H-1}[(1+r)^{H-1}(1+a_{\overline{H-1}|r}+a_{\overline{k-l-H+1}|i}]$$

$$k=2,3,\cdots,n$$

類似地可以給出，在假設 A_1 下，在第 l 年年初支付額為 l 的 k 年內標準遞增初付年金在 k 年內的現值之和 $(I\ddot{B})_{1,k}$ 的期望和方差分別為

$$E[(I\ddot{B})_{1,k}]=(I\ddot{a})_{\overline{k}|i},\ k=1,2,\cdots,n$$

$$\mathrm{Var}[(IB)_{1,k}^2]=[\frac{1}{\lambda}+\frac{2}{i}(2+\frac{1}{i})]\ddot{a}_{\overline{k}|\lambda}+[1+\frac{2}{ir}-\frac{2(k-2)\lambda}{ir(1+r)(1+\lambda)}$$

$$+\frac{2(1+i^2+3i)}{i^2(1+i)}]\ddot{a}_{\overline{k-1}|\lambda}+[\frac{2}{ir}-\frac{i^2+i(1+r)+1}{i^2r(1+i)}\mu^k]\ddot{a}_{\overline{k-1}|r}$$

$$+\frac{2(k-1)}{i^2(1+i)}-\frac{4(k-1)}{i\lambda}+\frac{2(\mu^k-k+1)}{ir}-\frac{k}{\lambda}+k)a_{\overline{k}|i}-\frac{6}{i}(k-1)$$

$$+2\sum_{l=2}^{k}\sum_{H=1}^{k-l}\nu^l[\mu^{H-1}(I\ddot{a})_{\overline{H}|r}+\frac{1}{(1+r)^{H-1}}[(I\ddot{a})_{\overline{k-l}|i}-(I\ddot{a})_{\overline{H}|l}]$$

$$k=2,\ 3,\ \cdots,\ n$$

2.3.2.3 年金的終值

1. 確定年金終值

確定年金的終值是以系列等額收付款在最後期的本金與利息之和。

用 $S_{\overline{k}|}$ 表示在 k 年內，每年年末支付額均為 1 的年金終值之和：

$$S_{\overline{k}|j}=1+(1+j)+(1+j)^2+\cdots+(1+j)^{k-3}+(1+j)^{k-2}+(1+j)^{k-1}$$

$$=\frac{(1+j)^k-1}{(1+j)-1}=\frac{(1+j)^k-1}{j}$$

且

$$S_{\overline{k}|j}=(1+j)S_{\overline{k-1}|j}+1$$

用 $\ddot{S}_{\overline{k}|j}$ 表示在 k 年內，每年年初支付額均為 1 的年金終值之和：

$$\ddot{S}_{\overline{k}|j}=(1+j)+(1+j)^2+\cdots+(1+j)^{k-1}+(1+j)^k$$

$$=\frac{(1+j)^k-1}{jv}=\frac{(1+j)^k-1}{d}$$

且

$$\ddot{S}_{\overline{k}|j}=(1+j)(\ddot{S}_{\overline{k-1}|j}+1)$$

$S_{\overline{k}|}$ 與 $\ddot{S}_{\overline{k}|}$ 滿足如下關係：

$$S_{\overline{k}|j}=\frac{[(1+j)^k-1]\cdot d}{j\cdot d}=\ddot{S}_{\overline{k}|}\frac{d}{j}=\ddot{S}_{\overline{k}|}v\text{。}$$

若將 k 年內每年年末分別支付 1，2，…，k 的標準遞增年金的終值之和記為 $(IS)_{\overline{k}|}$，則

$$(IS)_{\overline{k}|j}=\frac{S_{\overline{k+1}|j}-(k+1)}{j}$$

且

$$(IS)_{\overline{k}|j}=(1+j)\ (IS)_{\overline{k-1}|j}+k$$

若將 k 年內每年年初分別支付 1，2，…，k 的標準遞增年金的終值之和記為 $(I\ddot{S})_{\overline{k}|}$，則

$$(IS)_{\overline{k}|j} = \frac{\ddot{S}_{\overline{k}|j} - k}{d}$$

且

$$(I\ddot{S})_{\overline{k}|j} = (1+j)[(I\ddot{S})_{\overline{k-1}|j} + k]$$

若將 k 年內每年年末分別支付 n，$n-1$，$n-2$，…，$n-k+1$ 的標準遞減延付年金的終值之和記為 $(DS)_{\overline{k}|}$，則

$$(DS)_{\overline{k}|j} = n(1+j)^{k-1} + (n-1)(1+j)^{k-2} + \cdots + (n-k+1)$$
$$= (n+1)S_{\overline{k}|j} - \frac{S_{\overline{k+1}|j} - (k+1)}{j}$$

且

$$(DS)_{\overline{k}|j} = (1+j)(DS)_{\overline{k-1}|j} + n - k + 1$$

若將 k 年內每年年初分別支付 n，$n-1$，$n-2$，…，$n-k+1$ 的標準遞減延付年金的現終值之和記為 $(D\ddot{S})_{\overline{k}|}$，則

$$(D\ddot{S})_{\overline{k}|j} = n(1+j)^{k} + (n-1)(1+j)^{k} + \cdots + (n-k+1)(1+j)$$
$$= (n - \frac{1}{j})\ddot{S}_{\overline{k}|j} + \frac{k}{d}$$

且

$$(D\ddot{S})_{\overline{k}|j} = (1+j)[(D\ddot{S})_{\overline{k-1}|j} + n - k + 1]$$

結論一：若將 k 年內每年年末分別支付 1^1，2^2，…，k^2 的遞增遞付年金在 k 年後的累積值記為 $(I^2S)_{\overline{k}|j}$，則

$$(I^2S)_{\overline{k}|j} = \frac{2(IS)_{\overline{k}|j} + S_{\overline{k+1}|j} - (k+1)^2}{j}。$$

證明：由於

$$(I^2S)_{\overline{k}|j} = (1+j)^{k-1} + 2^2(1+j)^{k-2} + \cdots + (k-1)^2(1+j) + k^2$$

且

$$(1+j)(I^2S)_{\overline{k}|j} - (I^2S)_{\overline{k}|j} = (1+j)^{k} + 3(1+j)^{k-2} + \cdots + (2k-1)^2(1+j) - k^2$$
$$= 2(IS)_{\overline{k}|j} + S)_{\overline{k+1}|j} - 2k - k^2 - 1$$

整理得

$$(I^2S)_{\overline{k}|j} = \frac{2(IS)_{\overline{k}|j} + S_{\overline{k+1}|j} - (k+1)^2}{j}$$

證畢。

類似將 k 年內每年年初分別支付 1^1，2^2，…，k^2 的遞增遞付年金在 k 年後的累積值記為 $(I^2\ddot{S})_{\overline{k}|j}$，則

$$(I^2\ddot{S})_{\overline{k}|j} = \frac{2(I\ddot{S})_{\overline{k}|j} + \ddot{S}_{\overline{k}|j} - k^2}{d}。$$

推論一：在結論一的條件下，有

$$(I^2\ddot{S})_{\overline{k}|j} = \frac{(1+v)(\ddot{S}_{\overline{k}|j} + k^2) - 2k - 2k^2}{d^2}。$$

2. 隨機利率下一次性支付和多次同水準支付的年金終值的期望和方差

如果第 k 年的利率是隨機變量 i_k，假設 i_1，i_2，…，i_n 相互獨立，並且對每個 k，$E(i_k)=j$，$\text{Var}(i_k)=s^2$ 記

$$E(1+i_k) = 1+j = \mu$$

$$E[(1+i_k)^2] = (1+j)^2 + s^2 = m$$

則

$$\text{Var}(1+i_k) = m - \mu^2 = s^2。$$

若將 k 年內每年年末支付額分別為 c_1，c_2，…，c_k 的延付年金的終值之和記為 C_k，則

$$C_k = c_1(1+i_2)(1+i_3)\cdots(1+i_k) + c_2(1+i_3)(1+i_4)\cdots(1+i_k) + \cdots + c_{k-1}(1+i_k) + c_k。$$

若將 k 年內每年年初支付額分別為 c_1，c_2，…，c_k 的延付年金的終值之和記為 $\ddot{C}_k$，則

$$\ddot{C}_k = c_1(1+i_1)(1+i_2)\cdots(1+i_k) + c_2(1+i_2)(1+i_3)\cdots(1+i_k) + \cdots + c_k(1+i_k)$$

假設 $c_1=1$，並且記

$$E(C_k) = \mu_k，E(C_k^2) = m_k$$

顯然 $\mu_1=1$，$m_1=1$，並且

$$\text{Var}(C_k) = m_k - \mu_k^2。$$

特別地，當 $c_1=1$，$c_2=c_3=\cdots=c_k=0$ 即 C_k 是在第 1 年年末一次性支付額為 1 的延付年金在 k 年後的累積值，則

$$C_k = (1+i_2)(1+i_3)\cdots(1+i_k) = (1+i_k)C_{k-1} \quad k=2，3，\cdots，n$$

容易得到

$$\mu_k = E(C_k) = \mu\mu_{k-1} = \mu^{k-1}，E(C_k^2) = mm_{k-1} = m^{k-1}$$

$$\text{Var}(C_k) = m^{k-1} - \mu^{2(k-1)}$$

類似地可得在第 1 年年初一次性支付額為 1 的初付年金在 k 年後的累積值 $\ddot{C}_k$ 的期望和方差分別為

$$\ddot{\mu}_k = E(\ddot{C}_k) = \mu^k \text{ , Var}(\ddot{C}_k) = m^k - \mu^{2k}$$

當 $c_1 = c_2 = c_3 = \cdots = c_k = 1$ 即 C_k 是在第 1 年年末一次性支付額為 1 的延付年金在 k 年後的累積值，則

$$C_k = (1 + i_k)C_{k-1} + 1 \text{ , } k = 2, 3, \cdots, n$$

並且

$$\mu_k = E(C_k) = \mu\mu_{k-1} + 1$$

$$m_k = E(C_k^2) = 1 + mm_{k-1} + 2\mu\mu_{k-1}$$

$$\mu_k = E(C_k) = (1+j)^{k-1} + (1+j)^{k-2} + \cdots + (1+j) + 1 = S_{\overline{k}|j}$$

由上式及數學歸納法，可以得到

$$m_k = 1 + m + \cdots + m^{k-1} + 2\mu(m^{k-2}S_{\overline{1}|j} + m^{k-3}S_{\overline{2}|j} + \cdots + S_{\overline{k-1}|j}) \text{ 。}$$

如果記

$$M_{1k} = 1 + m + \cdots + m^{k-1}$$

$$M_{2k} = \mu(m^{k-2}S_{\overline{1}|j} + m^{k-3}S_{\overline{2}|j} + \cdots + S_{\overline{k-1}|j})$$

則：$m_k = M_{1k} + 2M_{2k}$

記 $f = m - 1$，有

$$M_{1k} = S_{\overline{k}|f}$$

由 $S_{\overline{k}|j} = \dfrac{(1+j)^k - 1}{j}$ 和 $1 + r = \dfrac{1+f}{1+j}$，有

$$M_{2k} = (1+j)[(1+f)^{k-2}\frac{(1+j)-1}{j} + (1+f)^{k-3}\frac{(1+j)^2-1}{j} + \cdots + \frac{(1+j)^{k-1}-1}{j}]$$

$$= \frac{(1+j)^k S_{\overline{k-1}|r} - (1+j)S_{\overline{k-1}|f}}{j}$$

假設 A_2 第 k 年的年利率是隨機變量 i_k，使得 $E(1+i_k) = 1 + j = \mu$，$Var(1 + i_k) = s^2$，並且 i_1，i_2，…，i_n 相互獨立。

定理五：在假設 A_2 下，如果 C_k 表示在 k 年內每年年末支付額均為 1 的延付年金在 k 年後的終值之和，則 $E(C_k) = S_{\overline{k}|j}$，並且

$$\text{Var}(C_k) = \frac{2(1+j)^k S_{\overline{k-1}|r} + jS_{\overline{k}|f} - 2(1+j)S_{\overline{k-1}|f} - S_{\overline{2k}|j} + 2S_{\overline{k}|j}}{j} \qquad k = 2, 3, \cdots, n$$

類似地可以給出在假設 A_2 下，$\ddot{C}_k$ 表示在 k 年內每年年末支付額均為 1 的延付年金在 k 年後的終值之和，則

$$E(\ddot{C}_k) = \ddot{S}_{\overline{k}|j} \text{ ,}$$

$$\mathrm{Var}(\ddot{C}_k) = \frac{2(1+j)^k \ddot{S}_{\overline{k-1}|r} + j\ddot{S}_{\overline{k}|f} - 2(1+j)\ddot{S}_{\overline{k-1}|f} - \ddot{S}_{\overline{2k}|j} + 2\ddot{S}_{\overline{k}|j}}{j} \quad k = 1, 2, \cdots, n$$

3. 隨機利率下按級數變化支付的年金終值的期望和方差

如果，$c_l = l$，$l = 1, 2, \cdots, n$，這是在 n 年內每年年末支付額為 1，2，…，n 的標準遞增延付年金的情況，如果記這種情形的累積值為 $(IC)_k$，$E[(IC)_k^2] = (I\nu)_k$，$E(IC)_k = (I\mu)_k$，顯然

$$(IC)_k = (1+i_2)(1+i_3)\cdots(1+i_k) + 2(1+i_3)(1+i_4)\cdots(1+i_k) + (k-1)(1+i_k) + k$$

$$= (1+i_k)(IC)_{k-1} + k$$

可以得到

$$(I\mu)_k = \mu(I\mu)_{k-1} + k \quad k = 2, 3, \cdots, n$$

$$(I\nu)_k = \nu(I\nu)_{k-1} + 2k(I\mu)_{k-1} + k^2 \quad k = 2, 3, \cdots, n$$

由數學歸納法，可以得到

$$(I\nu)_k = \nu^{k-1} + 2^2\nu^{k-2} + \cdots + k^2 + 2\mu[2\nu^{k-2}(IS)_{\overline{1}|j} + 3\nu^{k-3}(IS)_{\overline{2}|j} + \cdots + k(IS)_{\overline{k-1}|j}]。$$

如果記

$$M_{1k} = m^{k-1} + 2^2 m^{k-2} + \cdots + k^2$$

$$M_{2k} = \mu[2m^{k-2}(IS)_{\overline{1}|j} + 3m^{k-3}(IS)_{\overline{2}|j} + \cdots + k(IS)_{\overline{k-1}|j})$$

記 $f = m - 1$，有

$$M_{1k} = (IS)^2_{\overline{k}|f}$$

則

$$M_{2k} = (1+j)[2(1+f)^{k-2}\frac{S_{\overline{2}|j} - 2}{j} + 3(1+f)^{k-3}\frac{S_{\overline{3}|j} - 3}{j} + \cdots + k\frac{S_{\overline{k}|j} - k}{j}]$$

$$= \frac{1+j}{j}[2(1+f)^{k-2}\frac{(1+j)^2 - 1}{j} + 3(1+f)^{k-3}\frac{(1+j)^3 - 1}{j} + \cdots + k\frac{(1+j)^k - 1}{j}]$$

$$- \frac{1+j}{j}[2^2(1+f)^{k-2} + 3^2(1+f)^{k-3} + \cdots + k^2]$$

$$= \frac{1+j}{j^2}[2(1+f)^{k-2}(1+j)^2 + 3(1+f)^{k-3}(1+j)^3 + \cdots + k(1+j)^k]$$

$$- \frac{1+j}{j^2}[2(1+f)^{k-2} + 3(1+f)^{k-3} + \cdots + k]$$

$$-\frac{1+j}{j^2}[(1+f)^{k-1}+2^2(1+f)^{k-2}+3^2(1+f)^{k-3}\cdots+k^2-(1+f)^{k-1}]$$

$$=\frac{(1+j)^{k+1}(IS)_{\overline{k}|f}-(1+j)(IS)_{\overline{k}|f}-j(1+j)(I^2S)_{\overline{k}|f}}{j^2}$$

可得

$$(I\nu)_k=M_{1k}+M_{2k}$$

$$=\frac{2(1+j)^{k+1}(IS)_{\overline{k}|r}-2(1+j)(IS)_{\overline{k}|f}-j(2+j)(I^2S)_{\overline{k}|f}}{j^2}$$

有

$$(IS)^2_{\overline{k}|j}=\frac{S^2_{\overline{k}|r}-2(k+1)(IS)_{\overline{k+1}|j}+(k+1)^2}{j^2}$$

$$=\frac{\dfrac{\{[S_{\overline{2k+2}|j}-2(k+2)]-2[S_{\overline{k+1}|j}-(k+1)]\}}{j}-2(k+1)[(1+j)(IS)_{\overline{k}|j}+k+1]+(k+1)^2}{j^2}$$

$$=\frac{(IS)_{\overline{2k+1}|j}-2[1+(k+1)(1+j)](IS)_{\overline{k}|j}-(k+1)^2}{j^2}$$

定理六：在假設 A_2 下，如果 $(IC)_k$ 表示在 k 年內每年年末支付額均為 1，2，…，k 的延付年金在 k 年後的終值之和，則 $E(IC)_k=(IS)_{\overline{k}|j}$，並且

$$\mathrm{Var}[(IC)_k]=\frac{2(1+j)^{k+1}(IS)_{\overline{k}|r}-2(1+j)(IS)_{\overline{k}|f}-j(2+j)(I^2S)_{\overline{k}|f}}{j^2},$$

$$+\frac{2[1+(k+1)(1+j)](IS)_{\overline{k}|j}-(IS)_{\overline{2k+1}|f}+(k+1)^2}{j^2}$$

$$k=1,2,\cdots,n$$

顯然標準遞增延付年金的累積值的期望 $E(IC)_k=(IS)_{\overline{k}|j}$ 和方差 $\mathrm{Var}[(IC)_k]$ 的計算公式只與時期 $2k+1$ 和 k 及該時期內的固定利率 j、r 和 f 有關。

類似地可以給出在假設 A_2 下，$\ddot{C}_k$ 表示在 k 年內每年年初支付額均為 1，2，…，k 的延付年金在 k 年後的終值之和，則

$$E[(I\ddot{C})_k]=(I\ddot{S})_{\overline{k}|j}$$

$$\mathrm{Var}[(I\ddot{C})_k]=\frac{2(1+j)^k(I\ddot{S})_{\overline{k}|r}-j(2+j)(I^2\ddot{S})_{\overline{k}|f}-2(1+j)(I\ddot{S})_{\overline{k}|f}}{j^2}$$

$$-\frac{(I\ddot{S})_{\overline{2k}|f}-2(1+kd)(I\ddot{S})_{\overline{k}|j}-k^2}{d^2}$$

$$k=1,2,\cdots,n$$

如果支付額是遞減的情況，即 $c_l=n-l+1$，$l=1$，2，…，n。這是在 n 年內每年年末支付額為 n，$n-1$，…，1 的標準遞減延付年金的情況，如果記這種情形的累積值為 $(DC)_k$，$E(DC)_k=(D\mu)_k E[(DC)_k^2]=(D\nu)_k$，顯然

$$\begin{aligned}(DC)_k &= n(1+i_2)\cdots(1+i_k)+(n-1)(1+i_3)\cdots(1+i_k)+\\ &\quad \cdots+(1+i_k)+\cdots+n-k+1\\ &=(1+i_k)(DC)_{k-1}+n-k+1\end{aligned}$$

可以得到

$$(D\mu)_k=\mu(D\mu)_{k-1}+n-k+1$$

$$(D\nu)_k=\nu(D\nu)_{k-1}+2(n-k+1)\mu(D\mu)_{k-1}+(n-k+1)^2$$

定理七：在假設 A_2 下，如果 $(DC)_k$ 表示在 k 年內每年年末支付額均為 n，$n-1$，…，1 的遞減延付年金在 k 年後的終值之和，則

$$(D\mu)_k=E(IC)_k=(n+1)S_{\overline{k}|j}-(IS)_{\overline{k}|j}$$

$$\begin{aligned}\mathrm{Var}[(DC)_k] &= \frac{2(1+j)^k}{j}(n-\frac{1}{j})[(n+1)S_{\overline{k}|r}-(IS)_{\overline{k}|r}]\\ &\quad -[\frac{2(n+1)}{j^2}(n-\frac{1}{j})+n^2]S_{\overline{k}|f}\\ &\quad +\frac{2}{j}(2n+1-\frac{1}{j})(IS)_{\overline{k}|f}-\frac{2}{j}(I^2S)_{\overline{k}|f}+2n(IS)_{\overline{k-1}|f}\\ &\quad -(I^2S)_{\overline{k-1}|f}-\frac{1}{j}(n-\frac{1}{j})^2S_{\overline{2k}|j}\\ &\quad +\frac{2}{j}(n-\frac{1}{j})(n-k-\frac{1}{j})S_{\overline{k}|j}-\frac{k^2}{j^2}\end{aligned}$$

$$k=2,3,\cdots,n$$

若令 $q=s/(1+j)$，類似地可以給出在假設 A_2 下，$(D\ddot{C})_k$ 表示在 k 年內每年年初支付額均為 1，2，…，k 的延付年金在 k 年後的終值之和，則

$$E[(D\ddot{C})_k]=(n+1)\ddot{S}_{\overline{k}|j}-(I\ddot{S})_{\overline{k}|j}$$

$$\begin{aligned}\mathrm{Var}[(I\ddot{C})_k] &= (\frac{q}{d})^2\Big\{(n-\frac{1}{j})^2[\frac{(1+j)^{2k}}{1+q}\ddot{S}_{\overline{k}|q}-\frac{2(1+j)^k}{1+r}\ddot{S}_{\overline{k}|r}+\frac{1}{1+f}\ddot{S}_{\overline{k}|r}]\\ &\quad +2(n-\frac{1}{j})[\frac{(1+j)^k}{1+r}(I\ddot{S})_{\overline{k}|r}-\frac{1}{1+f}(I\ddot{S})_{\overline{k}|f}]+\frac{1}{1+f}(I^2\ddot{S})_{\overline{k}|f}\Big\}\end{aligned}$$

$$k=1,2,\cdots,n$$

2.3.3 死亡保險金現值的計算

死亡保險是以人的死亡為給付條件的險種，若被保險人在保險期限內死亡，則保險人給付保險金，否則不予給付。根據保險期限的不同，可將死亡保險分為定期死亡保險和終身死亡保險。定期死亡保險又稱為定期壽險，它是以被保險人在固定期限內死亡發生為給付條件的。終身死亡保險又稱為終身壽險，給付的期限是終身的，被保險人不論何時死亡，保險人都負責給付保險金。此外，延期死亡保險是指在簽單後的一段延期期間內，保險人不承擔保險責任的死亡險。延期死亡保險可分為延期的定期壽險和延期的終身壽險兩類。與死亡保險有密切關係的生存保險是指被保險人生存至保險期滿，由保險人按照保險合同的規定給付保險金的險種。若保險人在保險期內死亡，則保險人不承擔保險責任。生死合險又叫兩全保險，是指被保險人不論於保險期內死亡或生存至保險期滿，保險人都負責給付保險金。

2.3.3.1 生存保險

在 x 歲投保的保額為 1 單位元的 n 年期生存保險，當被保險人生存至第 n 年末保險期滿時，保險人給付 1 元生存保險金，保險合同終止。保險人給付額的現值 Z 可表示為

$$Z = v^n I_{(T(x) \geqslant n)} \tag{2.20}$$

記其精算現值 $E(Z)$ 為 $\bar{A}_{x:\overset{1}{\overline{n|}}}$ 或者 ${}_nE_x$。

對（2.20）兩邊取期望有

$${}_nE_x = E(Z) = v^n E(I_{(T(x) \geqslant n)}) = v^n\ {}_np_x \tag{2.21}$$

結論一：${}_nE_x$ 滿足

$$l_{x\,n}E_x = v^n l_{x+n}$$

證明：將 ${}_np_x = \dfrac{l_{x+n}}{l_x}$ 代入式（2.21）得

$${}_nE_x = v^n \frac{l_{x+n}}{l_x}$$

整理可得 $l_{x\,n}E_x = v^n l_{x+n}$

證畢。

結論二：對 $n \geqslant 1$，有

$$(1+i) l_{x\,n}E_x = l_{x+1\,n-1}E_{x+1} \tag{2.22}$$

證明：將等式 ${}_np_x = {}_{n-1}p_{x+1}p_x$ 代入下式

$$(1+i) l_{x\,n}E_x = (1+i) l_x v^n\ {}_np_x = l_x v_n^{n-1} p_x = l_x v_{n-1}^{n-1} p_{x+1} p_x$$

再利用 $l_x p_x = l_{x+1}$ 得：

$$(1+i)l_{x\,n}E_x = l_{x+1\,n-1}E_{x+1}$$

證畢。

在確定生存群中，x 歲的 l_x 個人每人繳納 ${}_nE_x$ 元，繳納的總額為 $l_{x\,n}E_x$ 元。這筆基金按利率 i 累積，在第二年年初資金的總額為 $(1+i)l_{x\,n}E_x$ 元，按照式 (2.11) 可知每個生存的個體可享有 ${}_{n-1}E_{x+1}$。依次類推，至第 n 年年末每個生存的個體恰好享有 1 元，這正說明了 ${}_nE_x$ 的含義。

2.3.3.2　定期死亡保險

定期死亡保險，是以被保險人在保險期限內死亡為保險事故，由保險人負責給付保險金的死亡險，若保險期滿時被保險人仍生存，則保險人不予給付，這一點正好與生存保險相反。

假設年齡為 x 歲的 n 年定期死亡保險，保險金為 1 單位元，當被保險人在未來 n 年內死亡時，保險人負責給付 1 元死亡保險金。

(1) 死亡時立即支付

被保險人死亡時刻為 $T(x)$，所以保險人的支付時刻也為 $T(x)$。保險人給付額的現值 Z 為

$$Z = v^{T(x)} I_{[T(x)<n]} \tag{2.23}$$

Z 的精算現值記為 $\bar{A}^{1}_{x:\overline{n|}}$

結論三：

$$\bar{A}^{1}_{x:\overline{n|}} = \int_0^n v^t \,{}_tp_x \mu_x(t)\,dt$$

證明：$T(x)$ 的密度函數為 ${}_tp_x\mu_x(t)$，對 (4.3.4) 兩邊取期望有

$$\bar{A}^{1}_{x:\overline{n|}} = E\{v^{T(x)} I_{[T(x)<n]}\} = \int_0^\infty I_{(t<n)} v^t \,{}_tp_x \mu_x(t)\,dt = \int_0^n v^t \,{}_tp_x \mu_x(t)\,dt$$

證畢。

記 ${}^j\bar{A}^{1}_{x:\overline{n|}} = \bar{A}^{1}_{x:\overline{n|}}@j\delta$，其中 $@j\delta$ 表示計算時採用利息力為 $j\delta$。

結論四：

$$E(Z^j) = \int_0^n e^{-\delta jt} \,{}_tp_x \mu_x(t)\,dt = {}^j\bar{A}^{1}_{x:\overline{n|}}$$

證明：

$$\begin{aligned} E(Z^j) &= E\{v^{j\delta T(x)} I_{[T(x)<n]}\} \\ &= \int_0^\infty I_{(t<n)} e^{-\delta jt} \,{}_tp_x \mu_x(t)\,dt \\ &= \int_0^n e^{-\delta jt} \,{}_tp_x \mu_x(t)\,dt \end{aligned}$$

$$={}^{j}\bar{A}^{1}_{x:\overline{n}|}$$

證畢。

結論四可表示為

$$E(Z^{j})@\delta=E(Z)@j\delta$$

即以利息力 δ 計算的 Z 的 j 階矩等於以利息力 $j\delta$ 計算的 Z 的精算現值。

結論五：對 $0<m<n$，有

$$\bar{A}^{1}_{x:\overline{n}|}=\bar{A}^{1}_{x:\overline{m}|}+{}_{m}E_{x}\bar{A}^{1}_{x+m:\overline{n-m}|}$$

證明：由結論三可知

$$\bar{A}^{1}_{x:\overline{n}|}=\int_{0}^{n}v^{t}{}_{t}p_{x}\mu_{x}(t)dt=\int_{0}^{m}v^{t}{}_{t}p_{x}\mu_{x}(t)dt+\int_{m}^{n}v^{t}{}_{t}p_{x}\mu_{x}(t)dt$$

$$=\bar{A}^{1}_{x:\overline{m}|}+\int_{0}^{n-m}v^{t+m}_{t+m}p_{x}\mu_{x}(t+m)dt$$

$$=\bar{A}^{1}_{x:\overline{m}|}+\int_{0}^{n-m}v^{t+m}_{m}p_{x\,t}p_{x+m}\mu_{x+m}(t)dt$$

$$=\bar{A}^{1}_{x:\overline{m}|}+v^{m}{}_{m}p_{x}\bar{A}^{1}_{x+m:\overline{n-m}|}$$

$$=\bar{A}^{1}_{x:\overline{m}|}+{}_{m}E_{x}\bar{A}^{1}_{x+m:\overline{n-m}|}$$

證畢。

結論五表明個體 (x) 歲的 n 年定期死亡保險的給付區間可以分為：前 m 年死亡給付金的精算現值 $\bar{A}^{1}_{x:\overline{m}|}$，後 $n-m$ 年死亡給付金的精算現值 ${}_{m}E_{x}\bar{A}^{1}_{x+m:\overline{n-m}|}$。兩個年齡段對應的精算現值之和等於 n 年定期死亡保險給付額的精算現值。

（2）死亡保單年度末支付

個體 (x) 死亡的保單年度末給付保險金時，給付的時刻為 $K(x)+1$，所以保險人給付額的現值為

$$Z=v^{K(x)+1}I_{(T(x)<n)}\qquad(2.24)$$

其精算現值記為 $A^{1}_{x:\overline{n}|}$

結論六：
$$A^{1}_{x:\overline{n}|}=\sum_{j=0}^{n-1}v^{j+1}{}_{j|}q_{x}\qquad(2.25)$$

證明：對式（2.25）兩邊取期望有

$$A^{1}_{x:\overline{n}|}=E\{v^{K(x)+1}I_{[T(x)<n]}\}$$

$$=\sum_{j=0}^{n-1}E\{v^{K(x)+1}I_{[K(x)=j]}\}=\sum_{j=0}^{n-1}v^{j}{}_{j|}q_{x}$$

結論七：
$$A^{1}_{x:\overline{n}|}=vq_{x}+vp_{x}\cdot A^{1}_{x+1:\overline{n-1}|}\qquad(2.26)$$

$$l_{x}A^{1}_{x:\overline{n}|}=\sum_{j=0}^{n-1}v^{j+1}d_{x+j}\qquad(2.27)$$

證明：將等式 ${}_{j}p_{x}={}_{1}p_{x}\cdot{}_{j-1}p_{x+1}$ 代入式（2.25）得：

$$A^1_{x:\overline{n}|} = \sum_{j=0}^{n-1} v_j^{j+1} p_x q_{x+j} = vq_x + \sum_{j=0}^{n-1} v_{j-1}^{j+1} p_{x+1} p_x q_{x+j}$$

$$= vq_x + vp_x \sum_{j=0}^{n-1} v_{j-1}^{j} {}_{|}q_{x+j}$$

$$= vq_x + vp_x \sum_{j=0}^{n-2} v_{j|}^{j+1} q_{x+1}$$

$$= vq_x + vp_x \cdot A^1_{x+1:\overline{n-1}|}$$

即得式（2.26）。

再將等式 ${}_{j|}q_x = d_{x+j}/l_x$ 代入式（2.25）得式（2.27）。

證畢。

結論七的含義為：在確定生存模型中，x 歲的 l_x 個個體每人繳納 $A^1_{x:\overline{n}|}$ 元，則此筆資金及其利息累積，恰好能夠使得在 n 年內每一死亡個體在死亡的保單年度末得到 1 元死亡保險金。

結論八：$l_x(1+i)A^1_{x:\overline{n}|} = d_x \cdot (1 - A^1_{x+1:\overline{n-1}|}) + l_x A^1_{x+1:\overline{n-1}|}$

證明：將（2.27）兩邊同乘以 $(1+i)$，得

$$(1+i)A^1_{x:\overline{n}|} = q_x + p_x A^1_{x+1:\overline{n-1}|}$$

$$= q_x + (1-q_x)A^1_{x+1:\overline{n-1}|}$$

$$= q_x(1 - A^1_{x+1:\overline{n-1}|}) + A^1_{x+1:\overline{n-1}|}$$

將 $q_x = d_x/l_x$ 代入得

$$l_x(1+i)A^1_{x:\overline{n}|} = d_x \cdot (1 - A^1_{x+1:\overline{n-1}|}) + l_x A^1_{x+1:\overline{n-1}|}$$

證畢。

結論八的含義為：在確定生存模型中，x 歲的 l_x 個個體每人繳納 $A^1_{x:\overline{n}|}$ 元，共計 $l_x A^1_{x:\overline{n}|}$ 元。此筆資金及其利息累積在次年年初共計 $l_x(1+i)A^1_{x:\overline{n}|}$。這筆資金可以這樣分配：

①x 歲的 l_x 個個體每人可享有 $A^1_{x+1:\overline{n-1}|}$ 元，總計 $l_x A^1_{x+1:\overline{n-1}|}$ 元；

②在第一年內死亡的 d_x 個人每人可得到額外給付額為 $1 - A^1_{x+1:\overline{n-1}|}$ 元，總計 $d_x \cdot (1 - A^1_{x+1:\overline{n-1}|})$ 元。這樣，死亡的 d_x 個人每人實際得到 $1 - A^1_{x+1:\overline{n-1}|} + A^1_{x+1:\overline{n-1}|} =$ 1 元，即死亡保險金，而在第二年年初 l_{x+1} 個生存的個體，每人享有金額為 $A^1_{x+1:\overline{n-1}|}$ 元，總計 $l_{x+1} A^1_{x+1:\overline{n-1}|}$ 元。

結論九：設在每一年齡 UDD 假設成立，則

$$\bar{A}^1_{x:\overline{n}|} = \frac{i}{\delta} A^1_{x:\overline{n}|}$$

證明：在 UDD 假設下，有

$$T(x) = K(x) + S(x)$$

其中 $K(x)$ 、$S(x)$ 獨立，且 $S(x)$ 服從 [0，1] 上的均勻分佈，所以有

$$\bar{A}^{1}_{x:\overline{n}|} = E(v^{T(x)} I_{(T(x)<n)}) = E(v^{K(x)+S(x)} I_{(K(x)<n)})$$
$$= E(v^{K(x)+1} I_{(K(x)<n)}) \cdot E(v^{S(x)-1})$$
$$= A^{1}_{x:\overline{n}|} \int_0^1 v^{s-1} ds = A^{1}_{x:\overline{n}|} \int_0^1 e^{-\delta(s-1)} ds = \frac{i}{\delta} A^{1}_{x:\overline{n}|}$$

證畢。

結論九說明了在一定假定條件下，不同支付時刻的保險金精算現值之間的關係。

2.3.3.3　終身死亡保險

終身死亡保險又稱為終身壽險，終身死亡保險與定期死亡保險的主要差別在於保險期限的不同，前者的保險期限是終身的，而後者是固定的。在理論上終身死亡保險可以看作定期壽險的極限情況；在實務中，一些保險公司對於投保終身壽險的被保險人，當其生存至某一年齡，保險公司會提前給付死亡保險金，這樣可以降低保險公司對此保單的支出費用。

(1) 死亡時立即支付

假設年齡為 x 歲的被保險人投保終身壽險，死亡保險金為 1 單位元，在死亡後立即給付時，保險人給付額的現值為

$$Z = v^{T(x)}$$

精算現值為 $\bar{A}_x$ ，則有

$$\bar{A}_x = E(Z) = E(v^{T(x)}) = \int_0^\infty v^t \, {}_tp_x \mu_x(t) dt = \int_0^\infty v^t \, {}_tp_x \mu_x(t) dt$$

記 ${}^j\bar{A}_x = \bar{A}_x @ j\delta$ ，易證

$$E(Z^j) = {}^j\bar{A}_x$$

結論十：$\frac{d}{dx}\bar{A}_x = \delta \bar{A}_x + \mu(x)(\bar{A}_x - 1)$

證明：由 $\bar{A}_x$ 的定義有

$$\bar{A}_x = \int_0^\infty v^t \, {}_tp_x \mu_x(t) dt = \int_0^\infty v^t e^{-\int_x^{x+t} \mu(s) ds} \mu(x+t) dt$$
$$= -\int_0^\infty v^t d(e^{-\int_x^{x+t} \mu(s) ds})$$
$$= v^t e^{-\int_x^{x+t} \mu(s) ds} \Big|_0^\infty - \delta \int_0^\infty v^t e^{-\int_x^{x+t} \mu(s) ds} dt$$
$$= 1 - \delta \int_0^\infty v^t e^{-\int_x^{x+t} \mu(s) ds} dt \qquad (2.28)$$

對 x 求導數得

$$\frac{d}{dx}\bar{A}_x = -\delta\int_0^{\infty} v^t e^{-\int_x^{x+t}\mu(s)ds}(\mu(x) - \mu(x+t))dt$$

$$= -\delta\mu(x)\int_0^{\infty} v^t e^{-\int_x^{x+t}\mu(s)ds}dt + \delta\mu(x)\int_0^{\infty} v^t e^{-\int_x^{x+t}\mu(s)ds}\mu(x+t)dt$$

$$= \mu(x)(1 - \int_0^{\infty} v^t e^{-\int_x^{x+t}\mu(s)ds}dt) - \mu(x) + \delta\bar{A}_x$$

利用式（2.28）得

$$\frac{d}{dx}\bar{A}_x = \mu(x)\bar{A}_x - \mu(x) + \delta\bar{A}_x = \delta\bar{A}_x + \mu(x)(\bar{A}_x - 1)$$

證畢。

（2）死亡保單年末支付

假設年齡為 x 歲投保終身壽險，死亡保險金為 1 單位元，在死亡年末給付時，保險人給付額的現值為 $Z = v^{K(x)+1}$

精算現值為 A_x，則有

結論十一：$A_x = \sum_{j=0}^{\infty} v^{j+1}\ {}_{j|}q_x \qquad A_x = vq_x + vp_x \cdot A_{x+1}$

$$l_x(1+i)A_x = d_x \cdot (1 - A_{x+1}) + l_x A_{x+1}$$

$$l_x A_x = \sum_{j=0}^{\infty} v^{j+1} d_{x+j}$$

2.3.3.4　兩全保險

所謂兩全保險是指，當被保險人在保險期內死亡時保險人負責給付死亡保險金，當被保險人生存至保險期滿時保險人負責給付生存保險金。死亡保險金與生存保險金可以相同，也可以不同。

假設 x 歲的個體購買了 n 年期兩全保險，若個體 (x) 在 n 年期內死亡，則保險人負責給付 1 單位元死亡保險金，否則保險人在 n 年末給付 1 元生存保險金。

（1）死亡時立即支付

對於個體 (x) 在 n 年期兩全保險，保險人給付時刻等於死亡時刻 $T(x)$ 與保險期限 n 的最小值。記 $T(x) \wedge n = \min(T(x), n)$，則保險人給付保險金的現值 Z 可表示為

$$Z = v^{T(x)\wedge n} \qquad (2.29)$$

其精算現值記為 $\bar{A}_{x:\overline{n|}}$

結論十二：$\bar{A}_{x:\overline{n|}} = \bar{A}^{1}_{x:\overline{n|}} + \bar{A}_{x:\overset{1}{\overline{n|}}}$

證明：對式（2.29）兩邊取期望有

$$\bar{A}_{x:\overline{n}|} = E[v^{v^{T(x) \wedge n}}] = E\{v^{v^{T(x) \wedge n}} I_{[T(x) \geqslant n]}\} + E\{v^{v^{T(x) \wedge n}} I_{[T(x) < n]}\}$$
$$= \bar{A}_{x:\overset{1}{\overline{n}|}} + \bar{A}^{1}_{x:\overline{n}|}$$

證畢。

結論十三：對整數 $0 < m < n$，有

$$\bar{A}_{x:\overline{m}|} = \bar{A}^{1}_{x:\overline{m}|} + {}_{m}E_{x}\bar{A}_{x+m:\overline{n-m}|}$$

證明：根據結論十二

$$\bar{A}_{x:\overline{n}|} = \int_0^n v^t\ {}_tp_x\mu_x(t)\,dt + v^n\ {}_np_x$$
$$= \int_0^m v^t\ {}_tp_x\mu_x(t)\,dt + \int_m^n v^t\ {}_tp_x\mu_x(t)\,dt + v^{n-m}v^m\ {}_np_x$$
$$= \bar{A}^{1}_{x:\overline{m}|} + {}_mE_x \int_0^{n-m} v^t_t p_{x+m}\mu_{x+m}(t)\,dt + {}_mE_x\bar{A}_{x+m:\overset{1}{\overline{n-m}|}}$$
$$= \bar{A}^{1}_{x:\overline{m}|} + {}_mE_x(\bar{A}^{1}_{x+m:\overset{1}{\overline{n-m}|}} + \bar{A}_{x+m:\overset{1}{\overline{n-m}|}})$$
$$= \bar{A}^{1}_{x:\overline{m}|} + {}_mE_x\bar{A}_{x+m:\overline{n-m}|}$$

證畢。

分別記 (x) 的 n 年期生存保險和 n 年期死亡保險的現值為 Z_1 和 Z_2，即

$$Z_1 = v^{T(x)} I_{(T(x)<n)}\ ,\ Z_2 = v^{T(x)} I_{(T(x)\geqslant n)} \tag{2.30}$$

則兩全保險的現值

$$Z = Z_1 + Z_2$$

兩邊取期望，得

$$\bar{A}_{x:\overline{n}|} = E(Z_1) + E(Z_2) = \bar{A}^{1}_{x:\overline{n}|} + \bar{A}_{x:\overset{1}{\overline{n}|}}$$

結論十四：兩全保險、生存保險與死亡保險三者之間的關係有

$$\mathrm{Var}(Z) = \mathrm{Var}(Z_1) + \mathrm{Var}(Z_2) - 2\bar{A}^{1}_{x:\overline{n}|} + \bar{A}_{x:\overset{1}{\overline{n}|}}$$

證明：根據（2.30）可知 $Z_1 \times Z_2 = 0$，所以

$$\mathrm{Var}(Z) = \mathrm{Var}(Z_1 + Z_2)$$
$$= \mathrm{Var}(Z_1) + \mathrm{Var}(Z_2) + 2\mathrm{cov}(Z_1,\ Z_2)$$
$$= \mathrm{Var}(Z_1) + \mathrm{Var}(Z_2) + 2[E(Z_1 \times Z_2) - E(Z_1) \times E(Z_2)]$$
$$= \mathrm{Var}(Z_1) + \mathrm{Var}(Z_2) - 2\bar{A}^{1}_{x:\overline{n}|} + \bar{A}_{x:\overset{1}{\overline{n}|}}$$

證畢。

由結論十四可知：

$$\mathrm{Var}(Z) \leqslant \mathrm{Var}(Z_1) + \mathrm{Var}(Z_2)$$

即兩全保險的方差小於其對應的生存保險和死亡保險方差的和。從這一點來看，個體 (x) 的兩全保險可起到降低保險人風險的作用。由此，保險人在設計保險產品時可以採用死亡保險與生存保險的組合來降低自身的風險。

(2) 死亡保單年末支付

若個體 (x) 死亡，保險人在死亡保單年度末給付保險金，給付的時刻為 $[K(x)+1] \wedge n = \min[K(x)+1, n]$，所以保險人給付額的現值 Z 可表示為 $Z = v^{(K(x)+1) \wedge n}$

其精算現值記為 $A_{x:\overline{n}|}$，則有

$$A_{x:\overline{n}|} = \sum_{j=0}^{n-1} v^{j+1} {}_{j|}q_x + v^n {}_n p_x$$

結論十五：對整數 $m < n$，有

$$A_{x:\overline{n}|} = A^{1}_{x:\overline{m}|} + {}_mE_x A_{x+m:\overline{n-m}|}$$

結論十六：$(1+i)A_{x:\overline{n}|} = q_x \cdot (1 - A_{x+1:\overline{n-1}|}) + A_{x+1:\overline{n-1}|}$

結論十六的含義為：在確定生存模型中，x 歲的個體每人繳納 $A_{x:\overline{n}|}$ 元，則在第一年末資金總額為 $(1+i)A_{x:\overline{n}|}$。在這一年末不論個體是否存在，都可享有其中的 $A_{x+1:\overline{n-1}|}$。若個體在一年內死亡，則可在年末得到額外的給付金 $(1 - A_{x+1:\overline{n-1}|})$。個體在一年內死亡的概率為 q_x，所以死亡的額外的給付金的期望為 $q_x \cdot (1 - A_{x+1:\overline{n-1}|})$。因此個體在這一年所得到的總的給付金的期望為 $q_x \cdot (1 - A_{x+1:\overline{n-1}|}) + A_{x+1:\overline{n-1}|}$，正好等於年末的資金額 $(1+i)A_{x:\overline{n}|}$。

結論十七：在每一年齡年 UDD 假設下，有

$$\bar{A}_{x:\overline{n}|} = \frac{i-\delta}{\delta} A^{1}_{x:\overline{n}|} + A_{x:\overline{n}|}$$

證明：在 UDD 假設下，有

$$\bar{A}^{1}_{x:\overline{n}|} = \frac{i}{\delta} A^{1}_{x:\overline{n}|}$$

故

$$\begin{aligned}
\bar{A}_{x:\overline{n}|} &= \bar{A}^{1}_{x:\overline{n}|} + \bar{A}_{x:\overline{n}|}^{\ \ 1} \\
&= \frac{i}{\delta} A^{1}_{x:\overline{n}|} + A_{x:\overline{n}|} - A^{1}_{x:\overline{n}|} \\
&= \frac{i-\delta}{\delta} A^{1}_{x:\overline{n}|} + A_{x:\overline{n}|}
\end{aligned}$$

證畢。

2.3.3.5 延期死亡保險

個體 (x) 延期 m 年的終身死亡保險，是指若被保險人 (x) 在簽單後的 m 年內死亡，則保險人不承擔給付責任，而當個體 (x) 在簽單後的 m 年後死亡時，保險人負責給付死亡保險金。

(1) 死亡時立即支付

假設保險金為 1 單位元，在死亡後立即支付，保險人給付額的現值 Z 可表示為

$$Z = v^{T(x)} I_{(T(x) \geqslant m)}$$

其精算現值記為 ${}_{m|}\bar{A}_x$，則有

$$ {}_{m|}\bar{A}_x = E(v^{T(x)} I_{(T(x) \geqslant m)}) = \int_m^{\infty} v^t \, {}_t p_x \mu_x(t) dt \tag{2.31}$$

結論十八：$ {}_{m|}\bar{A}_x = {}_m E_x \bar{A}_{x+m}$

證明：根據式 (2.31)，有

$$ {}_{m|}\bar{A}_x = \int_m^{\infty} v^t \, {}_t p_x \mu_x(t) dt = \int_0^{\infty} v^{m+t}_{m+t} p_x \mu_x(m+t) dt$$

$$= v^m \int_0^{\infty} v^t_m p_{x\,t} p_{x+m} \mu_{x+m}(t) dt = v^m \, {}_m p_x \bar{A} = {}_m E_x \bar{A}_{x+m}$$

證畢。

(2) 死亡保單年末支付

保險人給付額的現值 Z 可表示為

$$Z = v^{[K(x)+1] \wedge n} I_{[T(x) \geqslant m]}$$

其精算現值記為 ${}_{m|}A_x$，則有

$$ {}_{m|}A_x = E\{v^{[K(x)+1] \wedge n} I_{[T(x) \geqslant m]}\} = \sum_{j=m}^{\infty} v^{j+1} \, {}_{j|}q_x$$

結論十九：${}_{m|}A_x = {}_m E_x A_{x+m}$

結論二十：$A_x = A^1_{x:\overline{n|}} + {}_{m|}A_x$

證明：根據精算現值定義有

$$A_x = E[v^{K(x)+1}] = E\{v^{[K(x)+1]} I_{[K(x) \geqslant m]}\} + E\{v^{[K(x)+1]} I_{[T(x) < m]}\}$$

$$= A^1_{x:\overline{n|}} + {}_{m|}A_x$$

證畢。

2.3.3.6 變額人壽保險

所謂變額人壽保險是指保險金額有變化的險種。主要的險種有：標準年遞增終身壽險、標準年遞減 n 年期壽險、連續遞增終身壽險等，這些險種的特點是，不同的死亡年度保險人給付不同的保險金。

(1) 隨機模型

保險金額因死亡時間的不同而變化的死亡保險，稱為變額保險。按支付的時間可以分為：

①在死亡年末給付；

②在死亡後立即給付；

③每年分為 m 個區間，在死亡的區間末給付。

令 b_t 表示個體在時刻 t 得到的死亡保險金的額度，以上三種情況下死亡給付額的現值分別為：

① $b_{T(x)} v^{T(x)}$

② $b_{K(x)+1} v^{K(x)+1}$

③ $b_{K(x)+\frac{(J(x)+1)}{m}} v^{K(x)+\frac{(J(x)+1)}{m}}$

三種變額保險的精算現值分別為：

① $\int_0^{\infty} v^t b_{t\,t}p_x \mu_x(t)\,dt$

② $\sum_{j=0}^{n-1} b_{j+1} v^{j+1} {}_{j|}q_x$

③ $\sum_{j=0}^{\infty} \sum_{i=0}^{m-1} b_{j+\frac{(i+1)}{m}} v^{j+\frac{(i+1)}{m}} {}_{j+i/m|1/m}q_x$

(2) 標準年遞增終身壽險

個體 (x) 標準年遞增終身壽險，是指若被保險人在投保後的第一年內死亡，則給付 1 元死亡保險金，若在投保後的第二年內死亡則給付 2 元死亡保險金，依次遞增。死亡後立即支付和在死亡年末支付分別記為 $(I\bar{A})_x$ 和 $(IA)_x$。

結論二十一：

$$(I\bar{A})_x = \sum_{j=0}^{\infty} (j+1) \int_j^{j+1} v^t\, {}_tp_x \mu_x(t)\,dt$$

$$(IA)_x = \sum_{j=0}^{\infty} (j+1)\, v^{j+1}\, {}_{j|}q_x$$

證明：根據定義易證。

(3) 標準年遞減 n 年期壽險

個體 (x) 標準年遞減 n 年期壽險，是指若被保險人在投保後的第一年內死亡，則給付 n 元死亡保險金，若在投保後的第二年內死亡則給付 $n-1$ 元死亡保險金，依次遞減。死亡後立即支付和在死亡年末支付精算現值分別記為 $(D\bar{A})^1_{x:\overline{n|}}$ 和 $(DA)^1_{x:\overline{n|}}$。

結論二十二：

$$(D\bar{A})^1_{x:\overline{n|}} = \sum_{j=0}^{n-1} (n-j) \int_j^{j+1} v^t\, {}_tp_x \mu_x(t)\,dt$$

$$(DA)^1_{x:\overline{n|}} = \sum_{j=0}^{n-1} (n-j)\, v^{j+1}\, {}_{j|}q_x$$

(4) 連續遞增終身壽險

個體 (x) 連續遞增終身壽險，是指若被保險人在投保後的某個時刻，如 t 時刻死亡，則保險人立即給付 t 元死亡保險金，精算現值記為 $(\bar{I}\bar{A})_x$，則有

$$(\bar{I}\bar{A})_x = \int_0^{\infty} tv^t \; {}_tp_x\mu_x(t)\,dt$$

結論二十三：

$$(\bar{I}\bar{A})_x = \int_0^{\infty} {}_{t|}\bar{A}_x\,dt$$

證明：由 $(\bar{I}\bar{A})_x$ 的定義有

$$\begin{aligned}(\bar{I}\bar{A})_x &= \int_0^{\infty} tv^t \; {}_tp_x\mu_x(t)\,dt = \int_0^{\infty}\int_0^{t} ds v^t \; {}_tp_x\mu_x(t)\,dt \\ &= \int_0^{\infty}\int_0^{\infty} v^t \; {}_tp_x\mu_x(t) I_{(s<t)}\,dtds \\ &= \int_0^{\infty}\int_s^{\infty} v^t \; {}_tp_x\mu_x(t)\,dtds \\ &= \int_0^{\infty} {}_{t|}\bar{A}_x\,dt\end{aligned}$$

證畢。

(5) 幾種變額保險之間的相互關係

結論二十四：

$$(DA)^1_{x:\overline{n}|} = nvq_x + vp_x\,(DA)^1_{x+1:\overline{n-1}|} \tag{2.32}$$

$$(DA)^1_{x:\overline{n}|} = \sum_{j=0}^{n-1} A^1_{x:\overline{n-j}|} \tag{2.33}$$

$$(DA)^1_{x:\overline{n}|} = \sum_{j=0}^{n-1} (n-j)\,{}_{j|1}A_x \tag{2.34}$$

$$(IA)_x = vq_x + vp_x(A_{x+1} + (IA)_{x+1}) \tag{2.35}$$

式 (2.32) 可理解為：個體 (x) 的 n 年定期標準年遞減壽險可分為兩個給付區間，即第一年及接下來的 $n-1$ 年。在第一年保險人給付額的精算現值為 nvq_x。保險人在接下來的 $n-1$ 年的給付實際上是對 $x+1$ 歲個體的標準年遞減 $n-1$ 年期壽險，其對應的精算現值為 $(DA)^1_{x+1:\overline{n-1}|}$。個體生存至 $x+1$ 歲的概率為 p_x，則保險人在接下來的 $n-1$ 年給付額的精算現值為 $p_x \cdot (DA)^1_{x+1:\overline{n-1}|}$，兩部分合在一起就是：

$$nvq_x + vp_x\,(DA)^1_{x+1:\overline{n-1}|}$$

式 (2.33) 可理解為：$A^1_{x:\overline{n-j}|}$ 表示個體 (x) 單位保額的 $n-j$ 年死亡保險保險人給付額的精算現值。$\sum_{j=0}^{n-1} A^1_{x:\overline{n-j}|}$ 代表的是一種 n 年期的死亡險，若個體在第

k 個保單年內死亡，則承擔給付保險金為 $A^1_{x:\overline{j}|}$，$j=k$，$k+1$，…，n，總的給付額為 $n=k+1$ 元。這種給付就是標準年遞減 n 年期死亡險所提供的給付，利用精算現值相等，得

$$(DA)^1_{x:\overline{n}|}=\sum_{j=0}^{n-1}A^1_{x:\overline{n-j}|}$$

式（2.34）可理解為：個體 (x) 的標準年遞減 n 年期壽險可表示為一年期定期壽險的組合。第一年的保險金為 n 元，第二年的保險金為 $n-1$ 元，依次類推，第 n 年為 1 元，對應的精算現值分別為 $(n-j)_{j|1}A_x$，$j=0, 1, \cdots, n-1$，因此有：

$$(DA)^1_{x:\overline{n}|}=\sum_{j=0}^{n-1}(n-j)_{j|1}A_x$$

式（2.35）與上述解釋類似。

結論二十五：在每一年齡年 UDD 假設下，有

$$\frac{(I\bar{A})_x-(\bar{I}\bar{A})_x}{\bar{A}_x}=\frac{1}{d}-\frac{1}{\delta}$$

證明：利用 $K(x)$ 與 $S(x)$ 獨立，且 $S(x)$ 服從［0，1］上的均勻分佈，得

$$\begin{aligned}(I\bar{A})_x-(\bar{I}\bar{A})_x&=E[(K+1)v^T]-E[Tv^T]\\&=E[(K+1-T)v^T]-E[(1-S)v^{K+S}]\\&=E(v^{K+1})E[(1-S)v^{S-1}]\\&=A_x\int_0^{\infty}(1-s)v^{s-1}ds\\&=(1+i)(\frac{1}{\delta}-\frac{d}{\delta^2})\frac{\delta}{i}\bar{A}_x\end{aligned}$$

即 $\dfrac{(I\bar{A})_x-(\bar{I}\bar{A})_x}{\bar{A}_x}=\dfrac{1}{d}-\dfrac{1}{\delta}$

證畢。

定理七：已知在每一年齡年 UDD 假設成立。對個體（x），已知 $b_T=b^*_{K+1}$，則有

$$E(b_{T(x)}v^{T(x)})=E(b^*_{K+1}v^{K+1})\frac{i}{\delta}$$

證明：利用 $K(x)$ 與 $S(x)$ 獨立，且 $S(x)$ 服從［0，1］上的均勻分佈，得

$$\begin{aligned}E[b_{T(x)}v^{T(x)}]&=E[b_{T(x)}v^{K(x)+S(x)}]=E[b_{T(x)}v^{K(x)+1+S(x)-1}]\\&=E[b_{T(x)}v^{K(x)+1}]E[v^{S(x)-1}]=EE(b^*_{K+1}v^{K+1})\frac{i}{\delta}\end{aligned}$$

證畢。

定理八：說明：對於保險期限相同的兩種死亡險，在死亡後立即給付和在死亡保單年度末給付，在這兩種情況下保險人給付相同的保險金，則對於這兩種死亡險，保險人給付額的精算現值的比值等於利率與利息力之比。

結論二十六：在每一年齡年 UDD 假設下，有

$$\bar{A}^{1}_{x:\overline{n}|} = \frac{i}{\delta}A^{1}_{x:\overline{n}|},\ \bar{A}_x = \frac{i}{\delta}A_x,\ {}_{m|n}\bar{A}_x = \frac{i}{\delta}{}_{m|n}A_x$$

$$(I\bar{A})^{1}_{x:\overline{n}|} = \frac{i}{\delta}(IA)^{1}_{x:\overline{n}|},\ (DA)^{1}_{x:\overline{n}|} = \frac{i}{\delta}(D\bar{A})^{1}_{x:\overline{n}|}$$

結論二十七：在每一年齡年 UDD 假設下，有

$$(\bar{I}\bar{A})_x = \frac{i}{\delta}[(IA)_x - (\frac{1}{d} - \frac{1}{\delta})A_x]$$

證明：根據 UDD 假設，得

$$\begin{aligned}(\bar{I}\bar{A})_x &= E[(K+S)v^{K+S}] \\ &= E[(K+1)v^{K+S}] - E[(1-S)v^{K+1+S-1}] \\ &= E((K+1)v^{K+1})Ev^{s-1} - E((1-S)v^{S-1})Ev^{K+1} \\ &= \frac{i}{\delta}(IA)_x - A_x(\frac{1+i}{\delta} - \frac{i}{\delta^2})] \\ &= \frac{i}{\delta}[(IA)_x - (\frac{1}{d} - \frac{1}{\delta})A_x] \\ &= \frac{i}{\delta}[(IA)_x - (\frac{1}{d} - \frac{1}{\delta})A_x]\end{aligned}$$

證畢。

2.3.3.7 死亡保險金與生命年金的關係

(1) 兩全保險與生命年金的關係

結論二十八：$\delta\bar{a}_{x:\overline{n}|} + \bar{A}_{x:\overline{n}|} = 1$

$$\mathrm{Var}(\bar{a}_{\overline{T(x)\wedge n}|}) = \frac{{}^2\bar{A}_{x:\overline{n}|} - (\bar{A}_{x:\overline{n}|})^2}{\delta^2}$$

證明：對等式 $\bar{a}_{\overline{T(x)\wedge n}|} = \dfrac{1 - v^{T(x)\wedge n}}{\delta}$ 兩邊取期望得

$$\bar{a}_{x:\overline{n}|} = \frac{1 - \bar{A}_{x:\overline{n}|}}{\delta}$$

前一式得證。又

$$\mathrm{Var}[\bar{a}_{\overline{K(x)}|}] = \frac{\mathrm{Var}[1 - v^{T(x)\wedge n}]}{\delta^2} = \frac{\mathrm{Var}[v^{T(x)\wedge n}]}{\delta^2}$$

$$= \frac{{}^2\bar{A}_{x:\overline{n}|} - (\bar{A}_{x:\overline{n}|})^2}{\delta^2}$$

證畢。

記 ${}^j\bar{A}^1_{x:\overline{n}|} = \bar{A}^1_{x:\overline{n}|}@j\delta$，其中 $@j\delta$ 表示計算時採用利息力為 $j\delta$。

(2) 終身壽險與終身生命年金的關係

結論二十九: $\delta\bar{a}_x + \bar{A}_x = 1$

$$\mathrm{Var}(\bar{a}_{\overline{T(x)}|}) = \frac{{}^2\bar{A}_x - (\bar{A}_x)^2}{\delta^2}$$

(3) 終身壽險與起初生命年金的關係

結論三十: $d\ddot{a}_x + A_x = 1 \quad d\ddot{a}_{\overline{x:n}|} + A_{\overline{x:n}|} = 1$

$$\mathrm{Var}[\ddot{a}_{\overline{(K(x)+1)}|}] = \frac{{}^2A_x - (A_x)^2}{d^2}$$

$$\mathrm{Var}\{\ddot{a}_{\overline{[K(x)+1]\wedge n}|}\} = \frac{{}^2A_{\overline{x:n}|} - (A_{\overline{x:n}|})^2}{d^2}$$

證明: 利用等式 $\ddot{a}_{\overline{[K(x)+1]}|} = \dfrac{1 - v^{K(x)+1}}{d}$，$\ddot{a}_{\overline{[K(x)+1]\wedge n}|} = \dfrac{1 - v^{[K(x)+1]\wedge n}}{d}$ 易證各式成立。

等式 $d\ddot{a}_x + A_x = 1$ 可理解為: x 歲個體投資 1 元，從投資之日起，個體 (x) 生存期間內在每年年初獲得利息 d 元，利息的給付金的精算現值為 $d\ddot{a}_x$。當個體 (x) 死亡後，在死亡的年末得到返還的 1 元，返還本金的精算現值為 A_x。給付的利息與返還本金的精算現值之和 $d\ddot{a}_x + A_x$ 等於投資者的本金 1 元。

2.3.4 半連續條件下終身壽險精算函數

在採取分期均衡繳納保費的方式下，按照死亡保險金給付時刻的不同可將壽險分為兩種類型: ①完全離散型壽險 (fully discrete life insurance)，死亡保險金在被保險人死亡的保單年度末給付; ②半連續型壽險 (semi-continuous lifeinsurance)，死亡保險金在被保險人死亡後立即給付。目前的研究多對連續式壽險均衡淨保費及責任準備金進行精算分析，對半連續情況的討論不多，但由於人壽保險的死亡給付通常是在被保險人死亡的當時給付，半連續式壽險模型在保險實務中是比較切合實際，所以對半連續終身壽險進行分析具有重要現實意義。

設保險金為 1 元的半連續終身壽險。假設剩餘壽命隨機變量 $T(x)$ 滿足 de Moivre 條件，$\mu_x = \frac{1}{\varpi - x}(0 \leq x \leq \varpi)$ 則 $T(x)$ 的密度函數為

$$f_T(t) = {}_tP\mu_{x+t} = \frac{1}{\omega - x}$$

當利率確定時，利息力為常數。

設 $\delta(t) = \delta$，由利息理論可知，折現系數 $v(t) = e^{-\int_0^t \delta(s)ds} = e^{-t\delta}$

則保險損失 $L = v(t) - P\sum_{k=0}^{\varpi-x-1} I[k \leq T(x) < k+1]\frac{1-e^{-t\delta}}{d}$

$$Z_1 = v(t),\ Z_2 = \sum_{k=0}^{\varpi-x-1} I[k \leq T(x) < k+1]\frac{1-e^{-t\delta}}{d}$$

$$EZ_1 = \int_0^{\varpi-x} e^{-t\delta}\frac{1}{\omega-x}dt - \frac{1-e^{-(\omega-x)\delta}}{(\omega-x)\delta}$$

$$= \int_0^{\varpi-x} e^{-t\delta}\frac{1}{\omega-x}dt = \frac{1-e^{-(\omega-x)\delta}}{(\omega-x)\delta}$$

$$EZ_2 = \sum_{k=0}^{\varpi-x-1} I[k \leq T(x) < k+1]\frac{1-e^{-t\delta}}{d}$$

$$= \frac{1}{\omega-x}\sum_{k=0}^{\varpi-x-1}\frac{1-e^{-tk}}{d}$$

$$= \frac{e^{-\delta(\omega-x)} - 1 + (\omega-x)(1-e^{-\delta})}{d(\omega-x)(1-e^{-\delta})}$$

根據保費精算的平衡原理 $E(L) = 0$，均衡淨保費

$$P = \frac{EZ_1}{EZ_2} = \frac{d[e^{-\delta(\omega-x)} - 1](1-e^{-\delta})}{[e^{-\delta(\omega-x)} - 1] + (\omega-x)(1-e^{-\delta})}$$

令 S 在 UDD 假設下，則 S 與 K 是相互獨立的。則保險損失風險

$\mathrm{Var}(L) = \mathrm{Var}(Z_1 - PZ_2)$

$$= E[(e^{-T\delta} - p\frac{1-e^{-\delta(K+1)}}{d}) - E(e^{-T\delta} - P\frac{1-e^{-\delta(K+1)}}{d})]^2$$

$$= E[(e^{-(K+1)\delta}e^{-(S-1)\delta} - P\frac{1-e^{-\delta(K+1)}}{d}) - E(e^{-(K+1)\delta}e^{-(S-1)\delta} - P\frac{1-e^{-\delta(K+1)}}{d})]^2$$

利用 S 與 K 的相互獨立性，可得

$$\mathrm{Var}(L) = \frac{1}{\varpi - x}[\frac{e^{-2\delta} - e^{-2\delta}(\varpi - x + 1)}{1 - e^{-2\delta}}]\frac{d^2e^{2\delta} + 4bPe^{\delta} - 4dP + 2\delta P^2}{2\delta d^2}$$

$$\{\frac{1}{\varpi - x}[\frac{e^{-\delta} - e^{-\delta}(\varpi - x + 1)}{1 - e^{-\delta}}]\}^2(\frac{de^{-\delta} - d - P\delta}{\delta d})^2$$

2.4 純保費和毛保費

被保險人確定向保險公司投保人壽保險，在雙方簽訂契約後，從法律上講也就是規定了保險雙方必須遵守的權益與義務。一方面，被保險人如出險必須由保險公司給付保險金；另一方面，投保人應支付保險費。

2.4.1 保費簡介

2.4.1.1 保費的構成

壽險保費由兩部分組成，用於保險給付的稱為純保費，用於保險公司經營費用的稱為附加費用。純保費和附加費用之和即為毛保費。

2.4.1.2 保費的分類

(1) 按保費繳納的方式分

一次性繳納：蔓繳（純/毛）保費

以年金的方式繳納：期繳（純/毛）保費

(2) 按保險的種類分

只覆蓋死亡的保險：純壽險保費

只覆蓋生存的保險：生存險保費

既覆蓋死亡又覆蓋生存的保險：兩全險保費

2.4.2 純保費

(1) 純保費厘定原則

純保費厘定原則採用平衡原則：保險人的潛在虧損均值為零。

$$L = \text{給付金現值} - \text{純保費現值}$$

$$E(L) = 0$$

$$E(\text{給付金現值}) = E(\text{純保費現值})$$

(2) 淨均衡保費與蔓繳純保費的關係

淨均衡保費是純保費繳付方式的一種，是指保險人將人的不同年齡的自然保險費結合利息因素，均勻地分配在各個年度，使投保人按期交付的保險費整齊劃一，處於相同的水準，這種保險費即為均衡保險費。均衡保險費避免了被保險人到了晚年因保險費的上升而無力續保的不足，因此適合長期性的人壽保險。躉繳純保險費是一次付清純保費。它們的關係是：

E（躉繳純保費現值）= E（淨均衡保費現值）

（3）各險種淨均衡保費的厘定

①完全連續淨均衡年保費的厘定。

常見險種終身壽險完全連續淨均衡年保費的厘定見表 2-1。

假定條件：(x) 死亡即刻給付 1 單位的終身人壽保險，被保險人從保單生效起按年連續交付保費（給付連續，繳費也連續）

厘定過程：

$$L = l(T) = v^t - \bar{P}(\bar{A}_x)\bar{a}_{\overline{t}|}$$

$$E(L) = 0 \Rightarrow \bar{A}_x - \bar{P}(\bar{A}_x)\bar{a}_x = 0 \Rightarrow \bar{P}(\bar{A}_x) = \frac{\bar{A}_x}{\bar{a}_x}$$

$$\mathrm{Var}(L) = \mathrm{Var}[v^t(1 + \frac{\bar{P}}{\delta}) - \frac{\bar{P}}{\delta}] = (1 + \frac{\bar{P}}{\delta})^2[{}^2\bar{A}_x - (\bar{A}_x)^2]$$

$$= (\frac{\delta\bar{a}_x + \bar{A}_x}{\delta\bar{a}_x})^2[{}^2\bar{A}_x - (\bar{A}_x)^2] = \frac{{}^2\bar{A}_x - (\bar{A}_x)^2}{(\delta\bar{a}_x)^2}$$

表 2-1　常見險種完全連續淨均衡年保費的厘定

險種	完全連續淨均衡年保費
終身人壽保險	$\bar{P}(\bar{A}_x) = \bar{A}_x / \bar{a}_x$
n 年定期壽險	$\bar{P}(\bar{A}^1_{x:\overline{n}|}) = \bar{A}^1_{x:\overline{n}|} / \bar{a}_{x:\overline{n}|}$
n 年兩全保險	$\bar{P}(\bar{A}_{x:\overline{n}|}) = \bar{A}_{x:\overline{n}|} / \bar{a}_{x:\overline{n}|}$
h 年繳費終身人壽保險	${}_h\bar{P}(\bar{A}_x) = \bar{A}_x / \bar{a}_{x:\overline{h}|}$
h 年繳費 n 年兩全保險	${}_h\bar{P}(\bar{A}_{x:\overline{n}|}) = \bar{A}_{x:\overline{n}|} / \bar{a}_{x:\overline{h}|}$
n 年生存保險	$\bar{P}(\bar{A}_{x:\overline{n}|}^{\ \ 1}) = \bar{A}_{x:\overline{n}|}^{\ \ 1} / \bar{a}_{x:\overline{n}|}$
m 年遞延終身生存保險	$\bar{P}({}_{m|}\bar{a}_x) = A_{x:\overline{m}|}^{\ \ 1} \cdot \bar{a}_{x+m} / \bar{a}_{x:\overline{m}|}$

②完全離散淨均衡年保費的厘定。

常見險種終身壽險完全離散淨均衡年保費的厘定見表 2-2。

假定條件：(x) 死亡年末給付 1 單位的終身人壽保險，被保險人從保單生效起每年年初交付保費（給付離散，繳費也離散）。

厘定過程：

$$L = v^{K+1} - P_x \ddot{a}_{\overline{k+1}|},\ K = 0,\ 1,\ 2,\ \cdots$$

$$E(L) = 0 \Rightarrow A_x - P_x \ddot{a}_x = 0 \Rightarrow P_x = \frac{A_x}{\ddot{a}_x}$$

$$\text{Var}(L) = (1 + \frac{P_x}{d})^2 [{}^2A_x - (A_x)^2] = \frac{{}^2A_x - (A_x)^2}{(d\ddot{a}_x)^2}$$

表 2-2　常見險種完全離散淨均衡年保費的厘定

險種	完全連續淨均衡年保費
終身人壽保險	$P_x = A_x / \ddot{a}_x$
n 年定期壽險	$P^1_{x:\overline{n}|} = A^1_{x:\overline{n}|} / \ddot{a}_{x:\overline{n}|}$
n 年兩全保險	$P_{x:\overline{n}|} = A_{x:\overline{n}|} / \ddot{a}_{x:\overline{n}|}$
h 年繳費終身人壽保險	${}_{h|}P_x = A_x / \ddot{a}_{x:\overline{h}|}$
h 年繳費 n 年兩全保險	${}_{h|}P_{x:\overline{n}|} = A_{x:\overline{n}|} / \ddot{a}_{x:\overline{h}|}$
n 年生存保險	$P_{x:\overline{n}|}^{\ \ 1} = A_{x:\overline{n}|}^{\ \ 1} / \ddot{a}_{x:\overline{n}|}$
m 年遞延終身生存保險	$P({}_{m|}\ddot{a}_x) = A_{x:\overline{m}|}^{\ \ 1}\ddot{a}_{x+m} / \ddot{a}_{x:\overline{m}|}$

③半連續純年保費的厘定：終身壽險半連續淨均衡年保費的厘定。

假定條件：(x) 死亡即刻給付 1 單位的終身人壽保險，被保險人從保單生效起每年年初交付保費（給付連續，繳費離散，這是實際中最常見的給付、繳費方式）

厘定過程：

$$L = l(T) = v^t - P(\bar{A}_x)\ddot{a}_{x:\overline{k+1}|}$$

$$E(L) = 0 \Rightarrow \bar{A}_x - P(\bar{A}_x)\ddot{a}_x = 0 \Rightarrow P(\bar{A}_x) = \frac{\bar{A}_x}{\ddot{a}_x}$$

$$\text{Var}(L) = (1 + \frac{P}{d})^2 [{}^2\bar{A}_x - (\bar{A}_x)^2]$$

④每年繳納數次保費的純保費的厘定：(x) 終身壽險年繳 m 次保險。

假定條件：死亡即刻給付 1 單位的終身人壽保險，被保險人從保單生效起每年繳費 m 次，每期期初繳費（給付連續，繳費離散）

厘定過程：

$$L = l(T) = v^t - P^{(m)}(\bar{A}_x) \cdot \ddot{a}^{(m)}_{\overline{k+1}|}$$

$$E(L) = 0 \Rightarrow \bar{A}_x - P^{(m)}(\bar{A}_x)\ddot{a}_x^{(m)} = 0 \Rightarrow P^{(m)}(\bar{A}_x) = \frac{\bar{A}_x}{\ddot{a}_x^{(m)}}$$

$$\mathrm{Var}(L) = (1 + \frac{P^{(m)}}{d^{(m)}})^2[{}^2\bar{A}_x - (\bar{A}_x)^2]$$

2.4.3 毛保費

（1）保險費用簡介

定義：保險公司支出的除了保險責任範圍內的保險金給付外，其他的維持保險公司正常運作的所有費用支出統稱為經營費用。這些費用必須由保費和投資收益來彌補。

保險費用範圍：稅金、許可證、保險產品生產費用、保單銷售服務費用、合同成立後的維持費、投資費用等。

（2）毛保費的確定

①毛保費的定義：保險公司實際收取的保費為用於保險金給付的純保費和用於各種經營費用開支的附加費用之和，即毛保費，簡記為 G。

②毛保費厘定基本原則：精算等價原則。

毛保費精算現值=純保費精算現值+附加費用的精算現值

=各種給付精算現值+各種費用支出精算現值

（3）單位保單費用

①保單費用：在保險費用中，有一部分附加費用只與保單數目有關，與保險金額或保險費無關，這部分費用稱為保單費用，如準備新保單、建立會計記錄、郵寄保費通知的費用等。

②毛保費的分析。

毛保費可分為三部分：

第一部分，跟保險金額有關的費用，如承保費用等。

第二部分，跟保費數額有關的費用。如代理人佣金、保險費稅金等。

第三部分，只與保單數目有關的費用（保單費用）。如準備新保單、建立會計記錄、郵寄保費通知單等。

毛保費構成分析：

$$\begin{aligned} G(b) &= \text{net} + \text{loading} \\ &= Pb + fG(b) + c + a'b \\ &= fG(b) + (P + a')b + c \\ &= fG(b) + ab + c \quad (a = P + a') \\ &\Rightarrow G(b) \cdot (1 - f) = ab + c \end{aligned}$$

其中，

$G(b)$：保險金額為 b 的保單的毛保費。

a：保險成本中與保險金額相關的部分，其中單位保險的純保費是它的主要部分。

c：每份保單平攤的費用，即單位保單費用。

f：附加費用在毛保費中所占的百分比。

③費率函數 $R(b)$。

$$G(b)\cdot(1-f)=ab+c$$

$$\Leftrightarrow G(b)=\frac{ab+c}{1-f}=b\cdot\frac{a+c/b}{1-f}$$

$$R(b)\triangleq\frac{a+c/b}{1-f}$$

$$G(b)=b\cdot R(b)$$

$$G_{app}(b)=bR(\bar{b})=\frac{a}{1-f}b+\frac{c}{1-f}\frac{b}{\bar{b}}$$

如果 $b=\bar{b}$，近似總保費等於真實總保費。

如果 $b>\bar{b}$，近似總保費高於真實總保費。

如果 $b<\bar{b}$，近似總保費低於真實總保費。

2.5 隨機利率下的壽險精算函數

2.5.1 隨機利率條件下半連續條件下終生壽險精算函數

在隨機利率條件下，引入 Wiener 過程對利息力建模。即設 $\delta(t)=\alpha t+\beta W_t$（$W_t$ 為標準 Brownian 運動）。由利息理論可知折現系數定義為 $v(t)=e^{-\alpha t-\beta W_t}$，連續型年金現值為 $Z_3=\int_0^t e^{-\alpha t-\beta W_t}ds$。離散型年金現值為

$$Z_4=\sum_{k=0}^{\varpi-x-1}I(k\leqslant T(x)<k+1)\sum_{j=0}^{k}e^{-v(j)}\ [\text{當 } k\leqslant T(x)<k+1]。$$

設剩餘壽命隨機變量 $T(x)$ 滿足 de Moivre 條件，$\mu_x=\frac{1}{\varpi-x}(0\leqslant x\leqslant\varpi)$ 則 $T(x)$ 的密度函數為

$$f_T(t)={}_tP\mu_{x+t}=\frac{1}{\omega-x}$$

則對半連續的終生壽險保險損失

$$L = Z_3 - PZ_4$$

$$= \int_0^t e^{-\alpha t-\beta W_s} ds - P\sum_{k=0}^{\varpi-x-1} I(k \leqslant T(x) < k+1) \sum_{j=0}^{k} e^{-v(j)}$$

連續型生命年金精算現值為

$$EZ_3 = E\int_0^{\varpi-x} e^{-\alpha t-\beta W_s} f_T(s)\,ds$$

$$= \int_0^{\varpi-x} Ee^{-\alpha t-\beta W_s} f_T(s)\,ds$$

$$= \frac{1}{(\varpi-x)(-a+\frac{1}{2}\beta^2)}[e^{(-\alpha+\frac{1}{2}\beta^2)(\varpi-x)}-1]$$

$$= \frac{b-1}{a(\varpi-x)}$$

離散型年金精算現值為

$$EZ_4 = E\sum_{k=0}^{\varpi-x-1} I(k \leqslant T(x) < k+1) \sum_{j=0}^{k} e^{-v(j)}$$

$$= \sum_{k=0}^{\varpi-x-1}\sum_{j=0}^{k} e^{-\alpha j+\frac{1}{2}\beta^2 j}$$

$$= \frac{(1-e^{(-a+\frac{1}{2}\beta^2)})^2+(\varpi-x-1)(1-e^{(-\alpha+\frac{1}{2}\beta^2)})-e^{(-2\alpha+\beta^2)}+(\varpi-x+1)(1-e^{(-\alpha+\frac{1}{2}\beta^2)})}{(\varpi-x)(1-e^{(-\alpha+\frac{1}{2}\beta^2)})^2}$$

根據保費精算的平衡原理 $E(L)=0$ 可求均衡淨保費

$$P = \frac{EZ_3}{EZ_4} = \frac{(b-1)(1-b^{1/(\omega-x)})^2}{a[\omega-x-(\omega-x+1-b)b^{1/(\omega-x)}}$$

其中：$a=-\alpha+\frac{1}{2}\beta^2 \quad b=e^{(-\alpha+\frac{1}{2}\beta^2)(\omega-x)}$

$$EZ_3^2 = E\int_0^{\varpi-x} e^{-2\alpha t-2\beta W_s} f_T(s)\,ds$$

$$= \int_0^{\varpi-x} Ee^{-2\alpha t-2\beta W_s} f_T(s)\,ds$$

$$= \frac{[e^{(-2\alpha t-2\beta^2)}-1]}{(\varpi-x)(-2a+2\beta^2)}$$

$$\mathrm{Var}(Z_3) = EZ_3^2-(EZ_3)^2$$

$$= \frac{[e^{(-2\alpha t-2\beta^2)}-1]}{(\varpi-x)(-2a+2\beta^2)} - [\frac{b-1}{a(\varpi-x)}]^2$$

$$EZ_4^2 = E(\sum_{k=0}^{\varpi-x-1} I(k \leqslant T(x) < k+1) \sum_{j=0}^{k} e^{-v(j)})^2$$

$$= \frac{1}{(\varpi - x)} \sum_{k=0}^{\varpi-x-1} e^{(-a+\frac{1}{2}\beta^2)k} \sum_{j=0}^{k} e^{(-\alpha+1\frac{1}{2}\beta^2)j}$$

$$EZ_3 Z_4 = E\{\int_0^t e^{-\alpha t-\beta W_s} ds Z_4 \cdot \sum_{k=0}^{\varpi-x-1} I[k \leqslant T(x) < k+1] \sum_{j=0}^{k} e^{-v(j)}\}$$

$$= \frac{(e^{(-a+\frac{1}{2}\beta^2)} - 1)}{(\varpi - x)(-\alpha + \frac{1}{2}\beta^2)} \sum_{k=0}^{\varpi-x-1} e^{(-a+\frac{1}{2}\beta^2)k} \sum_{j=0}^{k} e^{(-\alpha+1\frac{1}{2}\beta^2)j}$$

$$\mathrm{Var}(L) = \mathrm{Var}(Z_3) + P^2 \mathrm{Var}(Z_4) - 2P\mathrm{Cov}(Z_3, Z_4)$$

$$= \frac{[e^{(-2\alpha t-2\beta^2)} - 1]}{(\varpi - x)(-2a + 2\beta^2)} - [\frac{b-1}{a(\varpi - x)}]^2 +$$

$$P^2 \frac{1}{(\varpi - x)} \sum_{k=0}^{\varpi-x-1} e^{(-a+\frac{1}{2}\beta^2)k} \sum_{j=0}^{k} e^{(-\alpha+1\frac{1}{2}\beta^2)j} -$$

$$2P\{\frac{(e^{(-a+\frac{1}{2}\beta^2)} - 1)}{(\varpi - x)(-\alpha + \frac{1}{2}\beta^2)} \sum_{k=0}^{\varpi-x-1} e^{(-a+\frac{1}{2}\beta^2)k} \sum_{j=0}^{k} e^{(-\alpha+1\frac{1}{2}\beta^2)j} -$$

$$\frac{(b-1)[(1-e^{(-a+\frac{1}{2}\beta^2)})^2+(\varpi-x-1)(1-e^{(-\alpha+\frac{1}{2}\beta^2)})-e^{(-2\alpha+\beta^2)}+(\varpi-x+1)(1-e^{(-\alpha+\frac{1}{2}\beta^2)})]}{a[(\varpi-x)(1-e^{(-\alpha+\frac{1}{2}\beta^2)})]^2}\}$$

2.5.2 隨機利率條件下的變額壽險精算函數

假設一種保單為連續型的變額 n 年定期壽險：該保單保險期限為 n 年，若被保險人在 n 年末生存，則保險人不給付保險金；若被保險在 n 年末生存，則保險人在死亡發生後立即給付 $b(t)$ 的保險金。同時，投保人以連續年金的形式支付保費。

在上述假設下，x 歲投保人在 t 時刻的給付現值隨機變量為

$$Z_t = \begin{cases} b(t)e^{-\delta t} & 0 \leqslant t < n \\ 0 & t \geqslant n \end{cases}$$

2.5.2.1 利用 Wiener 過程對利息力建模

利用 Wiener 過程對利息力建模，即設 $\delta(t) = \alpha t + \beta Wt$（$Wt$ 為標準 Brownian 運動）。

則 $\bar{A}^{1}_{x:\overline{n}|} = EZ_t$

$$= EE[b(t)e^{-\delta(t)}]$$

$$= \int_0^n b(t)E[e^{-\alpha t-\beta W_s}]f_T(s)ds$$

$$= \int_0^n b(t) e_t^{-\alpha t + \frac{1}{2}\beta^2 t} p_{\ x} \mu_{x+t} ds$$

若繳費期限為年，當生存時每年年需支付 1 元，則第年支付額的精算現值記為 $\bar{a}^1_{x:\overline{n}|}$，

則 $\bar{a}_{x:\overline{n}|} = E[e^{-\delta(t)}]$

$$= \int_0^n e^{-\delta t} E[e^{-\beta W_t}]_t p_{\ x} dt$$

$$= \int_0^n e_t^{-\alpha t + \frac{1}{2}\beta^2 t} p_{\ x} dt$$

根據保費精算的平衡原理可求均衡淨保費

$$P = \frac{\bar{A}^1_{x:\overline{n}|}}{\bar{a}_{x:\overline{n}|}} = \frac{\int_0^n b(t) e_t^{-\alpha t + \frac{1}{2}\beta^2 t} p_{\ x} \mu_{x+t} dt}{\int_0^n e_t^{-\alpha t + \frac{1}{2}\beta^2 t} p_{\ x} dt}$$

若記 $x + t_0$ 時的剩餘壽命隨機變量為 J，則其概率密度函數為 ${}_J p_{x+t_0} \mu_{x+t_0+J}$，則 t_0 時可刻的未來損失變量為

$${}_{t_0}L = b(t_0 + J) e^{-\delta(J)} - P\bar{a}_J$$

t_0 責任準備金為

$${}_{t_0}\bar{V}_{x:\ n} = E_{t_0} L$$

$$= \int_0^{n-t_0} b(t_0 + t) E[e^{-\alpha t - \beta W_t}]\ {}_t p_{x+t_0} \mu_{x+t_0+t} dt - P \int_0^{n-t_0} E[e^{-\alpha t - \beta W_t}]\ {}_t p_{x+t_0} dt$$

$$= \int_0^{n-t_0} b(t_0 + t) e^{-\alpha t + \frac{1}{2}\beta^2 t}\ {}_t p_{x+t_0} \mu_{x+t_0+t} dt - P \int_0^{n-t_0} e^{-\alpha t + \frac{1}{2}\beta^2 t}\ {}_t p_{x+t_0} dt$$

設 $X_1 = b(t_0 + J) e^{-\delta(J)}$，$X_2 = \bar{a}_J$

則 ${}_{t_0}L = X_1 - PX_2$

$$\mathrm{Var}({}_{t_0}L) = \mathrm{Var}(X_1 - PX_2)$$

$$= \mathrm{Var}(X_1) + P^2 \mathrm{Var}(X_2) - 2P\mathrm{Cov}(X_1, X_2)$$

由於，$E(X_1{}^2) = EE[b\ (t + t_0)^2 e^{-2\delta(t)}]$

$$= \int_0^{n-t_0} b\ (t + t_0)^2 E[e^{-2\alpha t - 2\beta W_t}] f_T(t) dt$$

$$= \int_0^{n-t_0} b\ (t + t_0)^2 e^{-2\alpha t + 2\beta^2 t}\ {}_t p_{x+t_0} \mu_{x+t_0+t} dt$$

$E(X_2{}^2) = E[\bar{a}_J{}^2]$

$$= \int_0^{n-t_0} b\ (t + t_0)^2 E[e^{-\alpha t - \beta W_t}]\ {}_t p_{x+t_0} dt$$

$$= E \int_0^{n-t_0} 2 \int_0^t \int_0^u e^{-\alpha u + \beta W(u)} du e^{-\alpha v + \beta W(v)} du dv\ {}_t p_{x+t_0} dt$$

$$= 2\int_0^{n-t_0}\int_0^t\int_0^u e^{(-\delta+\frac{1}{2}\beta^2)u} e^{(-\delta+\frac{3}{2}\beta^2)v} {}_tp_{x+t_0} dudvdt$$

$$= \frac{2}{-\delta+\frac{3}{2}\beta^2}\int_0^{n-t_0} {}_tp_{x+t_0}\int_0^t e^{(-\alpha+\frac{1}{2}\beta^2)u}[e^{(-\alpha+\frac{3}{2}\beta^2)u}-1]dudt$$

$$= \frac{2}{-\alpha+\frac{3}{2}\beta^2}\int_0^{n-t_0}\left(\frac{e^{(-2\alpha+2\beta^2)t}-1}{-2\alpha+2\beta^2}-\frac{e^{(-\alpha+\frac{1}{2}\beta^2)t}-1}{-2\alpha+2\beta^2}\right) {}_tp_{x+t_0}dt$$

$$E(X_1X_2) = Eb(t+t_0)e^{-\delta(t)}\int_0^t e^{-\delta(s)}ds$$

$$= \int_0^{n-t_0} b(t+t_0)Ee^{-\delta(t)} {}_tp_{x+t_0}\mu_{x+t_0+t}\int_0^t e^{-\delta(s)}dsdt$$

$$= \int_0^{n-t_0} b(t+t_0) {}_tp_{x+t_0}\mu_{x+t_0+t}\int_0^t e^{(-\alpha+\frac{1}{2}\beta^2)t}e^{(-\alpha+\frac{3}{2}\beta^2)s}dsdt$$

$$= \frac{1}{-\alpha+\frac{3}{2}\beta^2}\int_0^{n-t_0} b(t+t_0)e^{(-\alpha+\frac{1}{2}\beta^2)t}(e^{(-\alpha+\frac{3}{2}\beta^2)s}-1) {}_tp_{x+t_0}\mu_{x+t_0+t}$$

故

$$\mathrm{Var}({}_{t_0}L) = \mathrm{Var}(X_1 - PX_2)$$

$$= \int_0^{n-t_0} b(t+t_0)^2 e^{-2\alpha t+2\beta^2 t} {}_tp_{x+t_0}\mu_{x+t_0+t}dt -$$

$$\left[\int_0^{n-t_0} b(t+t_0)e^{-\alpha t+\frac{1}{2}\beta^2 t} {}_tp_{x+t_0}\mu_{x+t_0+t}dt\right]^2 +$$

$$P^2\left[\frac{2}{-\delta+\frac{3}{2}\beta^2}\int_0^{n-t_0}\left(\frac{e^{(-2\alpha+2\beta^2)t}-1}{-2\alpha+2\beta^2}-\frac{e^{(-\alpha+\frac{1}{2}\beta^2)t}-1}{-2\alpha+2\beta^2}\right) {}_tp_{x+t_0}dt -\right.$$

$$\left.\left(\int_0^{n-t_0} e^{-\alpha t+\frac{1}{2}\beta^2 t} {}_tp_{x+t_0}ds\right)^2\right] - 2P\left[\frac{1}{-\alpha+\frac{3}{2}\beta^2}\int_0^{n-t_0} b(t+\right.$$

$$t_0)e^{(-\alpha+\frac{1}{2}\beta^2)t}(e^{(-\alpha+\frac{3}{2}\beta^2)s}-1) {}_tp_{x+t_0}\mu_{x+t_0+t}dt -$$

$$\left.\int_0^n b(t)e_t^{-\alpha t+\frac{1}{2}\beta^2 t}p_{\ x}\mu_{x+t}ds \cdot \int_0^n e_t^{-\alpha t+\frac{1}{2}\beta^2 t}p_{\ x}dt\right]$$

(1) 當死亡力服從均勻分佈

假設在每一保單年度內，死亡是均勻發生的，即 $[0, n] = \cup_{k=0}^{n-1}[k, k+1)$，在每一區間 $[k, k+1)$ 上，$T(x)$ 服從均勻分佈，於是死亡密度函數可以表示為

$$f_T(s) = {}_tp_{\ x}\mu_{x+t} = \sum_{k=0}^{n-1} I_{[k,\ k+1)}\,{}_tp_{\ x}q_{x+k}$$

則

$$\bar{A}^{1}_{x:\overline{n}|} = EZ_t$$

$$= EE[b(t)e^{-\delta(t)}]$$

$$= \int_0^n b(t)E[e^{-\alpha t-\beta W_t}]f_T(t)dt$$

$$= \int_0^n b(t)e^{-\alpha t+\frac{1}{2}\beta^2 t}\cdot\sum_{k=0}^{n-1} I_{[k,\ k+1)}\ {}_tp_x\mu_{x+t}dt$$

$$= \frac{e^{-\alpha t+\frac{1}{2}\beta^2 t-1}}{-\alpha+\frac{1}{2}\beta^2}\sum_{k=0}^{n-1} b(k)\ {}_kp_x q_{x+k}e^{-\alpha k+\frac{1}{2}\beta^2 k}$$

均衡淨保費為

$$P = \frac{\bar{A}^{1}_{x:\overline{n}|}}{\bar{a}_{x:\overline{n}|}} = \frac{\dfrac{e^{-\alpha t+\frac{1}{2}\beta^2 t-1}}{-\alpha+\frac{1}{2}\beta^2}\displaystyle\sum_{k=0}^{n-1} b(k)\ {}_kp_x q_{x+k}e^{-\alpha k+\frac{1}{2}\beta^2 k}}{\displaystyle\int_0^n e_t^{-\alpha t+\frac{1}{2}\beta^2 t}p_x dt}$$

t_0 責任準備金為

$${}_{t_0}\bar{V}_{x:\ n} = E_{t_0}L$$

$$= \int_0^{n-t_0} b(t_0+t)E[e^{-\alpha t-\beta W_t}]\ {}_tp_{x+t_0}\mu_{x+t_0+t}dt - P\int_0^{n-t_0} E[e^{-\alpha t-\beta W_t}]\ {}_tp_{x+t_0}dt$$

$$= \int_0^{n-t_0} b(t_0+t)e^{-\alpha t+\frac{1}{2}\beta^2 t}\sum_{k=0}^{n-1} I_{[k,\ k+1)}\ {}_tp_{x+t_0}\mu_{x+t_0+t}dt -$$

$$P\int_0^{n-t_0} e^{-\alpha t+\frac{1}{2}\beta^2 t}\ {}_tp_{x+t_0}dt$$

$$= \frac{e^{-\alpha t+\frac{1}{2}\beta^2 t-1}}{-\alpha+\frac{1}{2}\beta^2}\sum_{k=0}^{n-1} b(k)\ {}_kp_x q_{x+k}e^{-\alpha k+\frac{1}{2}\beta^2 k} - P\int_0^{n-t_0} e^{-\alpha t+\frac{1}{2}\beta^2 t}\ {}_tp_{x+t_0}ds$$

（2）當死亡力服從 de Moivre 分佈

設剩餘壽命隨機變量 $T(x)$ 滿足 de Moivre 條件，$\mu_x = \dfrac{1}{\varpi - x}$ $(0 \leqslant x \leqslant \varpi)$ 則 $T(x)$ 的密度函數為

$$f_T(t) = {}_tp_x\mu_{x+t} = \frac{1}{\omega - x}$$

$${}_tp_x = e^{-\int_x^{x+t}\mu_y dy} = \frac{\omega - x - t}{\omega - x}$$

則 $\bar{A}^{1}_{x:\overline{n}|} = EZ_t$

$$= EE[b(t)e^{-\delta(t)}]$$

$$= \int_0^n b(t)E[e^{-\alpha t-\beta W_t}]f_T(t)\,dt$$

$$= \int_0^n b(t)e_t^{-\alpha t+\frac{1}{2}\beta^2 t}p_{\ x}\mu_{x+t}dt$$

$$= \frac{1}{\omega - x}\int_0^n b(t)e^{-\alpha t+\frac{1}{2}\beta^2 t}dt$$

$$\bar{a}_{x:\overline{n}|} = E[e^{-\delta(t)}]$$

$$= \int_0^n e^{-\delta t}E[e^{-\beta W_t}]_t p_{\ x}dt$$

$$= \int_0^n e_t^{-\alpha t+\frac{1}{2}\beta^2 t}p_{\ x}dt$$

$$= \int_0^n e^{-\alpha t+\frac{1}{2}\beta^2 t}\left(\frac{\omega - x - t}{\omega - x}\right)dt$$

$$= \int_0^n e^{-\alpha t+\frac{1}{2}\beta^2 t}\left(1 - \frac{1}{\omega - x}\right)dt$$

$$= \int_0^n e^{-\alpha t+\frac{1}{2}\beta^2 t}dt - \frac{1}{(-\alpha t + \frac{1}{2}\beta^2 t)(\omega - x)}\left(e^{-\alpha t+\frac{1}{2}\beta^2 t}\Big|_0^{\omega} - \right.$$

$$\left.\frac{1}{-\alpha t + \frac{1}{2}\beta^2 t}\int_0^{\omega} e^{-\alpha t+\frac{1}{2}\beta^2 t}dt\right)$$

$$= \frac{(e^{at} - 1)[a(\omega - x) + 1] - ane^{an}}{a^2(\omega - x)}$$

根據保費精算的平衡原理可求均衡淨保費

$$P = \frac{\bar{A}^{\,1}_{x:\overline{n}|}}{\bar{a}_{x:\overline{n}|}} = \int_0^n b(t)e^{at}dt\,\frac{a^2}{(e^{at} - 1)[a(\omega - x) + 1] - ane^{an}}$$

$${}_{t_0}L = b(t_0 + J)e^{-\delta(J)} - P\bar{a}_J$$

t_0 責任準備金為

$${}_{t_0}\bar{V}_{x:\,n} = E_{t_0}L$$

$$= \int_0^{n-t_0} b(t_0 + t)E[e^{-\alpha t-\beta W_t}]\ {}_tp_{x+t_0}\mu_{x+t_0+t}dt - P\int_0^{n-t_0} E[e^{-\alpha t-\beta W_t}]\ {}_tp_{x+t_0}dt$$

$$= \frac{1}{\omega - x}\int_0^{n-t_0} b(t_0 + t)e^{-at}dt - P\int_0^{n-t_0} e^{-at}\,\frac{\omega - x - t_0 - t}{\omega - x - t_0}dt$$

$$= \frac{1}{\omega - x}\int_0^{n-t_0} b(t_0 + t)e^{-at}dt -$$

$$P \cdot \frac{(e^{n-t_0}-1)[a(\omega-x)+1]-a(n-t_0)e^{n-t_0}}{a^2(\omega-x)}$$

2.5.2.2 利息力利用 Wiener 與 Passion 聯合隨機過程建模

設利息力函數為

$$\delta(t)=\alpha t+\beta Wt+\gamma N(t)$$

其中，Wt 是標準布朗運動，$N(t)$ 是泊松過程，且兩過程相互獨立。

則 $\bar{A}^{1}_{x:\overline{n}|}=EZ_t$

$$=EE[b(t)e^{-\delta(t)}]$$

$$=\int_0^n b(t)E[e^{-\alpha t-\beta W_t-\gamma N(t)}]f_T(t)dt$$

$$=\int_0^n b(t)e^{-\alpha t+\frac{1}{2}\beta^2 t}\cdot e_t^{\lambda t(e^{-\gamma}-1)}p_x\mu_{x+t}dt$$

$$=\int_0^n b(t)e_t^{-\alpha t+\frac{1}{2}\beta^2 t+\lambda t(e^{-\gamma}-1)}p_x\mu_{x+t}dt$$

$$\bar{a}_{x:\overline{n}|}=E[e^{-\delta(t)}]$$

$$=\int_0^n e^{-\alpha t}E[e^{-\beta W_t-\gamma N(t)}]_tp_xdt$$

$$=\int_0^n e^{-\alpha t+\frac{1}{2}\beta^2 t}\cdot e_t^{\lambda t(e^{-\gamma}-1)}p_xdt$$

$$=\int_0^n e_t^{-\alpha t+\frac{1}{2}\beta^2 t+\lambda t(e^{-\gamma}-1)}p_xds$$

根據保費精算的平衡原理可求均衡淨保費

$$P=\frac{\bar{A}^{1}_{x:\overline{n}|}}{\bar{a}_{x:\overline{n}|}}=\frac{\int_0^n b(t)e_t^{-\alpha t+\frac{1}{2}\beta^2 t+\lambda t(e^{-\gamma}-1)}p_x\mu_{x+t}dt}{\int_0^n e_t^{-\alpha t+\frac{1}{2}\beta^2 t+\lambda t(e^{-\gamma}-1)}p_xdt}$$

若記 $x+t_0$ 時的剩餘壽命隨機變量為 J，則其概率密度函數為 ${}_Jp_{x+t_0}\mu_{x+t_0+J}$，則 t_0 時可刻的未來損失變量為

$${}_{t_0}L=b(t_0+J)e^{-\delta(J)}-P\bar{a}_J$$

t_0 責任準備金為

$${}_{t_0}\bar{V}_{x:n}=E_{t_0}L$$

$$=\int_0^{n-t_0}b(t_0+t)E[e^{-\delta(t)}]\,{}_tp_{x+t_0}\mu_{x+t_0+t}dt-P\int_0^{n-t_0}E[e^{-\delta(t)}]\,{}_tp_{x+t_0}dt$$

$$=\int_0^{n-t_0}b(t_0+t)E[e^{-\alpha t-\beta W-\gamma N(t),}]\,{}_tp_{x+t_0}\mu_{x+t_0+t}dt-$$

$$P\int_0^{n-t_0}E[e^{-\alpha t-\beta W_t-\gamma N(t)}]\,{}_tp_{x+t_0}dt$$

$$= \int_0^{n-t_0} b(t_0 + t) e^{-\alpha t + \frac{1}{2}\beta^2 t + \lambda t(e^{-\gamma} - 1)} {}_t p_{x+t_0} \mu_{x+t_0+t} dt - P \int_0^{n-t_0} e^{-\varepsilon t + \frac{1}{2}\beta^2 t + \lambda t(e^{-\gamma} - 1)} {}_t p_{x+t_0} dt$$

$$= \int_0^{n-t_0} b(t_0 + t) e^{\alpha_1 t} {}_t p_{x+t_0} \mu_{x+t_0+t} dt - P \int_0^{n-t_0} e^{\alpha_1 t} {}_t p_{x+t_0} dt$$

其中：$\alpha_1 = -\alpha + \frac{1}{2}\beta^2 + \lambda(e^{-\gamma} - 1)$

設 $X_1 = b(t_0 + J) e^{-\delta(J)}$，$X_2 = \bar{a}_J$

則 ${}_{t_0}L = X_1 - PX_2$

由於，$E(X_1{}^2) = EE[b(t + t_0)^2 e^{-2\delta(t)}]$

$$= \int_0^{n-t_0} b(t + t_0)^2 E[e^{-2\alpha t - 2\beta W_t - 2\gamma N(t)}] {}_t p_{x+t_0} dt$$

$$= \int_0^{n-t_0} b(t + t_0)^2 e^{-2\alpha t + 2\beta^2 t + \lambda t(e^{-2\gamma} - 1)} {}_t p_{x+t_0} \mu_{x+t_0+t} dt$$

$$= \int_0^{n-t_0} b(t + t_0)^2 e^{\alpha_2 t} {}_t p_{x+t_0} \mu_{x+t_0+t} dt$$

其中：$\alpha_2 = -2\alpha + 2\beta^2 + \lambda(e^{-2\gamma} - 1)$

$E(X_2{}^2) = (E\bar{a}_J{}^2)$

$$= \int_0^{n-t_0} E[e^{-\alpha t - \beta W_t - \gamma N(t)}] {}_t p_{x+t_0} dt$$

$$= \int_0^{n-t_0} 2 \int_0^t \int_0^u e^{-\alpha(u+v)} e^{\frac{1}{2}\beta^2 u + \frac{3}{2}\beta^2 v} e^{\lambda(e^{-\gamma} - 1)(u + ve^{-\gamma})} {}_t p_{x+t_0} dudvdt$$

$$= 2 \int_0^{n-t_0} {}_t p_{x+t_0} \int_0^t \int_0^u e^{(-\alpha + \frac{1}{2}\beta^2 + \lambda(e^{-\gamma} - 1))u} e^{(-\alpha + \frac{3}{2}\beta^2 + \lambda(e^{-2\gamma} - e^{-\gamma}))v} dudvdt$$

$$= \frac{2}{\alpha_3} \int_0^{n-t_0} {}_t p_{x+t_0} \int_0^t e^{(-2\alpha + 2\beta^2 + \lambda(e^{-2\gamma} - 1))u} - e^{(-\alpha + \frac{1}{2}\beta^2 + \lambda(e^{-\gamma} - 1))u} dudt$$

$$= \frac{2}{\alpha_3} \int_0^{n-t_0} {}_t p_{x+t_0} \left(\frac{e^{\alpha_2} - 1}{\alpha_2} - \frac{e^{\alpha_1} - 1}{\alpha_1}\right) dt$$

其中：$\alpha_3 = -\alpha + \frac{3}{2}\beta^2 + \lambda e^{-\gamma}(e^{-\gamma} - 1)$

$$E(X_1 X_2) = Eb(t + t_0) e^{-\delta(t)} \int_0^t e^{-\delta(s)} ds$$

$$= \int_0^{n-t_0} b(t + t_0) Ee^{-\delta(t)} {}_t p_{x+t_0} \mu_{x+t_0+t} \int_0^t e^{-\delta(s)} dsdt$$

$$= \int_0^{n-t_0} b(t + t_0) {}_t p_{x+t_0} \mu_{x+t_0+t} \int_0^t e^{-\alpha(t+s)} Ee^{-\beta(W_t + W_s)} Ee^{-\gamma(N(t) + N(s))} dsdt$$

$$= \frac{1}{\alpha_3} \int_0^{n-t_0} b(t + t_0)(e^{\alpha_2 t} - e^{\alpha_1 t}) {}_t p_{x+t_0} \mu_{x+t_0+t} dt$$

故

$$\mathrm{Var}({}_{t_0}L) = \mathrm{Var}(X_1 - PX_2)$$

$$= \int_0^{n-t_0} b(t+t_0)^2 e^{\alpha_2 t}\ {}_tp_{x+t_0}\mu_{x+t_0+t}dt - \left(\int_0^{n-t_0} b(t+t_0)e^{\alpha_1 t}\ {}_tp_{x+t_0}\mu_{x+t_0+t}dt\right)^2 +$$

$$P^2\left[\frac{2}{\alpha_3}\int_0^{n-t_0}\left(\frac{e^{\alpha_2 t}-1}{\alpha_2} - \frac{e^{\alpha_1 t}-1}{\alpha_1}\right){}_tp_{x+t_0}dt - \left(\int_0^{n-t_0} e^{\alpha_1 t}\ {}_tp_{x+t_0}dt\right)^2\right] -$$

$$2P\left[\frac{1}{\alpha_3}\int_0^{n-t_0} b(t+t_0)(e^{\alpha_2 t} - e^{\alpha_1 t})\ {}_tp_{x+t_0}\mu_{x+t_0+t}dt -\right.$$

$$\left.\int_0^n b(t)e_t^{\alpha_1 t}p_x\mu_{x+t}dt \cdot \int_0^n e_s^{\alpha_1 s}p_x ds\right]$$

(1) 當死亡力服從均勻分佈

則 $\bar{A}^1_{x:\overline{n|}} = EZ_t$

$$= EE[b(t)e^{-\delta(t)}]$$

$$= \int_0^n b(t)E[e^{-\alpha t-\beta W_t-\gamma N(t)}]f_T(t)dt$$

$$= \int_0^n b(t)e^{-\alpha t+\frac{1}{2}\beta^2 t}\cdot e^{\lambda t(e^{-\gamma}-1)}\sum_{k=0}^{n-1} I_{[k,\ k+1)}\ {}_tp_x q_{x+k}dt$$

$$= \frac{e^{\alpha_1}-1}{\alpha_1}\cdot\sum_{k=0}^{n-1} I_{[k,\ k+1)}b(k)\ {}_tp_x q_{x+k}e^{\alpha_1 k}$$

根據保費精算的平衡原理可求均衡淨保費

$$P = \frac{\bar{A}^1_{x:\overline{n|}}}{\bar{a}_{x:\overline{n|}}} = \frac{\frac{e^{\alpha_1}-1}{\alpha_1}\cdot\sum_{k=0}^{n-1} I_{[k,\ k+1)}b(k)\ {}_tp_x q_{x+k}e^{\alpha_1 k}}{\int_0^n e_t^{\alpha_1 t}p_x dt}$$

t_0 責任準備金為

$${}_{t_0}\bar{V}_{x:\ n} = E_{t_0}L$$

$$= \int_0^{n-t_0} b(t_0+t)E[e^{-\delta(t)}]\ {}_tp_{x+t_0}\mu_{x+t_0+t}dt - P\int_0^{n-t_0} E[e^{-\delta(t)}]\ {}_tp_{x+t_0}dt$$

$$= \int_0^{n-t_0} b(t_0+t)E[e^{-\alpha t-\beta W-\gamma N(t)}]\ {}_tp_{x+t_0}\mu_{x+t_0+t}ds -$$

$$P\int_0^{n-t_0} E[e^{-\alpha t-\beta W_t-\gamma N(t)}]\ {}_tp_{x+t_0}ds$$

$$= \int_0^{n-t_0} b(t_0+t)e^{-\alpha t+\frac{1}{2}\beta^2 t+\lambda t(e^{-\gamma}-1)}\ {}_tp_{x+t_0}\mu_{x+t_0+t}ds - P\int_0^{n-t_0} e^{-\varepsilon t+\frac{1}{2}\beta^2 t+\lambda t(e^{-\gamma}-1)}\ {}_tp_{x+t_0}ds$$

$$= \frac{e^{\alpha_1}-1}{\alpha_1}\sum_{k=0}^{n-1} b(t+t_0)\ {}_tp_{x+t_0}q_{x+t_0+k}e^{\alpha_1 k} - P\int_0^n e_t^{\alpha_1 t}p_x dt$$

(2) 當死亡力服從 de Moivre 分佈

則 $\bar{A}^{1}_{x:\overline{n|}} = EZ_t$

$$= EE[b(t)e^{-\delta(t)}]$$

$$= \int_0^n b(t)E[e^{-\alpha t-\beta W_s-\gamma N(t)}]f_T(t)dt$$

$$= \frac{1}{\omega - x}\int_0^n b(t)e^{\alpha_1 t}dt$$

$$\bar{a}_{x:\overline{n|}} = E[e^{-\delta(t)}]$$

$$= \int_0^n Ee_t^{-\alpha t-\beta W_s-\gamma N(t)}p_{\ x}dt$$

$$= \int_0^n e^{-\alpha t+\frac{1}{2}\beta^2 t+\lambda t(e^{-\gamma}-1)}(\frac{\omega - x - t}{\omega - x})dt$$

$$= \frac{1}{\alpha_1}(e^{\alpha_1} - 1) - \frac{1}{\alpha_1(\omega - x)}[ne^{\alpha_1} - \frac{1}{\alpha_1}(e^{\alpha_1 n} - 1)]$$

根據保費精算的平衡原理可求均衡淨保費

$$P = \frac{\bar{A}^{1}_{x:\overline{n|}}}{\bar{a}_{x:\overline{n|}}} = \int_0^n b(t)e^{\alpha_1 t}dt\frac{(1 - e^{\alpha_1})}{(e^{\alpha_1 n} - 1)(\omega - x) - e^{\alpha_1} + e^{\alpha_1 n} + (n - 1)e^{\alpha_1 n}(1 - e^{\alpha_1})}$$

t_0 責任準備金為

$$_{t_0}\bar{V}_{x:\ n} = E_{t_0}L$$

$$= \int_0^{n-t_0} b(t_0 + t)E[e^{-\alpha t-\beta W_s-\gamma N(t)}]\ _tp_{x+t_0}\mu_{x+t_0+t}dt - P\int_0^{n-t_0} E[e^{-\alpha t-\beta W_s-\gamma N(t),}]$$

$$_tp_{x+t_0}dt$$

$$= \frac{1}{\omega - x}\int_0^{n-t_0} b(t_0 + t)e^{-\alpha t}dt - P\int_0^{n-t_0} e^{-\alpha t}\frac{\omega - x - t_0 - t}{\omega - x - t_0}dt$$

$$= \frac{1}{\omega - x}\int_0^{n-t_0} b(t)e^{-\alpha_1 t}dt - P$$

$$\cdot\frac{(1 - e^{\alpha_1(n-t_0)})(1 - e^{\alpha_1})(\omega - x) - e^{\alpha_1}(1 - e^{\alpha_1(n-t_0)}) + ne^{\alpha_1(n-t_0)}(1 - e^{\alpha_1})}{(1 - e^{\alpha_1})^2(\omega - x)}$$

2.5.2.3 彈性退休年金理論

1. 退休年齡模型

設 T_x^* 為年齡為 x 歲的退休年齡，彈性退休制度假設為男性退休年齡為是在 [60, 65] 取整的隨機變量，服從二項分佈，概率為 p，$p > 0.5$ 為右偏分佈，$p < 0.5$ 為左偏分佈。

$$P(T_x^* = k) = C_{k-60}^6 p^{k-60}(1 - p)^{6-(k-60)},\ k = 60, \cdots, 65$$

(1) 利率模型

無風險利率採用帶跳的 Cox-Ingersoll-Ross 隨機模型

$$dr(t) = b(c - r(t))dt + \sigma\sqrt{r(t)}\,dW_t + adN_t \qquad (2.36)$$

其中 N_t 是一泊松過程，強度為 λ，b、c、$\sigma > 0$，$2bc \geqslant \sigma^2$，a 為每次跳的幅度，W_t 為標準布朗運動。

Cox、Ingersoll & Ross (1985) 提出了一種短期利率模型：

$$dr(t) = b(c - r(t))dt + \sigma\sqrt{r(t)}\,dW_t$$

Feller (1951) 證明了當 $2bc \geqslant \sigma^2$ 時，利率非負。模型①實際上是跳幅為 a 的帶跳的 Cox-Ingersoll-Ross 利率模型。經典的 Cox-Ingersoll-Ross 利率模型具有均值回復項與非負性的典型特徵，同時又考慮到利率變化的偶然性。Cox-Ingersoll-Ross 過程與跳過程的結合，可以很好地反應中國利率的均值回復特徵及時間上的突變性。

令
$$p_1(t, T, r) = E[\exp^{-\int_t^T r(s)ds} \mid r(t) = r]$$
$$p_2(t, T, r) = E[\exp^{-\int_t^T 2r(s)ds} \mid r(t) = r]$$

由 Feynman-Kac 定理可得到

$$\begin{cases} \dfrac{\partial p_i}{\partial t} = \mathrm{A}p_i(t, r) - f(r)p \\ p_i(T, T, r) = 1 \end{cases} \quad (i = 1, 2) \qquad (2.37)$$

其中：A 為無窮小算子。

由 (2.37) 可得

$$\begin{cases} \mathrm{A}p_1(t, T, r) = \dfrac{\partial p_1}{\partial t} + bc\dfrac{\partial p_1}{\partial r} - br\dfrac{\partial p_1}{\partial r} + \dfrac{1}{2}\sigma^2 r\dfrac{\partial^2 p_1}{\partial r^2} \\ \qquad + \lambda[p_1(t, T, r+a) - p_1(t, T, r)] - rp_1(t, T, r) = 0 \\ p_1(T, T, r) = 1 \end{cases}$$

(2.38)

$$\begin{cases} \mathrm{A}p_2(t, T, r) = \dfrac{\partial p_2}{\partial t} + bc\dfrac{\partial p_2}{\partial r} - br\dfrac{\partial p_2}{\partial r} + \dfrac{1}{2}\sigma^2 r\dfrac{\partial^2 p_2}{\partial r^2} \\ \qquad + \lambda[p_2(t, T, r+a) - p_2(t, T, r)] - 2rp_2(t, T, r) = 0 \\ p_2(T, T, r) = 1 \end{cases}$$

(2.39)

令

$$p_1(t, T, r) = \exp^{A_1(t, T) - B_1(t, T)r}$$

$$p_2(t, T, r) = \exp^{A_2(t, T) - B_2(t, T) r}$$

由（2.38）可得

$$\begin{cases} A'_1(t) - bcB_1 + \lambda(e^{aB_1} - 1) = 0 \\ -B'_1(t) + bB_1 + \dfrac{1}{2}\sigma^2 B_1^2 - 1 = 0 \\ \mathrm{A}_1(T, T) = B_1(T, T) = 0 \end{cases} \tag{2.40}$$

解方程組（2.40）得

$$\begin{cases} A_1(t, T) = \int_t^T [\lambda(e^{aB_1(s)} - 1) - bcB_1(s, T)] ds \\ B_1(t, T) = \dfrac{2(e^{\gamma_1(T-t)} - 1)}{(e^{\gamma_1(T-t)} - 1)(\gamma_1 + b) + 2\gamma_1} \end{cases} \tag{2.41}$$

其中：$\gamma_1 = \sqrt{b^2 + 2\sigma^2}$

同理由（2.39）可得

$$\begin{cases} A'_2(t) - bcB_2 + \lambda(e^{aB_2} - 1) = 0 \\ -B'_2(t) + bB_2 + \dfrac{1}{2}\sigma^2 B_2^2 - 2 = 0 \\ \mathrm{A}_2(T, T) = B_2(T, T) = 0 \end{cases}$$

$$\begin{cases} A_2(t, T) = \int_t^T [\lambda(e^{aB_2(s)} - 1) - bcB_2(s, T)] ds \\ B_2(t, T) = \dfrac{(b - \gamma_2)(b + \gamma_2)(e^{\gamma_2(T-t)} - 1)}{[(b + \gamma_2) - e^{\gamma_2(T-t)}(b - \gamma_2)]\sigma^2} \end{cases} \tag{2.42}$$

其中：$\gamma_2 = \sqrt{b^2 + 4\sigma^2}$

（2）生存概率模型

死力強度採用帶跳的 Feller 過程：

$$du(t) = a^* u(t) dt + \sigma^* \sqrt{u(t)} dW_t + dJ_t$$

其中 W_t 是標準布朗運動，J_t 是純複合泊松過程，強度為 λ^*，均值為 μ，W_t 與 J_t 相互獨立。帶跳的 Feller 過程沒有均值回復項是非均值回復過程，符合死亡率長期變化特徵。同時，此過程還可以保證死力恒正，並反應死亡率發生的跳躍。

生存概率：

$${}_tp_x = P(T_x > t) = E(\exp^{-\int_0^t \mu_x(s) ds})$$

$${}_tp_x = P(T_x > t) = \exp^{C_t + D_t u}$$

其中：T_x 代表年齡為 x 歲的剩餘壽命，$C(t)$、$D(t)$ 滿足以下常微分方程

$$\begin{cases} C'(t) = \dfrac{\lambda^{*}\mu D(t)}{1-\mu D(t)} \\ D'(t) = -1 + a^{*}D(t) + \dfrac{1}{2}\sigma^{*2}D^{2}(t) \end{cases}$$

初值條件為 $A(0)=0$, $B(0)=0$

$$\begin{cases} C(t) = \dfrac{\lambda^{*}\mu D(t)}{c^{*}-\mu^{t}} - \dfrac{\lambda^{*}\mu(c^{*}+d)}{b^{*}(d+u)(c^{*}-\mu)} \cdot \\ \quad [\ln(\mu - c^{*} - (d+u)e^{b^{*}t}) - \ln(-c^{*}-d)] \\ D(t) = \dfrac{1-e^{b^{*}t}}{c^{*}+de^{b^{*}t}} \end{cases} \tag{2.43}$$

其中：$b^{*} = -\sqrt{a^{*2}+2\sigma^{*2}}$, $c^{*} = \dfrac{b^{*}+a^{*}}{2}$, $d = \dfrac{b^{*}-a^{*}}{2}$

(3) 退休年金精算模型

在彈性退休制下 x 歲年初支付額為 1 的退休年金現值為

$$Z_1 = \begin{cases} 0 & T_x < T_x^{*} - x \\ \sum\limits_{k=T^{*}-x}^{w-(T^{*}-x+1)} v(k) & T_x \geqslant T_x^{*} - x \end{cases} \tag{2.44}$$

在彈性退休制下 x 歲年初繳納額為 1 至 T_x^{*} 年的定期生命年金現值為

$$Z_2 = \sum_{t=x}^{T^{*}-x-1} I_{\{t \leqslant T_x < t+1\}} \sum_{j=0}^{t} v(j) \tag{2.45}$$

w 代表極限壽命，假定利率過程、死力過程與退休時間相互獨立，$v(t)$ 為折現系數，由利息理論可知：

$$v(t) = e^{-\int_0^t r(s)ds} \tag{2.46}$$

利用 $r(s)$ 的 *Markov*，由 (2.38) ～ (2.46) 可得彈性退休制下 x 歲年初支付額為 1 的退休年金精算現值為

$$\begin{aligned} \ddot{a}_{x:\,|(T^{*}-x)} &= EZ_1 \\ &= E[\sum_{k=T^{*}-x}^{w-(T^{*}-x+1)} v(k) I_{(T_x \geqslant T_x^{*}-x)}] \\ &= \sum_{k=60}^{65} \{ \sum_{t=(T^{*}-x)}^{\varpi-(T^{*}-x)} E[{}_tp_x * v(t) I_{(T_x^{*}=k)}] \} \\ &= \sum_{k=60}^{65} (\sum_{t=(k-x)}^{\varpi-(k-x)} \{E\exp[-\int_0^t r(s)ds]\} * E\{ \sum_{t=(k-x)}^{\varpi-(k-x)} \\ &\qquad \exp[-\int_0^t u(y)dy]\} * P(T_x^{*}=k)) \end{aligned}$$

$$= \sum_{k=60}^{65} (\sum_{t=k-x}^{\varpi-(k-x)} \{ E\exp[-\int_0^t r(s)ds] \} * E\exp[-\int_0^t u(y)dy] \}$$

$$* [C_{k-60}^{6} p^{k-60} (1-p)^{6-(k-60)}])$$

$$= \sum_{k=60}^{65} \{ \sum_{t=k-x}^{\varpi-(k-x)} \exp[C(t) + D(t)u_x(0)] * \exp[A_1(0,\ t) -$$

$$B_1(0,\ t)r] * [C_{k-60}^{6} p^{k-60} (1-p)^{6-(k-60)}] \}$$

x 歲年初繳納額為 1 至 T_x^* 年的定期生命年金精算現值為

$$\ddot{a}_{x:\overline{T^*-1}|} = Ez_2$$

$$= E(\sum_{t=0}^{T^*-x-1} I_{\{t \le T_x < t+1\}} \sum_{j=0}^{k} v(j))$$

$$= \sum_{k=60}^{65} \{ \sum_{t=0}^{k-x-1} E[{}_tq_x \sum_{j=0}^{t} v(j) I_{(T_x^*=k)}] \}$$

$$= \sum_{k=60}^{65} \{ \sum_{t=0}^{k-x-1} [1 - ({}_{t+1}p_x - {}_tp_x)] E[\sum_{j=0}^{t} v(j)] * P(T_x^* = k) \}$$

$$= \sum_{k=60}^{65} (\{ \sum_{t=0}^{k-x-1} [1 - ({}_{t+1}p_x - {}_tp_x)] E[\sum_{j=0}^{t} v(j)] \} *$$

$$[C_{k-60}^{6} p^{k-60} (1-p)^{6-(k-60)}])$$

$$= \sum_{k=60}^{65} (\sum_{t=k-x}^{\varpi-(k-x)} \{ 1 - \exp[C(t+1) + D(t+1)u_x(0)] -$$

$$\exp[C(t) + D(t)u_x(0)]]$$

$$* \sum_{j=0}^{t} \exp[A_1(0,\ j) - B_1(0,\ j)r] \} * [C_{k-60}^{6} p^{k-60} (1-p)^{6-(k-60)}])$$

2. 均衡保費和退休年金二階矩

保險損失 $L = Z_1 - PZ_2$

由平衡原理得均衡淨保費

$$P = \frac{E(Z_1)}{E(Z_2)} = \ddot{a}_{x:\ |(T^*-x)} / \ddot{a}_{x:\ \overline{T^*-x-1}|}$$

退休年金二階矩

$$Ez_1^2 = E(\sum_{k=T^*-x}^{w-(T^*-x)} v(k) I_{(T_x \ge T^*-x)})^2$$

$$= \sum_{k=60}^{65} \{ \sum_{t=(T^*-x)}^{\varpi-(T^*-x)} E[{}_tp_x * v(t)^2 I_{(T_x^*=k)}] \}$$

$$= \sum_{k=60}^{65} (\sum_{t=(k-x)}^{\varpi-(k-x)} \{ E\exp[-2\int_0^t r(s)ds] E[\exp - \int_0^t u(y)dy] \} * P(T_x^* = k))$$

$$= \sum_{k=60}^{65} (\sum_{t=k-x}^{\varpi-(k-x)} \{ E\exp[-2\int_0^t r(s)ds] E[\exp - \int_0^t u(y)dy] \}$$

$$* [C_{k-60}^{6} p^{k-60} (1-p)^{6-(k-60)}])$$

$$= \sum_{k=60}^{65} \{ \sum_{t=k-x}^{\varpi-(k-x)} \exp[C(t) + D(t)u_x(0)] \exp[A_2(0,t) - B_2(0,t)r]$$

$$* [C_{k-60}^{6} p^{k-60} (1-p)^{6-(k-60)}]\}$$

3. 實證研究

由於精算函數涉及參數較多，需要對相關參數進行設定，依據中國的實際利率水準並參考尚勤、秦學志（2009）及其他相關文獻的方法設定參數的結果見表 2-3。

表 2-3　退休年金精算函數參數設定表

$r(0)$	a	σ	λ	b	c
0.05	0.000,15	0.017,5	0.000,12	0.005	0.005,5
$u_x(0)$	a^*	σ^*	λ^*	μ	
0.000,5	0.069	0.000,2	0.001,5	-0.000,06	

根據參數設定表，對相關精算函數運用統計軟件進行模擬測算，其結果見表 2-4。

表 2-4　退休年金精算函數模擬測算表

p	x	$\ddot{a}_{x:\overline{T^*-x}\rvert}$	$(T^*-x)\mid\ddot{a}_x$	P
0.4	$x=30$	16.244,9	2.989,6	0.183,8
	$x=35$	14.832,5	3.846,2	0.299,3
	$x=40$	12.895,6	4.798,1	0.377,2
0.7	$x=30$	16.982,7	2.764,8	0.163,2
	$x=35$	15.124,6	3.500,4	0.234,1
	$x=40$	13.284,5	4.374,9	0.319,8

從表 2-4 可以看出，在其他參數保持不變的情況下，$p=0.4$ 與 $p=0.7$ 的年金精算相比，$p=0.4$ 時各年齡 $\ddot{a}_{x:\overline{T^*-x}\rvert}$ 現值都低於 $p=0.7$ 時，$p=0.4$ 時各年齡 ${}_{T^*-x|}\ddot{a}_x$ 現值都高於 $p=0.7$ 時，變動幅度大約在 4 個百分點左右，相應的均衡淨保費 $p=0.4$ 時都高於 $p=0.7$ 時，這是由於 $p<0.5$ 為正偏分佈，$p>0.5$ 為負偏分佈。正偏分代表期望退休年齡變小，負偏分佈代表期望退休年齡延遲。

為了進一步研究死亡率與利率帶跳過程中參數變化對退休年金精算現值的影響，表 2-5 列出了在過程中死亡率初值 $u_x(0)$ 、參數 a^* 、λ^* 對退休年金價

值的影響。可以看出，在其他參數保持不變的情況下，初值 $u_x(0)$ 對年金現值的影響較為明顯。隨著初值 $u_x(0)$ 的增加年金精算現值顯著減小，呈現一定的負相關關係。以 $x=35$ 為例，$u_x(0)$ 由 0. 000, 20 增加到 0. 000, 30，$\ddot{a}_{35:\overline{T^*-35}|}$減少 14. 13%左右，${}_{T^*-35|}\ddot{a}_{35}$ 減少 5% 左右。$u_x(0)$ 由 0. 000, 30 增加到 0. 000, 40，$\ddot{a}_{35:\overline{T^*-35}|}$ 減少 11. 84%，${}_{T^*-35|}\ddot{a}_{35}$ 減少 7%左右。在固定的初值下，參數 a^* 和退休年金精算現值也呈現一定的負相關關係，跳躍強度 λ^* 的變化對年金現值的影響比較小。

表 2-5　$u_x(0)$、a^*、λ^* 對年金現值的影響（$p=0.7$）

	$u_x(0)$			a^*			λ^*		
$\ddot{a}_{30:\overline{T^*-30}\|}$	0. 000, 2	0. 000, 3	0. 000, 4	0. 067	0. 066	0. 068	0. 001, 2	0. 001, 3	0. 001, 4
$\ddot{a}_{35:\overline{T^*-35}\|}$	22. 989, 9	19. 892, 8	17. 989, 4	17. 402, 7	17. 395, 3	17. 250, 4	16. 876, 3	16. 900, 3	16. 932, 4
$\ddot{a}_{40:\overline{T^*-40}\|}$	21. 248, 8	16. 086, 1	18. 246, 3	16. 105, 3	15. 624, 8	15. 124, 6	15. 027, 4	15. 097, 9	15. 118, 5
${}_{T^*-30\|}\ddot{a}_{30}$	17. 001, 4	15. 247, 6	14. 002, 7	13. 976, 2	13. 702, 8	13. 524, 9	13. 184, 5	13. 187, 6	13. 238, 4
${}_{T^*-35\|}\ddot{a}_{35}$	3. 345, 5	3. 161, 8	2. 975, 6	2. 827, 2	2. 817, 4	2. 803, 5	2. 759, 3	2. 760, 8	2. 762, 1
${}_{T^*-40\|}\ddot{a}_{40}$	4. 201, 4	3. 962, 4	3. 680, 0	3. 588, 9	3. 564, 3	3. 549, 4	3. 490, 5	3. 499, 6	3. 500, 1

表 2-6 列出了死亡率初值 $r(0)$、參數 a、λ 對退休年金價值的影響。隨著初值 $r(0)$ 的增加年金精算現值減小。以 $x=35$ 為例，$r(0)$ 由 0. 047 增加到 0. 048，$\ddot{a}_{35:\overline{T^*-35}|}$ 減少 11. 74%，${}_{T^*-35|}\ddot{a}_{35}$ 減小 6. 70%。r（0）由 0. 048 增加到 0. 049，$\ddot{a}_{35:\overline{T^*-35}|}$ 減少 8. 38%，${}_{T^*-35|}$減少 4. 22%。呈現一定的負相關關係，但變動幅度小於 $u_x(0)$ 初值變動的影響。在固定的初值下，參數 a 和 λ 對退休年金精算現值呈現一定的正相關關係，但這種關係對年金現值的影響也不大。

表 2-6　$r(0)$、a、λ 對年金現值的影響（$p=0.7$）

	$r(0)$			a			λ		
	0. 047	0. 048	0. 049	0. 001, 6	0. 001, 7	0. 000, 18	0. 000, 13	0. 000, 14	0. 000, 15
$\ddot{a}_{30:\overline{T^*-30}\|}$	21. 767, 5	18. 983, 2	17. 296, 4	16. 962, 4	17. 242, 1	17. 405, 6	16. 897, 9	16. 952, 1	16. 910, 5
$\ddot{a}_{35:\overline{T^*-35}\|}$	19. 857, 2	17. 525, 8	16. 056, 8	15. 212, 5	15. 592, 4	15. 662, 4	15. 028, 4	15. 097, 9	15. 118, 5
${}_{T^*-30\|}\ddot{a}_{30}$	3. 422, 4	3. 098, 2	2. 897, 2	2. 831, 2	2. 837, 4	2. 839, 4	2. 697, 6	2. 760, 8	2. 762, 1
${}_{T^*-40\|}\ddot{a}_{40}$	16. 942, 5	14. 887, 6	13. 284, 5	13. 291, 2	13. 478, 4	13. 586, 4	13. 043, 2	13. 187, 6	13. 232, 9
${}_{T^*-30\|}\ddot{a}_{30}$	3. 422, 4	3. 098, 2	2. 897, 2	2. 831, 2	2. 837, 4	2. 839, 4	2. 697, 6	2. 760, 8	2. 762, 1
${}_{T^*-40\|}\ddot{a}_{40}$	4. 525, 4	4. 394, 5	4. 322, 8	4. 368, 0	4. 420, 0	4. 471, 3	4. 386, 7	4. 546, 3	4. 547, 2

2.6 多重衰減模型

2.6.1 利率確定條件下的多重衰減模型

2.6.1.1 衰減力度與概率分佈的計算

除了死亡這個損失變量，我們可能還會遇到其他的提前終止繳費的損失變量。比如，壽險中，被保險人退保；勞動力計劃中，雇員辭職、殘疾或者退休等，都會對單一考慮死亡因素時的繳納—賠付之間的平衡構成影響。多重損失模型就是在這種背景下產生的。假設某 x 歲的人，$T(x)$ 表示其剩餘壽命，它的概率分佈為

$$G(t) = P[T(x) \leqslant t] \quad t \geqslant 0$$

對任意給定的 t，$G(t)$ 就表示在 t 年之內的死亡概率，假設 $G(t)$ 連續，有概率密度函數 $g(t) = G'(t)$。

當 $T(x)$ 處於某一結束的時刻，而導致結束到來是因為 m 種原因，我們把衰減原因記為 $J = 1, 2, \cdots, m$，這樣 $T(x)$ 與 J 都是隨機變量。在多重衰減模型中 T、K 均為隨機變量，其中 K 為離散隨機變量。設 $f(t, j)$ 為 T、J 的聯合密度函數。兩者的邊際分佈函數分別為

$$h(j) = \int_0^{\infty} f(t, j)\,dt \qquad J = 1, 2, \cdots, m$$

$$g(t) = \sum_{j=1}^{m} f(t, j)$$

滿足

$$\sum_{j=1}^{m} h(j) = 1 \qquad \int_0^{\infty} g(t) = 1$$

引入符號 ${}_tq_x^{(j)}$ 表示 (x) 將在 $x+t$ 歲內由減因 j 導致狀態結束（即保單失效）的概率。

$${}_tq_x^{(j)} = P[T(x) \leqslant t,\ J = j] = \int_0^t f(s, j)\,ds$$

${}_tq_x^{(\tau)}$ 表示 (x) 將在 $x+t$ 歲時由所有減因導致狀態結束（即保單失效）的概率。

$${}_tq_x^{(\tau)} = \Pr(T \leqslant t) = \int_0^t f(s)\,ds = \int_0^t g(s)\,ds = \sum_{j=1}^{m} \int_0^t f(s, j)\,ds = \sum_{j=1}^{m} {}_tq_x^{(j)}$$

$${}_tq_x^{(j)} = \Pr(T \leqslant t,\ J = j) = \int_0^t f(s, j)\,ds$$

$${}_tq_{x+s}^{(j)} = \Pr(T < s + t,\ J = j \mid T > s)$$
$$= \int_0^t f(s,\ j)/[1 - G(s)]ds$$

對於離散變量 K 有與單因素模型類似的分佈：

$$P(K = k,\ J = j) = P(k \leqslant T < k + 1,\ J = j)$$
$$= P(T \geqslant k) \cdot P(T < k + 1,\ J = j \mid T \geqslant k)$$
$$= {}_kp_x^{(\tau)} \cdot q_{x+k}^{(j)}$$

$$\Pr(K \geqslant k) = {}_kp_x^{(\tau)}$$

${}_tp_x^{(\tau)}$ 表示 (x) 將在 $x + t$ 歲內仍「生存」的概率：

$${}_tp_x^{(\tau)} = 1 - {}_tq_x^{(\tau)}$$

衰減力度與生命表中的死力類似，對於 (x) 到 $x + t$ 歲時，由衰減原因 j 而導致的衰減力度定義為 $\mu_{x+t}^{(j)} = \dfrac{f(t,\ j)}{1 - G(t)} = \dfrac{f(t,\ j)}{{}_tp_x^{(\tau)}} = \dfrac{1}{{}_tp_x^{(\tau)}} \cdot \dfrac{d\,{}_tq_x^{(j)}}{dt}$

$x + t$ 時刻由所有原因造成的總衰減力度為

$$\mu_{x+t}^{(\tau)} = \frac{g(t)}{{}_tp_x^{(\tau)}} = -\frac{d}{dt}\ln{}_tp_x^{(\tau)} = \sum_{j=1}^{m}\mu_{x+t}^{(j)}$$

給定損失時間 t，J 的條件概率函數為

$$h(j \mid T(x) = t) = \frac{f(t,\ j)}{g(t)} = \frac{\mu_{x+t}^{(j)}}{\mu_{x+t}^{(j)}}$$

2.6.1.2 多減因基本概率函數與概率表

考察一組 a 歲的 l_a^{τ} 個生命，每一個生命的終止（損失）時間與原因的分佈由下列聯合概率密度函數確定：

$$f(t,\ j) = {}_tp^{(\tau)}{}_a$$

${}_nd_x^{(j)}$ 表示在年齡 x 與 $x + n$ 之間因原因 j 而離開的成員的期望個數

$${}_nd_x^{(j)} = l_a^{(\tau)}\int_{x-a}^{x+n-a} {}_tp_a^{(\tau)}\mu_{a+t}^{(j)}dt \quad t \geqslant 0 \quad j = 1,\ 2,\ \cdots,\ m$$

${}_nd_x^{(\tau)}$ 表示在年齡 x 與 $x + n$ 之間離開的成員的期望個數

$${}_nd_x^{(\tau)} = l_a^{(\tau)}\int_{x-a}^{x+n-a} {}_tp_a^{(\tau)}\mu_{a+t}^{(\tau)}dt = \sum_{j=1}^{m}{}_nd_x^{(j)} \quad t \geqslant 0 \quad j = 1,\ 2,\ \cdots,\ m$$

$l_x^{(\tau)}$ 表示原先 $l_a^{(\tau)}$ 個 a 歲成員在 x 歲時的殘存數隨機變量的期望

$$l_x^{(\tau)} = l_a^{(\tau)} \cdot {}_{x-a}p^{(\tau)}{}_a$$

總的衰減力度可以看作總的衰減率，而不作為條件密度函數。則一組 $l_a^{(\tau)}$ 個 a 歲成員隨著年齡的增加按決定性衰減力度 $\mu_y^{(\tau)}$ 演變，則原先 $l_a^{(\tau)}$ 個 a 歲成

員在歲時的殘存數為

$$l_x^{(\tau)} = l_a^{(\tau)} \cdot \exp\{-\int_a^x \mu_y^{(\tau)} dy\}$$

$d_x^{(\tau)}$ 表示在年齡 x 與 $x+1$ 之間離開的成員的期望個數

$$d_x^{(\tau)} = l_x^{(\tau)} - l_{x+1}^{(\tau)} = l_x^{(\tau)}[1 - p_x^{(\tau)}] = l_x^{(\tau)}\{1 - \exp[-\int_x^{x+1} \mu_y^{(\tau)} dy]\}$$

$l_x^{(j)}$ 表示現在 x 歲，將來因為原因 j 而終結的個體數

$\mu_x^{(j)}$ 表示因原因 j 而引起的衰減力度

$$\mu_x^{(j)} = \lim_{h\to 0} \frac{l_x^{(j)} - l_{x+1}^{(j)}}{hl_x^{(\tau)}} = -\frac{1}{l_x^{(\tau)}} \frac{dl_x^{(j)}}{dx}$$

$\mu_x^{(\tau)}$ 表示總的衰減力度

$$\mu_x^{(\tau)} = \sum_{j=1}^{m} \mu_x^{(j)} = \lim_{h\to 0} \frac{l_x^{(\tau)} - l_{x+1}^{(\tau)}}{hl_x^{(\tau)}} = -\frac{1}{l_x^{(\tau)}} \frac{dl_x^{(\tau)}}{dx}$$

2.6.1.3　聯合單減因表

利用多減因的概率表中，各個減因之間相互獨立而各減因概率卻相互依賴的特點，把多減因概率表中各個衰減原因按其獨立的死亡力構成單減因表。這種由多減因概率表的各個減因構成的單減因表稱為聯合單減因表。

單減因概率函數函數定義：

$${}_tp_x^{'(j)} = \exp\left\{-\int_0^t \mu_{x+s}^{(j)} ds\right\}$$

$${}_tq_x^{'(j)} = 1 - {}_tp_x^{'(j)}$$

${}_tp_x^{'(j)}$ 稱為絕對損失率，是指原因 j 在 $q_x^{'(j)}$ 的決定過程中不與其他損失原因競爭。它也稱為淨損失率（net probabilities of decrement）或獨立損失率（independent rate of decrement）。

基本關係：

$${}_tq_x^{(\tau)} = \exp\left\{-\int_0^t \mu_{x+s}^{(\tau)} ds\right\}$$

$$= \exp\left\{-\int_0^t \sum_{j=1}^{m} \mu_{x+s}^{(j)} ds\right\}$$

$$= \prod_{j=1}^{m} {}_tp'^{(j)}_x$$

$${}_tp_x^{'(j)} \geqslant {}_tp_x^{\tau}$$

$$\Rightarrow {}_tp_x^{'(j)} \mu_{x+t}^{(j)} \geqslant {}_tp_x^{(\tau)} \mu_{x+t}^{(j)}$$

$$\Rightarrow {}_tq_x^{'(j)} \geqslant \int_0^1 {}_tp_x^{'(j)} \mu_{x+t}^{(j)} dt$$

$$\geqslant \int_0^1 {}_t p_x^{\prime(\tau)} \mu_{x+t}^{(j)} dt = {}_t q_x^{(j)}$$

這些結果表明聯合單減因的概率與多重衰減原因概率中原因 j 的損失率是不相同的，同時也說明聯合單減因概率函數與多衰減因概率函數存在著一定的關係，但這種關係的精確表達式很難得到，主要原因是 $q_x^{(j)}$ 在多減因表中與其他衰減概率之間有著相互的依賴關係。在一些特別的假設條件下，可以對它們做出近似的估計。

(1) 假設多衰減因為均勻分佈

在這一假設條件下，構成多衰減因的各個減因在每個年齡段上都有

$$ {}_t q_x^{(j)} = t q_x^{(j)} $$

各種減因概率相加有

$$ {}_t q_x^{(\tau)} = 1 - {}_t p_x^{(\tau)} = t q_x^{(\tau)} $$

在減因均勻分佈假設下

$$ \mu_{x+t}^{(j)} = \frac{1}{{}_t p_x^{(\tau)}} \cdot \frac{d\,{}_t q_x^{(j)}}{dt} $$

則有

$$ \mu_{x+t}^{(j)} = \frac{q_x^{(j)}}{{}_t p_x^{(\tau)}} = \frac{q_x^{(j)}}{1 - t p_x^{(\tau)}} $$

而

$$ {}_t q_x^{\prime(j)} = 1 - \exp\left\{ - \int_0^t \mu_{x+s}^{(j)} ds \right\} $$

$$ = 1 - \exp\left\{ - \int_0^t \frac{q_x^{(j)}}{1 - t p_x^{(\tau)}} ds \right\} $$

$$ = 1 - \exp\left\{ \frac{q_x^{(j)}}{q_x^{(\tau)}} \ln[1 - {}_t q_x^{(\tau)}] \right\} $$

$$ = 1 - \ln[1 - t q_x^{(\tau)}]^{\frac{q}{q}} $$

(2) 常數衰減力度假定

假定條件：

$$ \mu_{x+t}^{(j)} = \mu_x^{(j)} \quad 0 \leqslant t < 1 $$

等價推出：

$$ \mu_{x+t}^{(\tau)} = \mu_x^{(\tau)} \quad 0 \leqslant t < 1 $$

$$ \mu_x^{(\tau)} = -ln p_x^{(1)} $$

$$ \mu_x^{(j)} = -ln p_x^{\prime(j)} \quad j = 1, 2, \cdots, m $$

關係式：

$$q_x^{(j)} = \int_0^1 {}_tp_x^{(\tau)}\mu_x^{(j)}dt = \frac{\mu_x^{(j)}}{\mu_x^{(\tau)}}\int_0^1 {}_tp_x^{(\tau)}\mu_x^{(\tau)}dt = \frac{\mu_x^{(j)}}{\mu_x^{(\tau)}}q_x^{(\tau)}$$

$$\Rightarrow q_x^{(j)} = \frac{\ln p_x^{'(j)}}{\ln p_x^{(\tau)}}q_x^{(\tau)}$$

$$\Rightarrow p_x^{'(j)} = \exp\left\{\ln p_x^{(\tau)}\ \frac{q_x^{(j)}}{q_x^{(\tau)}}\right\} = (^1 -)\ q_x^{(j)}/q_x^{(\tau)}$$

$$\Rightarrow q_x^{(j)} = 1 - p_x^{'(j)} = 1 - (^1 -)\ q_x^{(j)}/q_x^{(\tau)}$$

由單減因概率函數推導多衰減因概率函數

$$p_x^{(\tau)} = \prod_{j=1}^{m}(1 - q_x^{'(j)})$$

$$\sum_{j=1}^{m} q_x^{'(j)} = \sum_{j=1}^{m} q_x^{(j)} = q_x^{(\tau)}$$

$$q_x^{(j)} = \int_0^1 {}_tp_x^{(\tau)}\mu_{x+t}^{(j)}dt = \int_0^1 \prod_{j=1}^{m} p_x^{'(j)}\mu_{x+t}^{(j)}dt$$

2.6.1.4　聯合單減因構造多減因

在給定的聯合單減因表中，在減因與時間無關的假設下，或者在多衰減原因的各個減因為均勻分佈的假設下編製多減因表，也可以在聯合單減因表中各個獨立變動的減因均勻分佈的假設下編製多減因表。

(1) 減因與時間無關的假設下

由於　$\mu_x^{(\tau)} = \sum_{j=1}^{m}\mu_x^{(j)}$

故　$p_x^{(\tau)} = \exp\left\{-\int_0^t \mu_{x+s}^{(\tau)}ds\right\}$

$$= \exp\left\{-\int_0^t \sum_{j=1}^{m}\mu_{x+s}^{(j)}ds\right\}$$

$$= \prod_{j=1}^{m}\exp\left\{-\int_0^1 \mu_{x+s}^{(j)}ds\right\}$$

$$= \prod_{j=1}^{m} p_x^{'(\tau)}$$

$$q_x^{(\tau)} = 1 - \prod_{j-1}^{m} p_x^{'(j)}$$

$$= 1 - \prod_{j=1}^{m}(1 - q_x^{'(j)})$$

在減因與時間無關的假設下

$$q_x^{(\tau)} = \frac{\ln p_x^{'(j)}}{\ln p_x^{(\tau)}}q_x^{(\tau)}$$

根據上式，可分別計算 $p_x^{(\tau)}$ 、$q_x^{(\tau)}$ 、$q_x^{(j)}$ ，在給出了多減因表的基數後，就可以計算出各個年齡的基數 $l_x^{(\tau)}$ 、$d_x^{(\tau)}$ 、$d_x^{(j)}$ ，就可以編製多減因表。

(2) 聯合減因表中各個獨立變動是均勻分佈假設下

以聯合單減因表中 3 個獨立變動，且是均勻分佈假設為例，

$$_tp_x^{'(j)} = 1 - tq_x^{'(j)} \qquad j = 1, 2, 3$$

$$_tp'^{(j)}_x \mu_{x+t}^{(j)} = \frac{d}{dt}(-_tp'^{(j)}_x) = q_x^{'(j)}$$

$$\begin{aligned} q_x^{(1)} &= \int_0^1 {_tp_x^{(\tau)}} \mu_{x+t}^{(1)} dt \\ &= \int_0^1 {_tp_x^{'(1)}} \mu_{x+t}^{(1)} {_tp_x^{'(2)}} {_tp_x^{'(3)}} dt \\ &= q_x^{'(1)} \int_0^1 (1 - tq_x^{'(2)})(1 - tq_x^{'(3)}) dt \\ &= q_x^{'(1)} [1 - \frac{1}{2}(q_x^{'(2)} + q_x^{'(3)}) + \frac{1}{3}(q_x^{'(2)} \cdot q_x^{'(3)})] \end{aligned}$$

同理可得

$$\begin{aligned} q_x^{(1)} &= \int_0^1 {_tp_x^{(\tau)}} \mu_{x+t}^{(1)} dt \\ &= \int_0^1 {_tp_x^{'(1)}} \mu_{x+t}^{(1)} {_tp_x^{'(2)}} {_tp_x^{'(3)}} dt \\ &= q_x^{'(1)} \int_0^1 (1 - tq_x^{'(2)})(1 - tq_x^{'(3)}) dt \\ &= q_x^{'(1)} [1 - \frac{1}{2}(q_x^{'(2)} + q_x^{'(3)}) + \frac{1}{3}(q_x^{'(2)} \cdot q_x^{'(3)})] \end{aligned}$$

同理可得

$$q_x^{(2)} = q_x^{'(2)} [1 - \frac{1}{2}(q_x^{'(1)} + q_x^{'(3)}) + \frac{1}{3}(q_x^{'(1)} \cdot q_x^{'(3)})]$$

$$q_x^{(3)} = q_x^{'(3)} [1 - \frac{1}{2}(q_x^{'(1)} + q_x^{'(2)}) + \frac{1}{3}(q_x^{'(1)} \cdot q_x^{'(2)})]$$

故 $q_x^{(1)} + q_x^{(2)} + q_x^{(3)} = 1 - [1 - q_x^{'(1)}][1 - q_x^{'(2)}][1 - q_x^{'(3)}] = q_x^{(\tau)}$

計算出 $q_x^{(1)}$ 、$q_x^{(2)}$ 、$q_x^{(3)}$ ，在給出多減因表的基數後，就可以計算出各個年齡的基數 $l_x^{(\tau)}$ 、$d_x^{(1)}$ 、$d_x^{(2)}$ 、$d_x^{(3)}$ 後，從而編製多減因表。

2.6.2 多減因下的精算現值

2.6.2.1 確定利率條件下的多減因下的精算現值

1. 離散模型多減因下的精算現值

因 $T(x)$ 代表保險合同終止時間，是一個隨機變量，假設 δ_t 為常數 δ_t，多重衰減因素下的保險金給付分為連續與離散進行計算。基於保險實務中的離散條件，對離散狀況（即保費在年初支付，保險金在保險事故發生年末支付）進行分析，(x) 投保受 m 個衰減因素影響的每年初 1 單位元年金精算現值用 $\ddot{a}_x$ 表示，則

$$\begin{aligned}\ddot{a}_x &= E\sum_{k=0}^{K-1} v(k)\\ &= E\sum_{k=0}^{\infty}\left(e^{-\sum_{h=0}^{k-1}\delta_{x+h}} I_{\{K\geqslant k\}}\right)\\ &= \sum_{k=0}^{\infty} E\left(e^{-\sum_{h=0}^{k-1}\delta_{x+h}} I_{\{K\geqslant k\}}\right)\\ &= \sum_{k=0}^{\varpi-x-1} e^{-k\delta}\cdot \Pr(K\geqslant k)\\ &= \sum_{k=0}^{\varpi-x-1} e^{-k\delta}\cdot {}_kp_x^{(\tau)}\end{aligned}$$

B、B_j 分別代表給付金及由於第 j 種減因發生的給付金，全部減因的保險金精算現值用 A_x 表示，由條件期望均值公式得

$$\begin{aligned}A_x &= EBv(K)\\ &= E\left(Be^{-\sum_{h=0}^{K}\delta_{x+h}}\right)\\ &= \sum_{k=0}^{\varpi-x}\sum_{j=1}^{m} E\left[Be^{-\sum_{h=0}^{K}\delta_{x+h}}\,\middle|\,K=k,\ J=j\right]\cdot \Pr(K=k,\ J=j)\\ &= \sum_{k=0}^{\varpi-x}\sum_{j=1}^{m} B_j e^{-k\delta}\cdot P(K=k,\ J=j)\\ &= \sum_{k=0}^{\varpi-x}\sum_{j=1}^{m} B_j e^{-k\delta}\cdot {}_kp_x^{(\tau)} q_{x+k}^{(j)}\end{aligned}$$

保險損失變量為 $L = Bv(K) - P\sum_{k=0}^{K-1} v(k)$

則由精算原理 $E(L)=0$ 可知，受全部減因影響的終身壽險年繳均衡淨保費為

$$P = \frac{EBv(K)}{E\sum_{k=0}^{K-1} v(k)} = \frac{A_x}{\ddot{a}_x} = \frac{\sum_{k=0}^{\varpi-x}\sum_{j=1}^{m} B_j e^{-k\delta}\cdot {}_kp_x^{(\tau)} q_{x+k}^{(j)}}{\sum_{k=0}^{\varpi-x-1} e^{-k\delta}\cdot {}_kp_x^{(\tau)}}$$

在第 t 年末的淨保費責任準備金為

$$
\begin{aligned}
{}_tV &= E_tL \\
&= E\left(Be^{-\sum_{h=0}^{k}\delta_{x+t+h}} - P\sum_{k=0}^{K-1} e^{-\sum_{h=0}^{k-1}\delta_{x+t+h}}\right) \\
&= \sum_{k=0}^{\varpi-x-t}\sum_{j=1}^{m} B_j e_k^{e^{-k\delta}}\, p_{x+t}^{(\tau)} q_{x+t+k}^{(j)} - \sum_{k=0}^{\varpi-x-t-1} Pe_k^{-e^{-k\delta}}\, p_{x+t}^{(\tau)}
\end{aligned}
$$

2. 連續模型多減因下的精算現值

如果保險金在保險事故發生時瞬時給付，從投保到保險事故發生的時間是連續變量，用 $\bar{A}^{(j)}$ 表示在 j 減因下瞬間給付保險金的精算現值，用 $B_{x+t}^{(j)}$ 表示在 $x+t$ 年齡上 j 減因發生的給付金，則

$$\bar{A}^{(j)} = \int_0^{\infty} B_{x+t}^{(j)} v^t {}_tp_x^{(\tau)} \mu_{x+t}^{(j)} dt \qquad j = 1，2，\cdots，m$$

全部減因的現值為

$$\bar{A} = \sum_{j=1}^{m} \int_0^{\infty} B_{x+t}^{(j)} v^t {}_tp_x^{(\tau)} \mu_{x+t}^{(j)} dt$$

2.6.2.2 隨機利率條件下的多重衰減模型

在傳統的養老金計劃精算中常常將利率假設為常數，由於養老金計劃的長時效性，實際的利率由於宏觀經濟環境的變化而在不斷變化，因此，由於利率因素可能會造成養老基金的給付不足，影響退休人員的正常生活水準，同時也會加重養老基金的負擔，所以，將利率的風險因素考慮到企業養老保險計劃中具有重要的意義。許多學者利用自迴歸方法對利息力建模研究了相關保險精算問題，如：Frees（1990）研究了可逆 MA（1）利率下生存年金精算現值，Buhlmann（1992）研究了利息力為獨立、同正態分佈時生存年金的 1 階矩、2 階矩，但該模型的缺陷是對利息力假定相互獨立、同正態分佈的條件與實際偏差仍然較大。Haberman（1997）在企業年金保險中得到了利息力滿足穩定自迴歸 AR（1）模型時的生存年金精算現值模型，Dhaene（1998）在 Haberman 的研究基礎上進一步研究了利息力滿足穩定自迴歸 AR（2）模型時矩母函數的性質，得到生存年金的 1 階矩和 2 階矩，但該類投資模型的主要不足是利息力的不確定性與時間無關，即投資利息力的方差為一常數。為此，Zaks（2001）進一步研究了條件穩定 AR（1）利率模型下利息力的統計特性及生存年金精算現值的峰度、偏度表達式。基於從事理論研究的相關學者對可變利率條件下的養老金多重衰減模型討論甚少，本節對隨機利率條件下養老金計劃的多重衰減模型進行分析。

1. 利率模型

在傳統精算中的利率常數假設不甚合理，同樣利率變化是存在相互影響的，利率的獨立同分佈假設顯然與中國的實際經濟環境不相符合。因此，本節假設各年利率在非獨立情況下，採用自迴歸方法設定利息力的變化服從 Vasicek 模型即：

$$\delta_{t+1} = \delta_t + (1-\varphi)(\mu - \delta_t) + \varepsilon_{t+1}$$

其中 δ_t 為 $(t, t+1)$ 年利息力，μ 為其期望，ε_t 相互獨立，服從正態分佈 $N(0, \sigma^2)$

由上可知　$E(\delta_t) = \mu$　$\mathrm{Var}(\delta_t) = \dfrac{\sigma^2}{1-\varphi^2}$

若利率假定為 Vasicek 模型，則

$$\delta_{t+n} = \delta_t + (1-\varphi^n)(\mu - \delta_t) + \sum_{i=1}^{n} \varphi^{n-i}\varepsilon_{t+i} \qquad n = 1, 2, \cdots$$

$$Ee^{-\sum_{h=0}^{k-1}\delta_{x+h}} = e^{-\left[\frac{1-\varphi^k}{1-\varphi}\delta_x + \left(k - \frac{1-\varphi^k}{1-\varphi}\right)\mu\right] + \frac{\sigma^2}{2}\left[\frac{k(1-\varphi^2)-(1-\varphi^{2k})}{(1-\varphi^2)^2}\right]}$$

2. 多重衰減模型（離散模型）

因 $T(x)$ 代表保險合同終止時間，是一個隨機變量，假設 J 與利息力 δ_t 相互獨立，從而 T、K 均與利息力 δ_t 相互獨立，(x) 投保受 m 個衰減因素影響的每年初 1 單位元年金現值用 $\ddot{a}_x$ 表示，則

$$\begin{aligned}
\ddot{a}_x &= E\sum_{k=0}^{K-1} v(k) \\
&= E\left(\sum_{k=0}^{K-1} e^{-\sum_{h=0}^{k-1}\delta_{x+h}}\right) \\
&= E\sum_{k=0}^{\infty}\left(e^{-\sum_{h=0}^{k-1}\delta_{x+h}} I_{\{K \geq k\}}\right) \\
&= \sum_{k=0}^{\infty} E\left(e^{-\sum_{h=0}^{k-1}\delta_{x+h}} I_{\{K \geq k\}}\right) \\
&= \sum_{k=0}^{\varpi-x-1} E\left(e^{-\sum_{h=0}^{k-1}\delta_{x+h}}\right) \cdot \Pr(K \geq k) \qquad (\text{由 } K \text{ 與 } \delta_t \text{ 獨立性得}) \\
&= \sum_{k=0}^{\varpi-x-1} \left[E\left(e^{-\sum_{h=0}^{k-1}\delta_{x+h}}\right]\right. \cdot {}_kp_x^{(\tau)} \\
&= \sum_{k=0}^{\varpi-x-1} e^{-\left[\frac{1-\varphi^k}{1-\varphi}\delta_x + \left(k-\frac{1-\varphi^k}{1-\varphi}\right)\mu\right] + \frac{\sigma^2}{2}\left[\frac{k(1-\varphi^2)-(1-\varphi^{2k})}{(1-\varphi^2)^2}\right]} \cdot {}_kp_x^{(\tau)}
\end{aligned}$$

全部減因的保險金現值用 A_x 表示，由條件期望均值公式得

$$\begin{aligned}
A_x &= EBv(K) \\
&= E\left(Be^{-\sum_{h=0}^{k}\delta_{x+h}}\right)
\end{aligned}$$

$$= \sum_{k=0}^{\varpi-x}\sum_{j=1}^{m} E\left[Be^{-\sum_{h=0}^{k}\delta_{x+h}} \middle| K=k,\ J=j\right] \cdot \Pr(K=k,\ J=j)$$

$$= \sum_{k=0}^{\varpi-x}\sum_{j=1}^{m} B_j E\left[e^{-\sum_{h=0}^{k}\delta_{x+h}}\right] \cdot \Pr(K=k,\ J=j)$$

$$= \sum_{k=0}^{\varpi-x}\sum_{j=1}^{m} B_j e_k^{-\left[\frac{1-\varphi^{k+1}}{1-\varphi}\delta_x+\left(k+1-\frac{1-\varphi^{k+1}}{1-\varphi}\right)\mu\right]+\frac{\sigma^2}{2}\left[\frac{(k+1)(1-\varphi^2)-(1-\varphi^{2(k+1)})}{(1-\varphi^2)^2}\right]} p_x^{(\tau)} q_{x+k}^{(j)}$$

保險損失變量為 $L = Bv(K) - P\sum_{k=0}^{K-1} v(k)$

由精算原理 $E(L)=0$ 可知，受全部減因影響的終身壽險年繳均衡淨保費為

$$P = \frac{EBv(K)}{E\sum_{k=0}^{K-1} v(k)} = \frac{A_x}{\ddot{a}_x} = \frac{\sum_{k=0}^{\varpi-x}\sum_{j=1}^{m} B_j e_k^{-\left[\frac{1-\varphi^{k+1}}{1-\varphi}\delta_x+\left(k+1-\frac{1-\varphi^{k+1}}{1-\varphi}\right)\mu\right]+\frac{\sigma^2}{2}\left[\frac{(k+1)(1-\varphi^2)-(1-\varphi^{2(k+1)})}{(1-\varphi^2)^2}\right]} p_x^{(\tau)} q_{x+k}^{(j)}}{\sum_{k=0}^{\varpi-x-1} e^{-\left[\frac{1-\varphi^k}{1-\varphi}\delta_x+\left(k-\frac{1-\varphi^k}{1-\varphi}\right)\mu\right]+\frac{\sigma^2}{2}\left[\frac{k(1-\varphi^2)-(1-\varphi^{2k})}{(1-\varphi^2)^2}\right]} \cdot {}_kp_x^{(\tau)}}$$

在第 t 年末的淨保費責任準備金為

$${}_tV = E_tL$$

$$= E\left(Be^{-\sum_{h=0}^{K}\delta_{x+t+h}} - P\sum_{k=0}^{K-1} e^{-\sum_{h=0}^{k-1}\delta_{x+t+h}}\right)$$

$$= \sum_{k=0}^{\varpi-x-t}\sum_{j=1}^{m} B_j e_k^{-\left[\frac{1-\varphi^{k+1}}{1-\varphi}\delta_{x+t}+\left(k+1-\frac{1-\varphi^{k+1}}{1-\varphi}\right)\mu\right]+\frac{\sigma^2}{2}\left[\frac{(k+1)(1-\varphi^2)-(1-\varphi^{2(k+1)})}{(1-\varphi^2)^2}\right]} p_{x+t}^{(\tau)} q_{x+t+k}^{(j)}$$

$$- \sum_{k=0}^{\varpi-x-t-1} P e_k^{-\left[\frac{1-\varphi^k}{1-\varphi}\delta_{x+t}+\left(k-\frac{1-\varphi^k}{1-\varphi}\right)\mu\right]+\frac{\sigma^2}{2}\left[\frac{k(1-\varphi^2)-(1-\varphi^{2k})}{(1-\varphi^2)^2}\right]} p_{x+t}^{(\tau)}$$

2.7 人口預測方法

人口預測是經過採集基礎資料、建立預測模型和確定預測參數等基本環節後最後完成的，所以，建立體現預測基本方法的預測模型，在人口預測中佔有十分重要的地位。人口預測的基本方法和模型較多，一般較為流行和實用的有人口發展方程、年齡移算法、矩陣方程和指數方程等幾類。

人口預測是社會保險精算的基礎。本節的人口測算方法是後面研究彈性社會基本養老保險帳戶退休隱性債務與支付能力的人口測算基礎。它的理論基礎是人口數學。

2.7.1 人口發展方程

任何社會現象的發生、發展都是一個運動過程的反應。因此，人們總能定

量地描述各種社會運動過程。近代人口科學表明，人口發展是一個強慣性過程，可以用某種數學模型相當精確地描述它。決定人口變動的因素很多，但是隨著時間變化對人口狀態的影響，最終都表現在出生、死亡和遷移三方面。封閉人口的變動，只涉及出生和死亡兩個要素。人口數目可以看成時間變量的函數，時間是連續變量，人數是離散變量，但可以有條件地作為連續變量處理。人口發展方程是中國學者、著名的控制理論專家宋健於 20 世紀 70 年代末提出的一套新的人口預測模型。這套預測模型，具有對預測變量的設置更加合理、預測參數因素的考慮更加周密以及易於推廣應用的優點。所以，這套預測模型是當今國內最為流行，也被廣泛應用的一套人口預測模型。同時，這套預測模型在國外也產生了很大的影響。人口發展方程是運用數學工具，以數學思維方式分析研究人口現象的內在聯繫與客觀規律，並形成的數學模型，它的基本假設是只考慮自然的出生死亡、年齡結構，不考慮遷移等社會因素的影響。

2.7.1.1　連續型人口發展方程

在時刻 t，年齡小於 r 的人口數記作 $F(r, t)$，t 和 r 均為連續變量。設 F 是連續可微函數，稱為人口分佈函數。時刻 t 的人口總數為 $N(t)$。最高年齡記作 r_m。

於是對於非負非降函數 $F(r, t)$ 有

$$F(0, t) = 0,\ F(\gamma_m, t) = N(t)$$

定義 $\frac{\partial F}{\partial r} = p(r, t)$，$0 \leqslant r \leqslant r_m$，理論上 $r_m \to \infty$ 其中 $p(r, t)$ 定義為年齡密度函數。$p(r, t)$ 非負且 $p(r_m, t) = 0$。記 $p(r, t)dt$ 為時刻 t 年齡在區間 $[r, r+dr)$ 內的人數。$\mu(r, t)$ 為時刻 t 年齡 r 的人的死亡率。其含義是：$\mu(r, t)p(r, t)dr$ 表示時刻 t 年齡在 $[r, r+dr)$ 內單位時間死亡的人數。

為了得到 $p(r, t)$ 滿足的方程，考察時刻 t 年齡在 $[r, r+dr)$ 內的人到時刻 $t+dt$ 的情況。他們中活著的那一部分人的年齡變為 $[r+dr_1, r+dr+dr_1)$。這裡 $dr_1 = dt$。而在 dt 這段時間內死亡的人數為 $\mu(r, t)p(r, t)drdt$，於是

$$\begin{cases} \frac{\partial p}{\partial r} + \frac{\partial p}{\partial t} = -\mu(r, t)p(r, t),\ t \geqslant 0,\ 0 \leqslant r \leqslant r_m \\ p(r, 0) = p_0(r) \\ p(0, t) = f(t) \\ p(r_m, t) = 0 \end{cases}$$

也可以寫作

$$[p(r+dr_1, t+dt) - p(r, t+dt)] + [p(r, t+dt) - p(r, t)]dr$$
$$= -\mu(r, t)p(r, t)drdt$$

上式中代入 $dr_1 = dt$

$$\frac{\partial p}{\partial r} + \frac{\partial p}{\partial t} = -\mu(r, t)p(r, t)$$

實際上，這是年齡密度函數 $p(r, t)$ 的一階偏微分方程，其中死亡率 $\mu(r, t)$ 為已知函數。

兩個定解條件是：

① $p(r, 0) = p_0(r)$ ；

②單位時間內出生的嬰兒數 $p(0, t) = f(t)$ ，稱為嬰兒出生率。

其中 $p_0(r)$ 可由人口調查資料得到，是已知函數；$f(t)$ 則對預測和控制人口起著重要作用。

於是得出連續型人口發展模型：

$$\begin{cases} \frac{\partial p}{\partial r} + \frac{\partial p}{\partial t} = -\mu(r, t)p(r, t), \ t \geqslant 0, \ 0 \leqslant r \leqslant r_m \\ p(r, 0) = p_0(r) \\ p(0, t) = f(t) \\ p(r_m, t) = 0 \end{cases} \tag{2.47}$$

此方程描述了人口的演變過程，從這個方程確定密度函數 $p(r, t)$ 以後，立即可以得到各個年齡的人口數，即人口分佈函數。

$$F(r, t) = \int_0^r p(s, t)ds$$

該方程的求解過程比較複雜，這裡給出一種特殊情況下的結果。在社會安定的局面下和不太長的時間內，死亡率大致與時間無關，於是可以近似地假設 $\mu(r, t) = \mu(r)$ ，這時的解為

$$p(r, t) = \begin{cases} p_0(r - t)e^{-\int_{r-t}^{r}\mu(s)ds}, \ 0 \leqslant t \leqslant r \\ f(t - r)e^{-\int_0^r\mu(s)ds}, \ t > r \end{cases}$$

連續型人口發展模型及解中的 $p_0(r)$ 和 $\mu(r)$ 可以從人口統計數據得到。$\mu(r, t)$ 也可以由 $\mu(r, 0)$ 粗略估計，這樣，為了預測和控制人口的發展狀況，人們主要關注的可以用作控制手段的就是嬰兒出生率 $f(t)$ 。

記女性性別比函數為 $k(r, t)$ ，即時刻 t 年齡在 $[r, r + dr]$ 的女性人數為 $k(r, t)p(r, t)dr$ ，將這些女性在單位時間內的平均每人的生育數記作 $b(r, t)$ ，設育齡區間為 $[r_1, r_2]$ ，則

$$f(t) = \int_{r_1}^{r_2} b(r, t)k(r, t)p(r, t)dr$$

再將 $b(r,\ t)$ 定義為 $b(r,\ t)=\beta(t)h(r,\ t)$

其中 $h(r,\ t)$ 滿足 $\int_{r_1}^{r_2} h(r,\ t)dr=1$

於是
$$\beta(t)=\int_{r_1}^{r_2} b(r,\ t)dr$$

則
$$f(t)=\beta(t)\int_{r_1}^{r_2} h(r,\ t)k(r,\ t)p(r,\ t)dr \tag{2.48}$$

如果所有育齡女性在她育齡期所有的時刻都保持這個生育數，那麼 $\beta(t)$ 也表示平均每個女性一生的總和生育數。所以 $\beta(t)$ 稱為總和生育率（簡稱生育率或生育胎次）。

$h(r,\ t)$ 是年齡為 r 的女性的生育加權因子，稱為生育模式。在穩定環境下可以近似認為它與 t 無關，即 $h(r,\ t)=h(r)$ 。$h(r)$ 顯示了在哪些年齡生育率高，哪些年齡生育率低（見圖 2-1）。

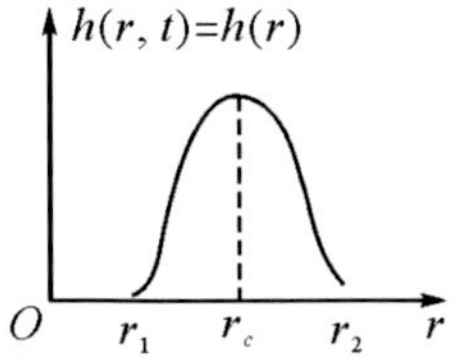

圖 2-1　生育模式圖

上圖顯示在 $r=r_c$ 附近生育率最高。

由人口統計資料可以知道當前實際的 $h(r,\ t)$ 。進行理論分析時，人們常採用的 $h(r)$ 的一種形式是借用概率論中的 Γ 分佈：

$$h(r)=\frac{(r-r_1)^{\alpha-1}e^{-\frac{r-r_1}{\theta}}}{\theta^{\alpha}\Gamma(\alpha)}$$

取 $\theta=2$，$\alpha=n/2$，這時有 $r_c=r_1+n-2$，由此可以看出，提高 r_1 意味著晚婚，而增加 n 意味著晚育。

這樣，人口發展方程（2.47）和單位時間內出生的嬰兒數 $f(t)$ 的表達式（2.48）構成了連續型人口模型。

模型中死亡率函數 $W(r,\ t)$ 、性別比函數 $k(r,\ t)$ 和初始密度函數 $p_0(t)$ 可由人口統計資料直接得到，或在資料的基礎上估計。而生育率 $\beta(t)$ 和生育模式 $h(r,\ t)$ ，則是可以用於控制人口發展過程的兩種手段，$\beta(t)$ 可以控制生育的數量，$h(r,\ t)$ 可以控制生育的時間和密度，中國的計劃生育政策正是通過這兩種手段實施的。

從控制論觀點看，在方程（2.47）描述的人口系統中 $p(r,\ t)$ 可視為狀態變量，$p(0, t)=f(t)$ 視為控制變量，是分佈參數系統的邊界控制函數，式(2.48) 表明控制輸入中含有狀態變量，形成狀態及饋，$\beta(t)$ 視為及饋增益，並且這是一種正及饋，即人口密度函數 $p(r, t)$ 的增加，通過嬰兒出生率 $f(t)$ 又使 $p(r, t)$ 進一步增長。

方程的解式（＊）中因子 $f(t-r)$ 表明這種反饋還有相當大的滯後作用，所以一旦人口政策失誤，使 $p(r, t)$ 在一段時間內增長得過多過快，再想通過控制手段 $\beta(t)$ 和 $p(r, t)$ 把人口增長的勢頭降下來，是非常困難並且需要相當長（幾代人）的時間的。

在上面的模型中密度函數 $p(r, t)$ 或分佈函數 $F(r, t)$ 固然是人口發展過程最完整的描述，但是使用起來並不方便，在人口統計學中常用一些人口指數來簡明扼要地表達一個國家或地區的人口特徵。具體而言，有以下五種。

① 人口總數 $N(t)$：

$$N(t)=\int_0^{r_m} P(r, t)\,dr$$

② 平均年齡 $R(t)$：

$$R(t)=\frac{1}{N(t)}\int_0^{r_m} rP(r, t)\,dr$$

③ 平均壽命 $S(t)$：

它表示時刻 t 出生的人不論活到什麼時候，死亡率都是按時刻 t 的 $W(r, t)$ 計算，這些人的平均存活時間為

$$S(t)=\int_t^{\infty} e^{-\int_0^{\tau-t} W(r, t)\,dr}\,d\tau$$

$S(t)$ 實際上是預估壽命，通常說目前平均壽命已達到多少歲了，是指今年出生嬰兒的預估壽命，即 $S(0)$，根據統計資料得到當前的死亡率 $W(r, 0)$ 後，就可以算出 $S(0)$。

④ 老齡化指數 $W(t)$：

$$W(t)=\frac{R(t)}{S(t)}$$

可以看出若 $R(t)$ 遞增，則 $S(t)$ 也是遞增的。

⑤ 依賴性指數 $\rho(t)$：

$$\rho(t)=\frac{N(t)-L(t)}{L(t)}$$

其中，$L(t)=\int_{l_1}^{l_2}[1-R(r, t)]P(r, t)\,dr+\int_{l_1'}^{l_2'}R(r, t)P(r, t)\,dr$，$[l_1, l_2]$ 和 $[l_1', l_2']$ 分別是男性和女性有勞動能力的年齡區間，$L(t)$ 是全體人口有勞

動能力的年齡區間，$L(t)$ 是全體人口中有勞動能力的人數，所以依賴性指數 $\rho(t)$ 表示平均每個勞動者要供養的人數。

2.7.1.2　離散型人口發展方程

在連續型人口模型中，可以得以一些理論的分析結果，但是在實際應用中不方便，需要建立相應的離散模型。主要原因有以下三點：

第一，作為已知條件（輸入）的統計數據都是離散的，如某年各個年齡的女性生育率、死亡率、性別比例。

第二，作為結果（輸出），人們希望得到的數據也是離散的，如 2000 年、2020 年、2050 年……的人口總數、各個人口指數、人口的年齡分佈等。

第三，連續模型解的表達式中包含了未知函數，用解析方程迭代求解是非常困難的，與其用數值方法解連續模型，不如直接建立離散模型。

一般時間以年為單位，年齡按周計算，設 $X_i(t)$ 為第 t 年 i 歲（滿 i 週歲而不到 $i+1$）的人數。$t=0, 1, 2, \cdots$, $i=0, 1, 2, \cdots, m$。

只考慮由於生育、老去和死亡引起的人口演變，而不計遷移等社會因素的影響，記 $d_i(t)$ 為第 t 年 i 歲人口的死亡率，即

$$d_i(t)=\frac{X_i(t)-X_{i+1}(t+1)}{X_i(t)}$$

於是　$X_{i+1}(t+1)=[1-d_i(t)]X_i(t)$,

$$t=0, 1, 2, \cdots, \quad i=0, 1, 2, \cdots, m. \tag{2.49}$$

但 $b_i(t)$ 為第 t 年 i 歲女性生育率，即每位女性平均生育嬰兒數，$[i_1, i_2]$ 為育齡區間，$R_i(t)$ 為第 t 年 i 歲人口的女性比，則第 t 年的出生人數為

$$f(t)=\sum_{i=i_1}^{i_2} b_i(t)R_i(t)x_i(t) \tag{2.50}$$

記 $d_{00}(t)$ 為第 t 年嬰兒死亡率，即第 t 年出生但未活到人口統計時刻的嬰兒比例：

$$d_{00}(t)=\frac{f(t)-x_0(t)}{f(t)}$$

於是

$$x_{00}(t)=[1-d_{00}(t)]f(t) \tag{2.51}$$

對於 $i=0$ 將式（2.50）、（2.51）帶入（2.49）得

$$x_1(t+1)=[1-d_{00}(t)][1-d_0(t)]\sum_{i=i_1}^{i_2} b_i(t)k_i(t)x_i(t) \tag{2.52}$$

將 $b_i(t)$ 分解為 $b_i(t)=\beta(t)h_i(t)$, (2.53)

$$\sum_{i=i_1}^{i_2} h_i(t)=1 \tag{2.54}$$

利用式（2.54）對式（2.53）求和，得到

$$\beta(t) = \sum_{i=i_1}^{i_2} b_i(t) \tag{2.55}$$

可知$\beta(t)$表示第t年每個育齡婦女平均生育的嬰兒數，若設在t年後的一個育齡時期內各個年齡的女性生育率$b_i(t)$都不變，那麼$\beta(t)$又可表為

$$\beta(t) = b_{i_1}(t) + b_{i_{1+1}}(t+1) + \cdots + b_{i_2}(t + i_2 - i_1) \tag{2.56}$$

則$\beta(t)$是第t年i_1歲的每位婦女一生平均生育的嬰兒數，稱總和生育率，或生育胎次，是控制人口數量的主要參數。

將式（2.53）帶入式（2.52），並記

$$b_i'(t) = (1 - d_{00}(t))(1 - d_0(t))h_i(t)k_i(t) \tag{2.57}$$

則式（2.52）寫作

$$x_i(t+1) = \beta(t)\sum_{i=i_1}^{i_2} b_i'(t)x_i(t) \tag{2.58}$$

引入變量，矩陣記號

$$x(t) = [x_1(t),\ x_2(t),\ x_3(t)\cdots x_m(t)]' \tag{2.59}$$

$$A(t) = \begin{pmatrix} 0 & 0 & 0 \\ 1 - d_1(t) & 0 & 0 \\ \vdots & \ddots & \vdots \\ 0 & 1 - d_{m-1}(t) & 0 \end{pmatrix} \tag{2.60}$$

$$\beta(t) = \begin{pmatrix} 0 & \cdots & 0 & \cdots & b_{i_1}'(t) & \cdots & b_{i_2}'(t) & \cdots & 0 \\ \vdots & & \vdots & & \ddots & & \vdots & & \vdots \\ 0 & \cdots & 0 & \cdots & \cdots & \cdots & \cdots & \cdots & 0 \end{pmatrix} \tag{2.61}$$

$i = 0,\ 1,\ 2,\ \cdots,\ m$

那麼式（2.58）和式（2.49）可以換作

$$x(t+1) = A(t)x(t) + \beta(t)B(t)x(t) \tag{2.62}$$

這個向量形成的一階差分方程就是人口發展方程，當初始人口分佈$x(t)$已知，又由統計資料確定了$A(t)$、$B(t)$，並且給定了總和生育$\beta(t)$以後，用這個方程不難預測人口的發展過程。

在控制理論中$x(t)$稱狀態變量，可將$\beta(t)$作為控制變量，因為對於$\beta(t)$和$x(t)$分別是線性的，所以是雙線性方程，由控制可得出其性質和解法，在此不加以討論。在穩定的社會環境下可以認為死亡率、生育模式和女性比不隨時間變換，於是$A(t)$、$B(t)$為常數矩陣，式（2.62）化為

$$x(t+1) = Ax(t) + B\beta(t)x(t)$$

離散條件下的人口指數有以下五種。

① 人口總數 $N(t)$：

$$N(t)=\sum_{i=0}^{m}x_i(t)$$

② 平均年齡 $R(t)$：

$$R(t)=\frac{1}{N(t)}\sum_{i=0}^{m}ix_i(t)$$

③ 平均壽命 $S(t)$：

$$S(t)=\sum_{j=0}^{m}e^{[-\sum_{i=0}^{j}d_i(t)]}$$

④ 老齡化指數 $W(t)$：

$$W(t)=\frac{R(t)}{S(t)}$$

可以看出若 $R(t)$ 遞增，則 $S(t)$ 也是遞增的。

⑤ 依賴性指數 $\rho(t)$

$$\rho(t)=\frac{N(t)-L(t)}{L(t)}$$

其中，$\sum_{i=l_1}^{l_2}[1-k_i(t)]x_i(t)+\sum_{i=l_1}^{l_2}k_i(t)x_i(t)$，$[l_1,\ l_2]$ 和 $[l_1',\ l_2']$ 分別是男性和女性有勞動能力的年齡區間，$L(t)$ 是全體人口有勞動能力的年齡區間，$L(t)$ 是全體人口中有勞動能力的人數，所以依賴性指數 $\rho(t)$ 表示平均每個勞動者要供養的人數。

2.7.2 年齡移算法

年齡移算法，亦稱年齡移算預測模型。它是人口預測中一種最基本的預測方法，在理論和技術上又是一種最基礎的預測方法，可以說許多重要的人口預測模型，都是根據年齡移算法的原理建立的。年齡移算法具有移算原理嚴謹、方法簡便易行的優點，因而在理論研究和人口預測實踐中都被廣泛借鑑和應用。年齡移算法，是指以各個年齡組的實際人口數為基數，按照一定的存活率進行逐年遞推來預測人口的方法。年齡移算法之所以能夠準確地對未來人口做出預測，是基於一個最重要的原理：人口是時間的函數。具體來說，就是人口的年齡是用時間來表示的，一年即為一歲，時間過一年，人的年齡也就增長了一歲。因此，隨著時間的推移，人口的年齡也在不斷地發生著轉組。當在一定死亡率水準條件下，人口的年齡在其不斷地轉組過程中，人口數也就相應地隨之發生變化。據此原理，即可把某一年度、某一年齡組的人口數，在相應年齡組的死亡率水準條件下，通過轉移到下一個年度、下一個年齡組的人口數測算出來。

年齡移算法模型的基本表達式為

$$P_{t+1}(x+1) = P_t(x) \cdot S(x)$$

其中，$P_t(x)$ 表示 (x) 歲年齡組在 t 時的人口數，$S(x)$ 表示 (x) 歲年齡組活到 $(x+1)$ 歲的生存率。

2.7.3 矩陣方程預測

2.7.3.1 Keyfitz 矩陣方程

Keyfitz 矩陣方程，是由美國著名人口統計學家、數理人口學家和社會學家內森・凱菲茨首先提出，並應用於人口預測的預測方法。由此內森・凱菲茨在國際上亦被譽為把矩陣方法應用於人口預測的第一位學者。矩陣方程預測是通過建立矩陣預測模型來進行人口預測的一類預測方法。矩陣方程預測的基本特點是對年齡移算模型進行科學概括，即它是以年齡移算模型為基礎而發展起來的一類預測模型。較之年齡移算法，它具有數理含量更高、預測變量的描述更加規範、預測參數的定義更加嚴格的特點。

把矩陣方法引用於人口預測，是通過把人口預測變量，包括人口生存變量、人口生育變量和人口基數變量，處理成矩陣乘法關係來實現的。矩陣模型的數學表達式為

$$I = M \cdot K$$

式中，M 為依據預測的年齡組數為階數，並由修勻生育率和人口生存率所構成的方陣，K 為以方陣 M 的階數為階數，並由分年齡人口預測基數所組成的列矢量矩陣，I 為預測結果所得的新矩陣。

矩陣模型因子的基本定義：

①方陣 M 的基本構造。

$$M = \begin{bmatrix} 0 & \cdots & F_1 & F_2 & F_3 & \cdots & F_m & \cdots & 0 & 0 \\ S_0 & & & & & & & & & \\ & & S_1 & & & & & & & \\ & & & S_2 & & & & & & \\ & & & & S_3 & & & & & \\ & & & & & \cdots & & & & \\ & & & & & & \cdots & & & \\ & & & & & & & \cdots & & \\ & & & & & & & & & \\ & & & & & & & & S_n & 0 \end{bmatrix}$$

其中，F_x 為 15~49 歲婦女生育率之修勻值，$S(x)$ 為 (x) 歲的存活率。

②列矩陣 K 的基本構造。

$$K = \begin{bmatrix} P_{1(t)} \\ P_{2(t)} \\ P_{3(t)} \\ \vdots \\ P_{n(t)} \end{bmatrix}$$

其中：$P_{n\ (t)}$ 為預測初始年度，即預測基年 (x) 歲之實際人口數；$x=0, 1, 2, \cdots, n$。由於人口預測是分性別進行的，所以，在具體實施預測時，上面模型中的預測變量，或稱模型元素的 S_x 和 P_x，尚應賦予性別因素，即男性或女性，元素符號亦應標示為：男性，$S_x{}^M$，$P_x{}^M$；女性，$S_x{}^F$，$P_x{}^F$。

建立矩陣預測模型，是指按照矩陣中各個元素的特定要求，通過計算生育率修勻值 F_x 及人口生存率 $S(x)$ 對於用作預測的實際人口資料進行技術處理，然後納入矩陣預測模型，並為最終實現運算提供條件的技術處理過程。

2.7.3.2　Leslie 矩陣方程

Leslie 矩陣，是另一位學者萊斯利在凱菲茨矩陣預測模型的基礎上做了一些修改而提出的一種預測模型。其基本特點是，對矩陣中有的元素從不同的角度進定義和描述。

Leslie 矩陣的基本出發點認為：從宏觀人口看，引起人口變動的原因有三個基素，即出生、死亡和遷移；從人口年齡分佈角度看，人口數隨年齡變動而發生變而人口年齡又是隨時間推移而發生改變，因此，人口數亦隨時間變動而發生變動；從未來人口的構成上看，未來人口數包括由現存人口和新增人口兩部分人口所。以上出發點，為人口發展變動關係的數學描述提供了基本思路。

(1) 現存人口的描述

現存人口是指在預測年度已經生存著的全部人口，其變動特徵可通過以下基本因子進行描述。

現設：$P_{x\ (t)}$ 為 t 年 (x) 歲人口數；

$m_{x\ (t)}$ 為 t 年 (x) 歲人口死亡率；

S_x 為 (x) 歲人口存活率。

於是，人口變動的基本關係可描述為：

$$\begin{cases} P_{1\ (t+1)} = P_{0(t)} \cdot S_0 \\ P_{2\ (t+1)} = P_{1(t)} \cdot S_1 \\ P_{3\ (t+1)} = P_{2(t)} \cdot S_0 \\ \cdots \\ P_{\varpi-1\ (t+1)} = P_{\varpi-2(t)} \cdot S_{\varpi-2} \end{cases} \tag{2.63}$$

（2）新增人口的描述

新增人口是指預測期內新出生的人口，它是引起人口發展變化的基本因素。在預測模型中，具體表現為對 0 歲組人口數的計算與描述。

現設：f_x 為 (x) 歲婦女生育率；δ 為嬰兒出生比，分男嬰出生比 δ_M 和女嬰出生比 δ_F，一般取，$\delta_M = 0.515$，$\delta_F = 0.485$；S_{00} 為出生嬰兒出生當年存活率。

於是，預測期 0 歲人口數（現視為女性人口）可描述為

$$P^F{}_{0(t+1)} = S^F{}_{00} \cdot \delta_F \sum_{x=0}^{\varpi-1} f_x \cdot P^F{}_{x(t)} \tag{2.64}$$

當 $15 < x < 49$ 時，其中的 f_x 為 0。

從上式中的年齡區間的界定可見，它既對一般年齡區間（$0 \sim \varpi - 1$）標示，又對生育年齡區間（15 ~ 49 歲）做了明確界定。這裡，在同一式中，對年齡區的雙重界定並非重複，而其目的是在於為後面建模的需要。為此目的以及符號簡便起見，現定義 (x) 歲婦女生育的小孩數 B_x 為

$$B_x = S^F{}_{00} \cdot \delta_F \cdot f_x$$

於是有

$$P^F{}_{0(t+1)} = \sum_{x=0}^{\varpi-1} B_x \cdot P^F{}_{x(t)} \tag{2.65}$$

（3）人口遷移因素的考慮

人口遷移是引起人口變動的重要因素，諸如，國際遷移會引起遷移國家的人口量發生變動；在一個國家內的省際遷移會引起不同省區的人口總量發生變動；省的不同地區的人口遷移會引起不同地區的人口總量發生變動。而人口遷移又包了遷入和遷出兩種不同性質的遷移，所以，由遷移因素引起的不同國家間或不同地域間人口變動，又包括了引起人口總量增加和減少的兩個方面的變動。而對於同一地域講，遷入人口數抵消遷出人口數之後引起的人口變動，稱為淨遷移變動。在人預測研究中所考慮的人口遷移因素，即為人口淨遷移引起的人口變動。

現設 g_x 為（x）歲之淨遷移人數，於是，式（2.63）可修正為

$$P_{x+1(t+1)} = P_{x(t)} \cdot S_{x(t)} + g_x \tag{2.66}$$

再設 g_{00} 為當年出生者之淨遷入人數，則式（2.66）可修正為

$$P_{0(t+1)} = \sum_{x=0}^{\varpi-1} B_x \cdot P^F{}_{x(t)} + g_{00} \tag{2.67}$$

由式（2.66）和式（2.67），可對人口的整個變動過程的遞推關係做如下描述：

$$\begin{cases} P_{0\ (t+1)} = \sum_{x=0}^{\varpi-1} B_x \cdot P_{x(t)} + g_{00} \\ P_{1\ (t+1)} = P_{0(t)} \cdot S_0 + g_0 \\ P_{2(t+1)} = P_{1(t)} \cdot S_1 + g_1 \\ \cdots \\ P_{\varpi-1\ (t+1)} = P_{\varpi-2(t)} \cdot S_{\varpi-2} + g_{\varpi-2} \end{cases} \tag{2.68}$$

式（2.68）由於人口變量在時間上的遞推關係，描述了人口發展變動過的基本關係。而人口的上述發展變動過程，亦可描述成為一種矩陣關係，由此而對人口發展變動過程的描述更加簡明和規範。

各個矩陣元素及其內在關係的進一步描述為：

$$P_{(t+1)} = A \cdot P_{(t)} + G_{(t)}$$

各個矩陣元素及其內在關係的進一步描述為：

$$\begin{bmatrix} P_{0\ (t+1)} \\ P_{1\ (t+1)} \\ P_{2\ (t+1)} \\ P_{3\ (t+1)} \\ \vdots \\ P_{\varpi-1\ (t+1)} \end{bmatrix} = \begin{bmatrix} B_0 & B_0 & B_0 & \cdots & \cdots & B_0 & B_0 \\ S_0 & 0 & 0 & \cdots & \cdots & 0 & 0 \\ 0 & S_1 & 0 & \cdots & \cdots & 0 & 0 \\ 0 & 0 & S_2 & \cdots & \cdots & 0 & 0 \\ \vdots & \vdots & \vdots & \vdots & \vdots & \vdots & \vdots \\ 0 & 0 & 0 & \cdots & \cdots & S_{\varpi-2} & 0 \end{bmatrix} \cdot \begin{bmatrix} P_{0\ (t)} \\ P_{1\ (t)} \\ P_{2\ (t)} \\ P_{3\ (t)} \\ \vdots \\ P_{\varpi-1\ (t)} \end{bmatrix} + \begin{bmatrix} g_{00} \\ g_0 \\ g_1 \\ g_2 \\ \vdots \\ g_{\varpi-2} \end{bmatrix}$$

2.7.4 邏輯曲線

Verhulst 模型也稱為邏輯模型，是 1837 年德國生物學家 Verhulst 在研究生物繁殖規律時提出的。其基本思想是生物個體數量是呈指數增長的，受周圍環境的限制，增長速度逐漸放慢，最終穩定在一個固定值。Verhulst 模型主要用來描述具有飽和狀態的過程，即「 S 」型過程，常用於人口預測、生物生長、繁殖預測及產品經濟壽命預測等。

一個連續瞬時人口增長率 r_t 定義為

$$r_t = \frac{1}{P(t)} \cdot \frac{dP(T)}{dt}$$

這裡，$P(t)$ 表示 t 時的人口數，r_t 通常是 t 的函數。在 r_t 隨時間不變，並且等於 r_t 的特殊情況下，如果對邏輯模型設置了一個增長上界，即 $\lim_{t\to\infty}P(t)=a$，這時要達到一個上限，瞬間增長率 r_t 必須隨時間遞減，並且最終達到 0。令

$$\frac{1}{P(t)}\cdot\frac{dP(t)}{dt}=r_t=k\cdot\left[1-\frac{P(t)}{a}\right] \qquad (2.69)$$

當 $t\to\infty$時，$P(t)\to a$，所以需要 $r_t\to 0$。而在 $t=0$ 時，由於 $P(0)\neq 0$，有 $r_0=k\cdot\left[1-\frac{P(t)}{a}\right]\neq k$。因此 k 不是時刻 0 的初增長率；像 a 那樣，k 僅僅是必須被指定的模型的一個參數。

為瞭解式（2.69）求 $P(t)$，重新排列得到

$$\frac{dP(t)}{P(t)\left[1-\frac{P(t)}{a}\right]}=k\cdot dt$$

$$\frac{\frac{1}{a}}{1-\frac{P(t)}{a}}+\frac{1}{P}dP(t)=k\cdot dt$$

對上式兩邊積分得到

$$-\ln\left[1-\frac{P(t)}{a}\right]+\ln P(t)=kt+c$$

當 $t=0$，我們得到積分中的常數

$$c=\ln\frac{P(0)}{\left[1-\frac{P(0)}{a}\right]}$$

從而得到

$$\ln\frac{P(t)}{\left[1-\frac{P(t)}{a}\right]}=kt+\ln\frac{P(0)}{\left[1-\frac{P(0)}{a}\right]}$$

或者

$$\frac{P(t)}{\left[1-\frac{P(t)}{a}\right]}=e^{kt}\cdot\left\{\frac{P(0)}{\left[1-\frac{P(0)}{a}\right]}\right\}$$

最後得到

$$P(t)=\frac{a}{1+\left[\frac{a}{P(0)}-1\right]\cdot e^{-kt}}$$

在 $t=0$ 時，由上式知 $P(0)=P(0)$ ，並且當 $t=\infty$, $P(\infty)=a$ 。上式也常寫作

$$P(t)=\frac{1}{A+B\cdot e^{-kt}}$$

其中, $A=\dfrac{1}{a}$, $B=\dfrac{1}{P(0)}-\dfrac{1}{a}$

3　彈性退休制度下中國社會養老保險隱性債務精算模型

本章主要討論中國城鎮職工基本養老保險隱性債務的歷史成因，建立了彈性退休制度下，城鎮職工基本養老保險隱形債務與養老保險帳戶支付能力的精算模型，利用相關精算模型對中國彈性退休制下的隱形債務與帳戶支付能力進行了模擬測算，並根據測算結果提出相應對策。

3.1　社會養老保險精算模型中的重要變量

在建立社會養老保險測算的數學模型前，需要介紹一些比較重要的基本變量，它們也是社會養老保險制度本身所規定的變量。

1. 繳費率

繳費率表示繳費者的養老保險繳費與繳費工資總額的比率。繳費率在養老保險收支平衡中的地位很重要。繳費率高，繳費收入就高，養老保險基金收支平衡就容易實現；繳費率較低，繳費收入就低，不利於養老保險基金收支平衡的實現。繳費率高低的確定取決於繳費者的承受能力。繳費率低，繳費者負擔輕，有利於企業自身累積；繳費率過高，企業負擔重，不利於企業的自身發展。因此，確定繳費率的水準，最主要的是考慮企業的承受能力。除此以外，養老金替代水準和老年撫養比也是影響繳費率的因素，如果養老金收入水準提高，退休職工增多，勢必要求提高繳費率；如果繳費率超過企業所能承受的範圍，應採取措施調整養老金水準和退休年齡，降低繳費率。

2. 替代水準

替代水準是指養老金相對於職工工資的比例，用以表示職工退休後的養老金收入替代工資收入的水準的高低。根據比較對象和範圍的不同，替代水準分為平均替代率和目標替代率。平均替代率是指全部退休職工的平均養老金收入與全部職工的平均工資收入的比例，是用以表示退休職工整體的養老金收入水準高低的指標。目標替代率是指單個職工退休後頭一年的養老金收入與退休前一年工資收入的比率，是用以表示退休後收入相對於退休前收入水準高低的指標。替代水準是影響養老保險基金平衡的基本因素。替代率高，養老保險金支出數額就大，養老保險基金收支平衡就較難實現；替代率低，養老保險支出數額就小，養老保險基金收支平衡就容易實現。發達國家的基本保障水準一般只有退休前工資的 40%~50%，中國目前養老金的平均替代率約為職工平均工資的 80%~85%，顯然較高，需要採取措施把替代率降下來。目前實施的養老金計發辦法的改革可以逐步把替代水準降下來，但難度較大。替代水準的高低取決於以下三個因素：第一，恩格爾系數。當社會恩格爾系數較高時，食物支出在總支出中所占比重較大，替代水準過低會使退休職工的養老金收入無法維持基本生活需要。因此，在人均國民收入水準較低時，應保持一定水準的替代率，以後隨著國民收入水準的提高和恩格爾系數的下降，可逐步將替代比例降下來。第二，養老金剛性。養老金剛性一方面表現為代際攀比，即晚退休者要求比照不低於早退休者的養老金比例發放養老金；另一方面表現為地區代際攀比，即一地區養老金替代水準要求比照不低於其他地方的標準而確定。第三，養老金收入水準提高的影響。國民收入水準提高，晚退休者的養老金收入的絕對數額應比早退休者的養老金收入的絕對數額略有提高。因此，替代水準的降低也受到一定制約。

3. 老年撫養比

老年撫養比是指退休職工人數與在職職工人數之比，用以表示每一個在職職工要供養幾個退休職工。撫養比小，社會養老負擔就輕，社會養老保險收支容易平衡；撫養比大，社會養老負擔重，社會養老保險平衡就困難。撫養比的大小關係到養老保險基金的收支，影響老年撫養比數值大小的因素有以下幾個方面：

第一，就業年齡。就業年齡低，在職職工即養老金繳費者人數就多，養老保險基金繳費就越多；反之，就業年齡高，養老保險基金繳費就越少。一般來說，職工的就業年齡是比較穩定的，降低就業年齡很困難。一是因為受學校教育年限的限制，就業年齡不可能太早；二是受法定就業年齡的限制，就業年齡必須在 16 歲以上。

第二，退休年齡。退休年齡提高，則在職職工人數增多，退休職工人數減少，撫養比減低，社會養老負擔減輕，養老保險收支平衡就容易實現。退休年齡降低，則在職職工人數減少，退休職工人數增多，撫養比提高，社會養老負擔加重，養老保險收支平衡就不容易實現。退休年齡的變動彈性較大，有的國家規定男女平均退休年齡為55歲，有的國家規定為60歲，有的國家規定為65歲或更大。

第三，年齡構成。職工年齡構成是指各年齡組職工（包括在職職工和退休職工）的人數在職工總人數中所占的比重。當人口結構趨於老年化時，全部職工中退休職工人數所占比例增加，在職職工人數所占比例趨於減少，撫養比增大，社會養老負擔增加；反之，當人口結構趨於年輕化時，則撫養比減少，社會養老負擔減輕。

4. 工資增長率

工資增長率是表示職工工資隨工齡或年份而增長的比率。工資增長率越高，繳費工資基數增長得越快，養老保險基金繳費收入的增長也越快，同時退休時養老金標準就越高，因而養老保險基金支出的增長也越快。一般來說，工資增長時，全體在職職工的工資都相應增長，已退休的職工的養老金也會相應增長，但養老金的增長率會比工資增長率低。

5. 養老金增值率

養老金增值率是表示養老保險基金的投資增值部分與養老保險基金的比例。養老金增值率越高，養老金增值速度就越快，能夠給養老保險基金帶來更多的增值收入。養老金增值率與養老保險支出的關係取決於養老金計發採取什麼方法。在個人帳戶形式下，當養老金增值率較高時，個人帳戶記帳利率也較高（記帳利率一般略小於養老金增值率），個人帳戶儲存額就越大，職工退休後的養老金支出額也越大。於是，在個人帳戶形式下，養老金增值率對收支平衡的影響，取決於養老金增值率對養老保險基金的實際增值與個人帳戶的帳面增值的比較。

6. 目標期間

目標期間是指維持養老金收支平衡所取的期間。現收現付模式下是當年平衡，目標期間就是一年。完全累積模式下是職工開始就業時繳費，職工退休後領取養老金，目標期間是職工就業年限加上退休後平均剩餘壽命的年限。目標期間取得長短對於部分累積模式來說，是與主觀意願有關的，目標期間取得長些，有利於在人口老齡化時解決較長期間的養老金收支平衡問題，使老齡化帶來的養老負擔在代際間更加均勻化，不會對後代造成沉重的養老負擔。

3.2 彈性退休養老保險隱性債務精算

3.2.1 中國養老金隱性債務產生的歷史原因

3.2.1.1 養老保險的籌資模式

(1) 現收現付制及其資金平衡模式

①現收現付制的基本含義。

現收現付，顧名思義就是當期收進又當期付出，英文翻譯為Pay-As-You-Go，很形象地描繪了該制度的特點，那就是在你離開之時，該制度才向你支付你所應獲的養老金。現收現付制嚴格的定義是，以在職參保員工的繳費來支付同期離退休職工的養老費用的養老保險制度。其主要特徵為政府根據每年養老金的實際需要，從工資中提取相應比例的養老金，本期徵收、本期使用，不為以後使用提供儲備。現收現付制是養老保險產生、發展過程中最早出現的，並在早期被多數國家，尤其是工業發達國家採用的養老保險基金運行模式。

②現收現付制的資金平衡模式。

根據現收現付制的定義，可以總結出現收現付制的基本思想完全可以用一個最簡單的文字等式表示，那就是：

$$\text{當期養老金的繳費收入}=\text{當期養老金的發放支出}$$

通常情況下，養老保險的參保職工在工作期間按照工資的一定比例繳納養老保險費用，退休期間按照社會平均水準領取養老金。這樣一來，上述等式的左右兩邊就可以分別表述為

當期養老金的繳費收入=養老保險繳費率×在職職工人數×在職職工平均工資水準

養老金的發放支出=退休職工人數×退休職工平均養老金水準

於是，顯然有

$$\text{養老保險繳費率}=\frac{\text{退休職工平均養老金水準}}{\text{在職職工平均工資水準}}\times\frac{\text{退休職工人數}}{\text{在職職工人數}}$$

也就是說，養老保險的繳費率取決於四個因素：一是在職職工人數，二是在職職工平均工資水準，三是退休職工人數，四是退休職工平均養老金水準。它表明隨著在職職工人數和在職職工平均工資水準的增加和提升，養老保險的繳費率會降低，隨著在職職工人數和在職職工平均工資水準的減少和下降，養老保險的繳費率會上升；而退休職工人數和退休職工平均養老金水準的增加和

提升，會導致養老保險的繳費率提高，退休職工人數和退休職工平均養老金水準的減少和下降，會導致養老保險的繳費率降低。

現收現付制下所實現的是不同代人之間的收入再分配，因為對於同代人而言，養老金的發放與繳費之間沒有必然的聯繫。個人得到的養老金並不一定隨繳費的增加而同比例增加，而是在所有退休者之間保持一種相對平均的水準。顯然，這種制度縮小了退休者之間的收入差距，是一種「均貧富」式的養老保險制度。

（2）部分累積制及其資金平衡模式

①部分累積制的基本含義。

部分累積制也叫部分基金制，英文翻譯為 Partial-Funded，是現收現付制和完全累積制之間的中間模式。中國實行的部分累積制是社會統籌與個人帳戶相結合的基本制度。該制度根據長期基金平衡的原則，拿出基金的一部分來滿足當期已退休職工的養老金支付，同時提取一定的儲備基金作為個人帳戶的累積資金，是一種通過社會統籌和個人帳戶的共同需求來制定繳費率以保證養老金足額給付的養老保險制度。一般情況下，現收現付制是通過規定受益制，即養老保險的主辦者做出承諾，依據參保職工年齡和以往貢獻的大小決定各參保職工養老金收益的方式來實施。而個人帳戶累積制，不管是完全累積制，還是部分累積制，大都是通過規定繳費制，即按照一定公式計算各參保職工的繳費額，為各參保職工設立個人帳戶，以記錄繳費和確定將來收益的方式來實施。

②部分累積制的資金平衡模式

部分累積制的資金平衡實質上是將目標期間內的當年收入大於支出的年份的累積，去彌補當年收不抵支年份的缺口。假設第一個階段的繳費收入為正，這就表示該階段是有累積的。第二階段的繳費收入為負，這意味著這一個階段不存在累積而是有繳費缺口。於是，平衡的等式就是：

第一階段的養老金累積=第二階段的養老金缺口

（3）現收現付制與部分累積制的比較

學術界對現收現付制與部分累積制運行差異的討論集中在運行方式和經濟效應上。兩種制度不同的經濟效應主要可分為儲蓄效應、投資效應和再分配效應，這與本章的主要研究內容關係不大，故本章不予具體討論。關於兩種制度運行方式的比較，可見表 3-1。

表 3-1　現收現付制與部分累積制運行方式比較

項目	現收現付制	部分累積制
平衡原則	橫向平衡	縱向平衡
籌集方式	社會統籌	個人累積-社會統籌
代際關係	代際贍養	同代自養+代際贍養
受益原則	規定受益	規定繳費

從表 3-1 可見，現收現付制與部分累積制在平衡原則、籌集方式、代際關係和受益原則上都存在差別。現收現付制強調的是橫向平衡，是在同一時期所有參保者之間的收支平衡；部分累積制強調的是縱向平衡，是個人在生命期內繳費和收益的平衡。現收現付制通常是全體參保職工一個帳戶，政府在全社會範圍內統籌安排部分累積制是一人一帳戶，自己繳費自己享用，沒有建立個人帳戶的已退休者由社會統籌。現收現付制是「老人」「中人」「新人」一代養一代，通過代際贍養實現財富轉移；部分累積制是「老人」由下一代贍養，「中人」是下一代人贍養和自負兩部分，「新人」為自負贍養，當前的累積為未來的贍養費用。現收現付制是政府根據人口狀況從工資中提取相應比例的養老金，最後規定受益水準部分；部分累積制是政府根據經濟發展狀況預測未來生活標準，最後規定繳費水準。

3.2.1.2　隱性債務的產生

養老保險的隱性債務是指政府需要履行養老金的支付責任，而帳戶上又沒有相應的資金累積的那部分資金缺口。「隱性」兩字的由來是因該種債務不屬於已經明確計量、記錄並上報的養老金債務。隱性債務既不屬於當期的養老金赤字，也沒有就償債日期和償債金額有明確的規定。從上文可知，養老金隱性債務的產生與養老保險制度的轉變有密不可分的關係，可以說中國養老金隱性債務產生於現收現付制，而顯性於部分累積制。

養老保險隱性債務（Implicit Pension Debt，IPD）的含義，至今沒有較官方的定義。國內學術界仍然存在著爭議，不同的學者有不同的表述和理解，具有代表性的有：中國人民大學房海燕博士（1998）認為隱性債務是特定時點累積的，由政府部門索取養老金的權利價值減去歷年滾存的基金餘額，是承諾的現收現付制所固有的。王燕、徐滇慶等（2001）認為 IPD 是養老金計劃即刻終止的情況下，給付給退休人員的養老金的現值加上在崗職工已累積並必須給付的養老金權利的現值。王曉軍（2002）從精算意義上描述了 IPD 的含義，稱養老金制度的債務是制度對所有參加人員承諾的未來給付精算現值。制度轉軌時的債務是舊制度終止時，所有覆蓋人口在舊制度下已累積得到養老金權利的現值，它隱藏在過去現收現付制度下，為了保持制度的連續性和公平，這一債務由轉軌後的新制度承擔，這種新制度建立時面臨的債務即隱性債務。還有學者認 IPD 是整個養老保險的參保職工負債的未累積部分，同時也有學者認為轉制成本與隱性債務不同，且隱性債務本身也分成轉制隱性債務和一般隱性債務。

總結各個學者的觀點，概括起來隱性債務的來源主要有下列三點：

①現收現付制度下參保職工應得的養老金給付權益。

在養老保險現收現付制度下，當期的在職職工繳納的養老保險費用於贍養同期的退休職工，同時獲得未來領取養老金的權益。這些權益在部分累積制度下沒有相應的個人帳戶資金來兌現，由此形成了養老保險的隱性債務。

②部分累積制度下參保職工個人帳戶累積不足額。

部分累積制下，政府根據經濟發展水準、養老金債務水準等多方面因素預測未來給付標準，並確定養老保險的繳費水準。在制度轉軌過程中，部分參保職工個人帳戶建立時間不足致使帳戶累積資金不足額。個人帳戶隱性養老金債務即為該累積值與政府應付最低養老金的差額。當長壽風險或投資風險發生時，個人帳戶累積不足額導致的隱性債務將會顯性化。

③政府擔保私人養老金計劃所致。

政府為私人養老金計劃提供擔保，當私人養老金計劃不能完成支付的時候，政府必須擔負相應的責任，此時產生的債務也是養老金隱性債務的一種。

養老金隱性債務的第三種來源實際上在中國並不存在。因為，在中國現階段實行的私人養老金計劃有企業年金和職工個人儲蓄性養老保險，政府為支持其發展予以優惠的稅收政策，但沒有為其進行擔保。

中國目前存在的隱性債務主要來源於制度轉軌造成的債務，即隱性債務來源的前兩點。根據《國務院關於完善企業職工基本養老保險制度的決定》（國發〔2005〕38 號）的明確規定，「老人」按原規定計發養老金，並執行基本養老金調整辦法。對《國務院關於建立統一的企業職工基本養老保險制度的決定》（國發〔1997〕26 號）實施前參加工作，《國務院關於完善企業職工基本養老保險制度的決定》（國發〔2005〕38 號）實施後退休且繳費年限含視同繳費年限累計滿 15 年的「中人」，在發給基礎養老金和個人帳戶養老金的基礎上，再發給過渡性養老金。因此，中國隱性債務的來源就是「老人」和

「中人」的養老金權益。

3.2.1.3 隱性債務的顯性化

隱性債務顯性化是指在養老保險制度轉軌的條件下，隱性負債得到確認並計入當期養老金赤字，具有明確的償債期限和償還金額，並且可計量、記錄。《國務院關於建立統一的企業職工基本養老保險制度的決定》（國發〔1997〕26號）的實施，是中國基本實現現收現付制並向部分累積制轉化的標誌，而養老金隱性債務也由此開始顯性化成為轉軌成本。

中國養老金隱性債務顯性化不僅是體制轉軌所導致，還有一些其他的外部原因。總的來說，下述三個方面導致了中國養老金隱性債務的顯性化。

（1）養老保險體制轉軌致使隱性債務顯性化

中國自1995年國務院發布《國務院關於深化企業職工養老保險制度改革的決定》（國發〔1991〕33號）起，開始探索建立「統帳結合」的制度模式。1997年，國務院發布《關於建立統一的企業職工基本養老保險制度的決定》（國發〔1997〕26號），統一了各地「統帳結合」的辦法，規定了統一的繳費比例、個人帳戶規模、基本養老金計發辦法等，正式確立了中國目前企業職工基本養老保險制度的基本框架，也標誌著中國基本實現了養老保險由現收現付制模式向部分累積制模式的轉變。而2005年發布的《國務院關於完善企業職工基本養老保險制度的決定》（國發〔2005〕38號），調整了個人帳戶的規模，改革了基本養老金計發辦法，建立了參保繳費的激勵約束機制等，進一步完善了部分累積制度。

2005年的制度規定養老金的計發準則為「老人」老辦法、「新人」新辦法、「中人」過渡辦法。「新人」是新制度實施後入職的職工，加入養老保險初始就建立了個人帳戶，為未來養老金權益的兌現累積了深厚的資金，只要養老金的增值保值機構對資金管理得當，「新人」不會產生隱性債務。「老人」在新制度實施前已經退休，完全沒有個人帳戶的資金累積，需要政府負責給付基本養老金，並按社會生活水準適時調整。「中人」在新制度實施後退休則給付基礎養老金、過渡養老金和個人帳戶養老金。「老人」和「中人」在養老保險制度改革前繳納的保險費用，已經用於支付上一代退休職工的退休金，或者以利潤形式上繳國家財政。因此，國家每年在給付「老人」「中人」的養老金時，都會有資金缺口。這個資金缺口就是已顯性化的隱性債務，因而可以計算其數額。

在養老金制度轉軌期間，中國沒有其他渠道能消化這巨額的隱性負債，只能靠制度自身消化，即用個人帳戶的資金來支付當前「老人」「中人」的養老金。但這樣會使得個人帳戶逐漸被掏空，原本應該起到累積作用的個人帳戶基金，實際上只是一個名義帳戶，變成了一個記帳工具和養老金給付的計算工具，即形成了「空帳」。「空帳」的出現使養老保險制度在實際運行中仍與原有的現收現付制相同，只不過是退休人員的養老金支付方式發生了變化而已。如果「空帳」現象繼續發展，將有可能導致支付危機。為了解決這一問題，近年中國已經開始了社會帳戶和個人帳戶實行分帳管理的試點。

（2）老齡化加劇間接導致隱性債務顯性化

與西方工業化國家相比，中國老齡化規模大、速度快。目前中國老年人口占世界老年人口總數的 1/5，是世界老年人口最多的國家。據中國社會科學院的研究報告，預計 21 世紀 30 年代，中國老齡化將達到高峰，屆時城鎮的養老保險基金將面臨更大壓力。

人口年齡結構從成年型進入老年型，法國用了 115 年，瑞士用了 85 年，美國用了 60 年，而中國只用了 18 年，可見老齡化發展速度之快。西方國家是在實現工業化、人均收入較高的情況下進入老齡化社會的，而中國是在未完成工業化、人均收入較低的情況下進入老齡化社會，是「未富先老」。過早到來的老齡化社會造成了養老保險基金的不足。退休職工迅速增加，在職職工負擔加重，在這種人口結構環境下仍實行現收現付制顯然是不合理的。現收現付制的代際贍養模式會隨著人口老齡化的加快而加深代與代之間的養老金權益衝突。養老金給付有一定的剛性需求，當沒有足夠的年輕人口來滿足養老金的支付需求，養老保險的費率將會提高，從而導致企業和職工的繳費負擔過重，可能會引發逃費率、拒繳率上升等社會問題。可見，人口年齡結構的變化對現收現付制的運行的影響很大。在中國這種老齡化程度加快的社會現狀下，若繼續實行現收現付的養老保險制度，人均養老金水準將會加速下降，到退休高峰期時企業必將不堪重負。因此，養老保險體制的改革是刻不容緩的。而由現收現付制向部分累積制的轉變過程中，養老保險的隱性債務會相應地顯性化，也就是說，人口老齡化加劇間接導致隱性債務的顯性化。

（3）經濟體制轉軌加速了隱性債務的顯性化

中國的經濟體制從新中國成立伊始到 20 世紀 70 年代後期都是實行的計劃經濟。為了使國民經濟發展有充足的資金，中國通過降低居民工資的方式把本應由職工享有的養老金作為企業利潤的一部分用於國家經濟建設。最終這些養老金權益被凝結在了國有資產中，產生了國家對職工的養老金隱性債務。（李丹, 2009）這部分債務在經濟體制轉軌後直至養老保險制度轉軌而逐步顯性化。

早先的養老保險在國家的統籌安排下進行，現收現付制使得繳費和收益沒有必然的聯繫，凡是符合條件的個人都可以享有，具有非排他性和非競爭性。提前退休或壽命延長都會使得個人享有的養老金增加，也會導致他人的享有額減少或者是下一代的繳費額的增加。現實的經濟現象就是，在中國國有企業改革過程中，一些人利用各種機會提早退休，人為延長享受養老金的年限。而經濟體制轉軌後，部分國有企業和集體企業在市場競爭條件下出現經濟效益低下，甚至是連年虧損的情況。在職職工拿不到或拿不滿工資，企業離退休職工或提前退休的職工卻可以按時足額地從社會保險機構領取養老金，這種現象更鼓勵了企業職工創造條件提前退休的行為，導致實際繳費率呈不斷下降趨勢。當養老保險制度開始轉軌時，轉制的費用還沒有填充進去，該繳的費用又被挖掉一塊，自然是「雪上加霜」。這部分原因造成的隱性債務在養老保險改革後很快顯示出來，並加大了養老保險改革的難度。

3.2.1.4 現階段養老金隱性債務的構成

按照規定，我們可以籠統地將養老金權益人分為「老人」「中人」和「新人」。「老人」指轉制前退休的參保職工，按國家原來的規定計發養老金並執行養老金調整辦法。「中人」指轉制前參加工作、轉制後退休的參保職工，按《國務院關於完善企業職工基本養老保險制度的決定》（國發〔2005〕38 號）規定，計發基本養老金，即基礎養老金和個人帳戶養老金。若「中人」繳費年限超 15 年或者視同超過 15 年的，則另外發放過渡養老金。「新人」是轉制後參加工作的，養老金的計發由個人帳戶養老金和基礎養老金組成。養老金計發結構的公式如下：

基本養老金＝基礎養老金+個人帳戶養老金

基礎養老金退休＝（上一年度當地職工平均工資+本人指數化月平均繳費工資）÷2×退休時繳費年限（含視同繳費年限）×1%

$$\text{個人帳戶養老金}=\frac{\text{退休時個人帳戶累積額}}{\text{退休年齡相對應的計發月數}}$$

過渡養老金＝職工退休時上一年度當地職工平均工資×職工本人平均繳費工資指數×改革時已繳費年限（含視同繳費年限）×過渡養老金計發系數

根據上面公式，我們可以分析出每項養老金與隱性債務的關係：

(1) 老人養老金

「老人」是制度轉軌前就已經退休的職工，其在職期間所繳納的保險費已被統籌作為上一代職工的養老金或者被凝結在國家固定資產中，沒有個人帳戶的資金累積。因而，老人的養老金領受權益存在隱性債務。

(2) 基礎養老金

基礎養老金=（退休上一年度當地職工平均工資+本人指數化月平均繳費工資)÷2×退休時繳費年限（含視同繳費年限）

從上式可見，基礎養老金由三個變量決定。就「新人」來看，上式的三個變量都是按新制度計量的，與現收現付制沒有關聯，故「新人」的基礎養老金不產生隱性債務。「中人」的退休時間是新制度實施後，因式中前兩個變量與舊制度沒有關聯，而「退休時繳費年限」這個變量受轉軌前舊制度的影響，「中人」的養老保險繳費年份有部分處於舊制度時期，故「中人」的基礎養老金存在隱性債務。

(3) 過渡養老金

過渡養老金的領受人只有繳費年限滿 15 年（含視同繳費年限）的「中人」。

計算公式如下：

過渡養老金=職工退休時上一年度當地職工平均工資×職工本人平均繳費工資指數×改革時已繳納年限（含視同繳費年限）×過渡養老金計發系數

式中有「改革時已繳費年限（含視同繳費年限）」這個因素與舊制度相關，因此「中人」的過渡養老金也存在隱性債務。

(4) 個人帳戶養老金

個人帳戶養老金是在新制度實施後建立的，個人帳戶是部分累積制下的重要籌資方式，也是參保職工累積的個人未來養老金給付權益。無論是「中人」還是「新人」，其個人帳戶養老金都不存在隱性債務。

綜上所述，構成中國養老金隱性債務的是「老人」養老金、「中人」基礎養老金及「中人」過渡養老金這三部分。

3.2.2 養老保險隱性債務（IPD）精算模型

IPD 的測算模型主要有兩種，分別是匡算模型和精算模型。匡算方法就是以隱性債務占國內生產總值的比例來推算 IPD 規模。外國學者 Schwart（1996）就 1994 年的經濟數據推算過中國 1995—2075 年的 IPD 水準匡算值，並假設中國如繼續實施現收現付的養老金制度，在養老金替代率 40%的退休金發放制度下，IPD 會逐步升至 GDP 的 100%～200%。房海燕（1998）對中國 1994 年的 IPD 進行匡算，她由當年離退休、退職費增長率為上個十年退休金的平均增長率，推算出 2000 年中國的 IPD 與同期 GDP 的比會達到 88%~133%，即 IPD 規模為 20,541 億~30,771 億元；這兩位學者的結論是相對一致的。世界銀行於 1996 年對中國養老保險制度改革進行研究，並發表了《中國養老金體制改革》報告。根據中國 1994 年離退休、退職費占當年的比例約等於 2.3%，並遵照 IPD 大概為同期養老金給付額的 20~30 倍的國際經驗，報告匡算出當年中國的 IPD 與 GDP 的比值為 46%~69%，即 IPD 規模為 20,147 億~30,221 億元。王燕等（2001）進行模擬測算得出 IPD 到 2050 年可達到 371,390 億元，占 GDP 的比例為 33.1%；王曉軍（2002）匡算出中國如果持續現收現付制從 2000 年呈增加的隱性債務規模趨勢，到 2030 年中國 IPD 會占到 GDP 的 56%，債務規模為 45,091 億，2050 年會占到 GDP 的 153%，債務規模為 537,462 億元，並得出如果改制時間每推遲一年，IPD 規模增加 3 千億元的結論。譚湘渝（2003）在職工參保年齡 20 歲，平均退休年齡 58 歲等一系列前提下，測算了中國 2002 年年初的養老金隱性債務量為 93,921 億元，占同期 GDP 的 98%。

IPD 的精算方法即為運用養老保險精算原理建立測算 IPD 的精算模型。東明等（2005）運用精算方法對隨機利率下的 IPD 進行了統計模擬分析。柏滿迎、雷黎（2008）利用精算方法對隨機利率條件下的債務規模進行了分析，根據有關專家編製的生命表，採用統計分析軟件，經計算得到中國養老保險隱性債務未來規模的期望值為 35,482 億元。李丹（2009）利用精算方法得出 2013 年 IPD 為 229,883 億元。李莉、梁明星、李超（2009）利用精算測算 2010 年中國 IPD 總規模在 30 億~40 億元之間。彭浩然等（2009）利用精算方法測算了當前參保人口債務和開放系統債務的規模。梁君林等（2010）利用系統動力學模型得出中國養老保險個人帳戶的空帳規模為 27,461.12 億元。

根據對參保職工養老金計發的新規定，作者採用學術界的普遍做法，將所有參保職工分為「老人」「過渡中人」「新中人」「新人」四類，見表 3-2。

表 3-2　參保職工分類

分類	定義	養老金計發標準
「老人」	《國務院關於建立統一的企業職工基本養老保險制度的決定》(國發〔1997〕26 號）實施前退休	按《國務院關於建立統一的企業職工基本養老保險制度的決定》(國發〔1997〕26 號）規定

表3-2(續)

分類		定義	養老金計發標準
「中人」	「過渡中人」	《國務院關於建立統一的企業職工基本養老保險制度的決定》(國發〔1997〕26號)實施前入職, 《國務院關於完善企業職工基本養老保險制度的決定》(國發〔2005〕38號)實施前退休	按《國務院關於建立統一的企業職工基本養老保險制度的決定》(國發〔1997〕26號)規定
	「新中人」	《國務院關於建立統一的企業職工基本養老保險制度的決定》(國發〔1997〕26號)實施前退休, 《國務院關於完善企業職工基本養老保險制度的決定》(國發〔2005〕38號)實施前退休	按《國務院關於完善企業職工基本養老保險制度的決定》(國發〔2005〕38號)規定
「新人」		《國務院關於建立統一的企業職工基本養老保險制度的決定》(國發〔1997〕26號)實施前退休	按《國務院關於完善企業職工基本養老保險制度的決定》(國發〔2005〕38號)規定

3.2.2.1 固定年齡退休 IPD 精算模型

1. 模型的假設

本精算模型建立基於以下四點假設:

①假設人口系統是封閉的,不考慮人員遷入或遷出的影響;

②假設參保時同齡的職工在退休後同一時刻的養老金水準相同;

③不考慮提前退休、傷殘等因素對養老金支付的影響;

④假設養老金均為每年年初支付。

2. IPD 精算模型

①「老人」養老保險隱性債務現值。

「老人」是指在《國務院關於建立統一的企業職工基本養老保險制度的決定》(國發〔1997〕26號)實施前已經退休的職工,其養老保險隱性債務精算現值:

$$IPD_1 = \sum_{x=r+t-n}^{\omega-1} LO_{x,\,t} \cdot M \cdot \sum_{k=1}^{\varpi-x} (1+\varphi \cdot g)^{k} \cdot v^{k} \cdot {}_{k}p_{x}$$

其中:

$LO_{x,t}$ 代表 t 年 x 歲「老人」的人數；

M 代表年養老金給付額；

φ 表示養老金按工資增長率的調整率；

g 為社會平均工資增長率；

v 為折現率；

${}_kp_x$ 為能活過 x 歲的概率；

ϖ 為極限年齡；

r 為退休年齡；

n 為新制度開始實施的年份數；

②「過渡中人」基礎性養老金和過渡性養老金隱性債務精算模型。

「過渡中人」指在《國務院關於建立統一的企業職工基本養老保險制度的決定》（國發〔1997〕26 號）實施前入職，在《國務院關於完善企業職工基本養老保險制度的決定》（國發〔2005〕38 號）實施前退休的職工。按國家相關政策「過渡中人」在領取基礎養老金和個人帳戶養老金的基礎上，還要領取過渡養老金，而基礎養老金和過渡養老金都要產生隱性負債，因此「過渡中人」的 IPD 可以分為基礎養老金導致的負債和過渡養老金導致的負債兩部分來測算。

x 歲「過渡中人」退休後領取的基礎性養老金，在測算點的精算現值為

$$IPD_{21} = \lambda \cdot \overline{W} \cdot \sum_{x=r+t-2005}^{r+t-n-1} M_{x,t} \left\{ \sum_{k=0}^{w-x-1} \left[(1+\varphi \cdot g)^k \cdot v^k \cdot {}_kp_x \right] \cdot \frac{x-a-(t-n)}{\overline{H}} \right\}$$

其中：

$M_{x,t}$ 代表 t 年 x 歲「過渡中人」的人數；

λ 為養老金計發比率；

$\overline{W}$ 為職工退休時上年度的社會平均工資。

$\overline{H}$ 指職工的平均在職時間。

x 歲「過渡中人」退休後領取的過渡性養老金，在測算點的精算現值為

$$IPD_{22} = \varepsilon \cdot \beta \cdot \overline{W} \cdot TI_x \cdot \sum_{x=r+t-2005}^{r+t-n-1} M_{x,t} \cdot \left(\sum_{k=0}^{\varpi-x-1} {}_kp_x \cdot v^k \right)$$

其中：

ε 是過渡養老金計發比率；

β 是平均繳費指數；

$\overline{W}$ 是職工退休時上年度的社會平均工資；

TI_x 是加入個人帳戶制度時繳費和視同繳費年限。

「過渡中人」養老保險隱性債務精算現值模型：$IPD_2 = IPD_{21} + IPD_{22}$

③「在職中人」基礎性養老金和過渡性養老金隱性債務精算模型。

「在職中人」《國務院關於建立統一的企業職工基本養老保險制度的決定》（國發〔1997〕26號）實施前入職，在測算時刻 t 仍在職的參保職工。「在職中人」的隱性債務也分為基礎養老金隱性債務和過渡養老金隱性債務。

x 歲「在職中人」退休後領取的基礎性養老金，在測算點的精算現值為

$$\mathrm{IPD}_{31} = \sum_{x=a+t-n}^{r-1} M_{x,\ t}[(\overline{W}_0 + \overline{W}_i/2) \cdot \mathrm{TI}_x \cdot 1\% \cdot {}_{(r-x)}p_x \cdot v^{(r-x)}$$
$$\cdot \sum_{k=0}^{w-r-1} (1 + \varphi \cdot g)^k \cdot v^k \cdot {}_kp_x \cdot \frac{x - a - (t - n)}{\overline{H}}]$$

x 歲「在職中人」退休後領取的過渡性養老金，在測算點的精算現值為

$$\mathrm{IPD}_{32} = \varepsilon \cdot \beta \cdot \sum_{x=a+t-n}^{r-1} M_{x,\ t} \cdot \mathrm{TI}_x$$
$$\cdot \left[\overline{W}_{t-1} \cdot (1 + g)^{(r-x-1)} \cdot {}_{(r-x)}p_x \cdot v^{(r-x)} \sum_{k=0}^{\varpi-r-1} {}_kp_x \cdot v^k\right]$$

其中，$\overline{W}_{t-1}$ 為 $t-1$ 時刻的社會平均工資。

「在職中人」養老保險隱性債務精算現值模型：$\mathrm{IPD}_3 = \mathrm{IPD}_{31} + \mathrm{IPD}_{32}$

④「退休中人」基礎性養老金和過渡性養老金隱性債務精算模型。

「退休中人」是指在《國務院關於建立統一的企業職工基本養老保險制度的決定》（國發〔1997〕26號）實施前入職，t 時刻前退休人員。「退休中人」退休後領取的基礎性養老金，在測算點的精算現值為

$$\mathrm{IPD}_{41} = \sum_{x=r}^{r+x-2006} M_{x,\ t} \cdot [(\overline{W}_0 + \overline{W}_i/2) \cdot (r - a) \cdot 1\%$$
$$\cdot \sum_{k=0}^{w-x-1} {}_kp_x (1 + \varphi \cdot g)^k \cdot v^k \cdot \frac{x - a - (t - n)}{\overline{H}}]$$

其中：$\overline{W}_0$ 是上年度在職職工平均工資；$\overline{W}_i$ 是指數化平均繳費工資。

「退休中人」退休後領取的過渡性養老金，在測算點的精算現值為

$$\mathrm{IPD}_{42} = \varepsilon \cdot \beta \cdot \overline{W} \cdot \sum_{x=r}^{r+t-2006} M_{x,\ t} \cdot \mathrm{TI}_x \cdot \left(\sum_{k=0}^{w-x-1} {}_kp_x \cdot v^k\right)$$

「退休中人」養老保險隱性債務精算現值模型：$\mathrm{IPD}_4 = \mathrm{IPD}_{41} + \mathrm{IPD}_{42}$

總的養老保險隱性債務精算現值模型：$\mathrm{IPD} = \mathrm{IPD}_1 + \mathrm{IPD}_2 + \mathrm{IPD}_3 + \mathrm{IPD}_4$

3.2.2.2 單隨機過程下的養老保險隱性負債精算模型

1. 標準 Wiener 過程建模的精算模型

利息力累積函數

$$R_t = \delta t + \beta W_t$$

其中：W_t 為標準 Wiener 過程，β 為常數參數，δ 為常數利息力。

可得下列精算模型

$$E(e^{R_t}) = e^{-\delta t - \frac{1}{2}\beta^2 t}$$

①「老人」養老保險隱性債務精算現值。

$$\text{IPD}_1 = \sum_{x=r+t-n}^{\omega-1} \text{LO}_{x,\ t} \cdot M \cdot \sum_{k=1}^{\varpi-x} (1+\varphi \cdot g)^{k} \cdot e^{-\delta k - \frac{1}{2}\beta^2 k} \cdot {}_kp_x$$

②「過渡中人」基礎性養老金和過渡性養老金隱性債務精算模型。

x 歲「過渡中人」退休後領取的基礎性養老金，在測算點的精算現值為：

$$\text{IPD}_{21}^* = \lambda \cdot \overline{W} \cdot \sum_{x=r+t-2005}^{r+t-n-1} M_{x,\ t} \{ \sum_{k=0}^{w-x-1} [(1+\varphi \cdot g)^{k} \cdot e^{-\delta k - \frac{1}{2}\beta^2 k} \cdot {}_kp_x] \cdot \frac{x-a-(t-n)}{\overline{H}} \}$$

x 歲「過渡中人」退休後領取的過渡性養老金，在測算點的現值為

$$\text{IPD}_{22} = \varepsilon \cdot \beta \cdot \overline{W} \cdot \text{TI}_x \cdot \sum_{x=r+t-2005}^{r+t-n-1} M_{x,\ t} \cdot \left(\sum_{k=0}^{\varpi-x-1} e^{-\delta k - \frac{1}{2}\beta^2 k} \cdot {}_kp_x \right)$$

「過渡中人」養老保險隱性債務精算現值模型：$\text{IPD}_2 = \text{IPD}_{21} + \text{IPD}_{22}$

③「在職中人」基礎性養老金和過渡養老金隱性債務精算模型。

x 歲「在職中人」退休後領取的基礎性養老金，在測算點的精算現值為

$$\text{IPD}_{31} = \sum_{x=a+t-n}^{r-1} M_{x,\ t} [(\overline{W}_0 + \overline{W}_i/2) \cdot \text{TI}_x \cdot 1\% \cdot {}_{(r-x)}p_x \cdot e^{-\delta(r-x) - \frac{1}{2}\beta^2(r-x)} \cdot \sum_{k=0}^{w-r-1} (1+\varphi \cdot g)^{k} \cdot e^{-\delta k - \frac{1}{2}\beta^2 k} \cdot {}_kp_x \cdot \frac{x-a-(t-n)}{\overline{H}}]$$

x 歲「在職中人」退休後領取的過渡性養老金，在測算點的精算現值為

$$\text{IPD}_{32} = \varepsilon \cdot \beta \cdot \sum_{x=a+t-n}^{r-1} M_{x,\ t} \cdot \text{TI}_x \cdot [\overline{W}_{t-1} \cdot (1+g)^{(r-x-1)} \cdot {}_{(r-x)}p_x \cdot e^{-\delta(r-x) - \frac{1}{2}\beta^2(r-x)} \cdot \sum_{k=0}^{\varpi-r-1} {}_kp_x \cdot e^{-\delta k - \frac{1}{2}\beta^2 k}]$$

「在職中人」養老保險隱性債務精算現值模型：$\text{IPD}_3 = \text{IPD}_{31} + \text{IPD}_{32}$

④「退休中人」基礎性養老金和過渡性養老金隱性債務精算模型。

「退休中人」退休後領取的基礎性養老金，在測算點的精算現值為

$$\text{IPD}_{41} = \sum_{x=r}^{r+x-2006} M_{x,\ t} \cdot [(\overline{W}_0 + \overline{W}_i/2) \cdot (r-a) \cdot 1\% \cdot \sum_{k=0}^{w-x-1} {}_kp_x (1+\varphi \cdot g)^{k} \cdot e^{-\delta k - \frac{1}{2}\beta^2 k} \cdot \frac{x-a-(t-n)}{\overline{H}}]$$

其中：$\overline{W}_0$ 是上年度在職職工平均工資；$\overline{W}_i$ 是指數化平均繳費工資。

「退休中人」退休後領取的過渡性養老金，在測算點的精算現值為

$$\text{IPD}_{42} = \varepsilon \cdot \beta \cdot \overline{W} \cdot \sum_{x=r}^{r+t-2006} M_{x,\ t} \cdot \text{TI}_x \cdot \left(\sum_{k=0}^{w-x-1} {}_kp_x \cdot e^{-\delta k - \frac{1}{2}\beta^2 k} \right)$$

「退休中人」養老保險隱性債務精算現值模型：$IPD_4 = IPD_{41} + IPD_{42}$
總的養老保險隱性債務精算現值模型：$IPD = IPD_1 + IPD_2 + IPD_3 + IPD_4$
2. 高斯過程建模的精算模型
利息力累積函數

$$R_t = \delta t + \beta G_t$$

其中：G_t 為高斯過程，β 為常數參數，δ 為常數利息力，
可得下列精算模型

$$E(e^{R_t}) = e^{-\delta t - \beta\mu(t) - \frac{1}{2}\beta^2\sigma^2(t)}$$

①「老人」養老保險隱性債務精算現值。

$$IPD_1 = \sum_{x=r+t-n}^{\omega-1} LO_{x,t} \cdot M \cdot \sum_{k=1}^{\varpi-x} (1+\varphi\cdot g)^k \cdot e^{-\delta k - \beta\mu(k) - \frac{1}{2}\beta^2\sigma^2(k)} \cdot {}_kp_x$$

②「過渡中人」基礎性養老金和過渡性養老金隱性債務精算模型。
x 歲「過渡中人」退休後領取的基礎性養老金，在測算點的精算現值為

$$IPD_{21} = \lambda \cdot \overline{W} \cdot \sum_{x=r+t-2005}^{r+t-n-1} M_{x,t}\left\{\sum_{k=0}^{w-x-1}\left[(1+\varphi\cdot g)^k \cdot e^{-\delta k - \beta\mu(k) - \frac{1}{2}\beta^2\sigma^2(k)} \cdot {}_kp_x\right] \cdot \frac{x-a-(t-n)}{\overline{H}}\right\}$$

x 歲「過渡中人」退休後領取的過渡性養老金，在測算點的現值為

$$IPD_{22} = \varepsilon \cdot \beta \cdot \overline{W} \cdot TI_x \cdot \sum_{x=r+t-2005}^{r+t-n-1} M_{x,t} \cdot \left(\sum_{k=0}^{\varpi-x-1} e^{-\delta k - \beta\mu(k) - \frac{1}{2}\beta^2\sigma^2(k)} \cdot {}_kp_x\right)$$

「過渡中人」養老保險隱性債務精算現值模型：$IPD_2 = IPD_{21} + IPD_{22}$
③「在職中人」基礎性養老金和過渡性養老金隱性債務精算模型。
x 歲「在職中人」退休後領取的基礎性養老金，在測算點的精算現值為

$$IPD_{31} = \sum_{x=a+t-n}^{r-1} M_{x,t}\left[(\overline{W}_0 + \overline{W}_i/2) \cdot TI_x \cdot 1\% \cdot {}_{(r-x)}p_x \cdot v^{(T_x^*-x)} \cdot \sum_{k=0}^{w-r-1}(1+\varphi\cdot g)^k \cdot e^{-\delta k - \beta\mu(k) - \frac{1}{2}\beta^2\sigma^2(k)} \cdot {}_kp_x \cdot \frac{x-a-(t-n)}{\overline{H}}\right]$$

x 歲「在職中人」退休後領取的過渡性養老金，在測算點的精算現值為

$$IPD_{32} = \varepsilon \cdot \beta \cdot \sum_{x=a+t-n}^{r-1} M_{x,t} \cdot TI_x \cdot \left[\overline{W}_{t-1} \cdot (1+g)^{(r-x-1)} \cdot {}_{(r-x)}p_x \cdot e^{-\delta(r-x) - \beta\mu(r-x) - \frac{1}{2}\beta^2\sigma^2(r-x)} \sum_{k=0}^{\varpi-r-1} {}_kp_x \cdot e^{-\delta k - \beta\mu(k) - \frac{1}{2}\beta^2\sigma^2(k)}\right]$$

「在職中人」養老保險隱性債務精算現值模型：$IPD_3 = IPD_{31} + IPD_{32}$
④「退休中人」基礎性養老金和過渡性養老金隱性債務精算模型。
「退休中人」退休後領取的基礎性養老金，在測算點的精算現值為

$$\mathrm{IPD}_{41} = \sum_{x=r}^{r+x-2006} M_{x,t} \cdot [(\bar{W}_0 + \bar{W}_i/2) \cdot {}_{(r-x)}p_x \cdot 1\% \cdot e^{-\delta(r-x)-\beta\mu(r-x)-\frac{1}{2}\beta^2\sigma^2(r-x)}$$
$$\cdot \sum_{k=0}^{w-x-1} {}_kp_x (1+\varphi\cdot g)^k \cdot e^{-\delta k-\beta\mu(k)-\frac{1}{2}\beta^2\sigma^2(k)} \cdot \frac{x-a-(t-n)}{\bar{H}}]$$

「退休中人」退休後領取的過渡性養老金，在測算點的精算現值為

$$\mathrm{IPD}_{42} = \varepsilon\cdot\beta\cdot\bar{W}\cdot \sum_{x=r}^{r+t-2006} M_{x,t}\cdot \mathrm{TI}_x \cdot \left(\sum_{k=0}^{w-x-1} {}_kp_x \cdot e^{-\delta k-\beta\mu(k)-\frac{1}{2}\beta^2\sigma^2(k)}\right)$$

「退休中人」養老保險隱性債務精算現值模型：$\mathrm{IPD}_4 = \mathrm{IPD}_{41} + \mathrm{IPD}_{42}$

總的養老保險隱性債務精算現值模型：$\mathrm{IPD} = \mathrm{IPD}_1 + \mathrm{IPD}_2 + \mathrm{IPD}_3 + \mathrm{IPD}_4$

3.2.2.3 雙隨機過程下的養老保險隱性負債精算模型

(1) 反射布朗運動與泊松過程聯合建模的精算模型

利息力累積函數

$$R_t = \delta t + \beta|W_t| + \gamma P_t$$

其中：W_t 為標準 Wiener 過程，$|W_t|$ 為發射布朗運動，P_t 為參數是 λ 的 Poisson 過程，W_t 與 P_t 相互獨立，δ、β、$\gamma \geq 0$ 且均為常數。

可得下列精算模型

$$E(e^{R_t}) = 2e^{-\delta t-\frac{1}{2}\beta^2 t+\lambda t(e^{-\gamma}-1)}\left[1-\Phi(\beta\sqrt{t})\right]$$

①「老人」養老保險隱性債務精算現值。

$$\mathrm{IPD}_1 = 2\sum_{x=r+t-n}^{\omega-1} \mathrm{LO}_{x,t}\cdot M\cdot \sum_{k=1}^{\varpi-x}(1+\varphi\cdot g)^k \cdot$$
$$e^{-\delta k-\frac{1}{2}\beta^2 k+\lambda k(e^{-\gamma}-1)}\left(1-\Phi(\beta\sqrt{k})\right)\cdot {}_kp_x$$

②「過渡中人」基礎性養老金和過渡性養老金隱性債務精算模型。

x 歲「過渡中人」退休後領取的基礎性養老金，在測算點的精算現值為

$$\mathrm{IPD}_{21} = 2\lambda\cdot\bar{W}\cdot\sum_{x=r+t-2005}^{r+t-n-1} M_{x,t}\Big\{\sum_{k=0}^{w-x-1}$$
$$\left[(1+\varphi\cdot g)^k \cdot e^{-\delta k-\frac{1}{2}\beta^2 k+\lambda k(e^{-\gamma}-1)}\left(1-\Phi(\beta\sqrt{k})\right)\cdot {}_kp_x\right]\cdot$$
$$\frac{x-a-(t-n)}{\bar{H}}\Big\}$$

x 歲「過渡中人」退休後領取的過渡性養老金，在測算點的現值為

$$\mathrm{IPD}_{22} = \varepsilon\cdot\beta\cdot\bar{W}\cdot\mathrm{TI}_x\cdot\sum_{x=r+t-2005}^{r+t-n-1} M_{x,t}\cdot$$
$$\left(\sum_{k=0}^{\varpi-x-1} e^{-\delta k-\frac{1}{2}\beta^2 k+\lambda k(e^{-\gamma}-1)}\left(1-\Phi(\beta\sqrt{k})\right)\cdot {}_kp_x\right)$$

「過渡中人」養老保險隱性債務精算現值模型：$\mathrm{IPD}_2 = \mathrm{IPD}_{21} + \mathrm{IPD}_{22}$

③「在職中人」基礎性養老金和過渡性養老金隱性債務精算模型。

x 歲「在職中人」退休後領取的基礎性養老金，在測算點的精算現值為

$$IPD_{31} = \sum_{x=a+t-n}^{r-1} M_{x,t}[(\overline{W}_0 + \overline{W}_i/2) \cdot TI_x \cdot 1\% \cdot {}_{(r-x)}p_x \cdot e^{-\delta(r-x)-\frac{1}{2}\beta^2(r-x)+\lambda(r-x)(e^{-\gamma}-1)}(1-\Phi(\beta\sqrt{r-x})) \cdot \sum_{k=0}^{w-r-1}(1+\varphi\cdot g)^k \cdot e^{-\delta k-\frac{1}{2}\beta^2 k+\lambda k(e^{-\gamma}-1)}(1-\Phi(\beta\sqrt{k})) \cdot {}_kp_x \cdot \frac{x-a-(t-n)}{\overline{H}}]$$

x 歲「在職中人」退休後領取的過渡性養老金，在測算點的精算現值為

$$IPD_{32} = \varepsilon \cdot \beta \cdot \sum_{x=a+t-n}^{r-1} M_{x,t} \cdot TI_x \cdot [\overline{W}_{t-1} \cdot (1+g)^{(r-x-1)} \cdot {}_{(r-x)}p_x \cdot e^{-\delta(r-x)-\frac{1}{2}\beta^2(r-x)+\lambda(r-x)(e^{-\gamma}-1)}(1-\Phi(\beta\sqrt{r-x}))\sum_{k=0}^{\varpi-r-1}{}_kp_x \cdot e^{-\delta k-\frac{1}{2}\beta^2 k+\lambda k(e^{-\gamma}-1)}(1-\Phi(\beta\sqrt{k}))]$$

x 歲「在職中人」養老保險隱性債務精算現值模型：$IPD_3 = IPD_3 + IPD_{32}$

④「退休中人」基礎性養老金和過渡性養老金隱性債務精算模型。

「退休中人」退休後領取的基礎性養老金，在測算點的精算現值為

$$IPD_{41} = \sum_{x=r}^{r+x-2006} M_{x,t} \cdot [(\overline{W}_0 + \overline{W}_i/2) \cdot {}_{(r-x)}p_x \cdot 1\% \cdot e^{-\delta(r-x)-\frac{1}{2}\beta^2(r-x)+\lambda(r-x)(e^{-\gamma}-1)}(1-\Phi(\beta\sqrt{r-x})) \cdot \sum_{k=0}^{w-x-1}{}_kp_x(1+\varphi\cdot g)^k \cdot e^{-\delta k-\frac{1}{2}\beta^2 k+\lambda k(e^{-\gamma}-1)}(1-\Phi(\beta\sqrt{k})) \cdot \frac{x-a-(t-n)}{\overline{H}}]$$

「退休中人」退休後領取的過渡性養老金，在測算點的精算現值為

$$IPD_{42} = \varepsilon \cdot \beta \cdot \overline{W} \cdot \sum_{x=r}^{r+t-2006} M_{x,t} \cdot TI_x \cdot \{\sum_{k=0}^{w-x-1}{}_kp_x \cdot e^{-\delta k-\frac{1}{2}\beta^2 k+\lambda k(e^{-\gamma}-1)}[1-\Phi(\beta\sqrt{k})]\}$$

「退休中人」養老保險隱性債務精算現值模型：$IPD_4 = IPD_{41} + IPD_{42}$

總的養老保險隱性債務精算現值模型：$IPD = IPD_1 + IPD_2 + IPD_3 + IPD_4$

3.2.2.4　高斯過程與泊松過程聯合建模的精算模型

利息力累積函數

$$R_t = \delta t + \beta G_t + \gamma P_t$$

其中：G_t 為高斯過程，P_t 為參數是 λ 的泊松過程，G_t 與 P_t 相互獨立，δ、β、$\gamma \geq 0$ 且均為常數。

可得下列精算模型

$$E(e^{R_t}) = e^{-\delta t-\beta\mu(t)+\frac{1}{2}\beta^2\sigma^2(t)+\lambda t(e^{-\gamma}-1)}$$

①「老人」養老保險隱性債務精算現值。

$$\mathrm{IPD}_1 = \sum_{x=r+t-n}^{\omega-1} \mathrm{LO}_{x,t} \cdot M \cdot \sum_{k=1}^{\varpi-x} (1+\varphi\cdot g)^k \cdot e^{-\delta k-\beta\mu(k)+\frac{1}{2}\beta^2\sigma^2(k)+\lambda k(e^{-\gamma}-1)} \cdot {}_kp_x$$

②「過渡中人」基礎性養老金和過渡性養老金隱性債務模型。

x 歲「過渡中人」退休後領取的基礎性養老金，在測算點的精算現值為

$$\mathrm{IPD}_{21}^* = \lambda \cdot \overline{W} \cdot \sum_{x=r+t-2005}^{r+t-n-1} M_{x,\ t}\{\sum_{k=0}^{w-x-1}[(1+\varphi\cdot g)^k \cdot e^{-\delta k-\beta\mu(k)+\frac{1}{2}\beta^2\sigma^2(k)+\lambda k(e^{-\gamma}-1)} \cdot {}_kp_x] \cdot \frac{x-a-(t-n)}{\overline{H}}\}$$

x 歲「過渡中人」退休後領取的過渡性養老金，在測算點的現值為

$$\mathrm{IPD}_{22} = \varepsilon \cdot \beta \cdot \overline{W} \cdot \mathrm{TI}_x \cdot \sum_{x=r+t-2005}^{r+t-n-1} M_{x,\ t} \cdot [\sum_{k=0}^{\varpi-x-1} e^{-\delta k-\beta\mu(k)+\frac{1}{2}\beta^2\sigma^2(k)+\lambda k(e^{-\gamma}-1)} \cdot {}_kp_x]$$

「過渡中人」養老保險隱性債務精算現值模型：$\mathrm{IPD}_2 = \mathrm{IPD}_{21} + \mathrm{IPD}_{22}$

③「在職中人」基礎性養老金和過渡性養老金隱性債務精算模型。

x 歲「在職中人」退休後領取的基礎性養老金，在測算點的精算現值為

$$\mathrm{IPD}_{31} = \sum_{x=a+t-n}^{r-1} M_{x,\ t}[(\overline{W}_0+\overline{W}_i/2)\cdot \mathrm{TI}_x \cdot 1\% \cdot {}_{(r-x)}p_x \cdot e^{-\delta(r-x)-\beta\mu(r-x)+\frac{1}{2}\beta^2\sigma^2(r-x)+\lambda(r-x)(e^{-\gamma}-1)} \cdot \sum_{k=0}^{w-r-1}(1+\varphi\cdot g)^k \cdot e^{-\delta k-\beta\mu(k)+\frac{1}{2}\beta^2\sigma^2(k)+\lambda k(e^{-\gamma}-1)} \cdot {}_kp_x \cdot \frac{x-a-(t-n)}{\overline{H}}]$$

x 歲「在職中人」退休後領取的過渡性養老金，在測算點的精算現值為

$$\mathrm{IPD}_{32} = \varepsilon \cdot \beta \cdot \sum_{x=a+t-n}^{r-1} M_{x,\ t} \cdot \mathrm{TI}_x \cdot [\overline{W}_{t-1} \cdot (1+g)^{(r-x-1)} \cdot {}_{(r-x)}p_x \cdot e^{-\delta(r-x)-\beta\mu(r-x)+\frac{1}{2}\beta^2\sigma^2(r-x)+\lambda(r-x)(e^{-\gamma}-1)} \sum_{k=0}^{\varpi-r-1} {}_kp_x \cdot e^{-\delta k-\beta\mu(k)+\frac{1}{2}\beta^2\sigma^2(k)+\lambda k(e^{-\gamma}-1)}]$$

「在職中人」養老保險隱性債務精算現值模型：$\mathrm{IPD}_3 = \mathrm{IPD}_{31} + \mathrm{IPD}_{32}$

④「退休中人」基礎性養老金和過渡性養老金隱性債務精算模型。

「退休中人」退休後領取的基礎性養老金，在測算點的精算現值為

$$\mathrm{IPD}_{41} = \sum_{x=r}^{r+x-2006} M_{x,t} \cdot [(\overline{W}_0 + \overline{W}_i/2) \cdot {}_{(r-x)}p_x \cdot 1\% \cdot e^{-\delta(r-x)-\beta\mu(r-x)+\frac{1}{2}\beta^2\sigma^2(r-x)+\lambda(r-x)(e^{-\gamma}-1)} \cdot \sum_{k=0}^{w-x-1} {}_kp_x (1+\varphi \cdot g)^k \cdot e^{-\delta k-\beta\mu(k)+\frac{1}{2}\beta^2\sigma^2(k)+\lambda k(e^{-\gamma}-1)} \cdot \frac{x-a-(t-n)}{\overline{H}}]$$

「退休中人」退休後領取的過渡性養老金，在測算點的精算現值為

$$\mathrm{IPD}_{42} = \varepsilon \cdot \beta \cdot \overline{W} \cdot \sum_{x=r}^{r+t-2006} M_{x,t} \cdot \mathrm{TI}_x \cdot [\sum_{k=0}^{w-x-1} {}_kp_x \cdot e^{-\delta k-\beta\mu(k)+\frac{1}{2}\beta^2\sigma^2(k)+\lambda k(e^{-\gamma}-1)}]$$

「退休中人」養老保險隱性債務精算現值模型：$\mathrm{IPD}_4 = \mathrm{IPD}_{41} + \mathrm{IPD}_{42}$

總的養老保險隱性債務精算現值模型：$\mathrm{IPD} = \mathrm{IPD}_1 + \mathrm{IPD}_2 + \mathrm{IPD}_3 + \mathrm{IPD}_4$

3.2.2.6 彈性退休多隨機條件下養老保險隱性債務精算模型

(1) 本精算模型建立基於以下四點假設

①假設人口系統是封閉的，不考慮人員遷入或遷出的影響；

②假設參保時同齡的職工在退休後同一時刻的養老金水準相同；

③不考慮提前退休、傷殘等因素對養老金支付的影響；

④假設養老金均為每年年初支付。

(2) 相關精算參數模型

①退休年齡模型。

設 T_x^* 、T_y^* 分別為年齡為 x 歲男性、y 歲女性的退休年齡，根據制度設計，假設退休年齡男性為 [60，65]，女性為 [55，60] 區間取整的隨機變量，設 $0 < p < 1$ 。

當 $x < 60, y < 55$ 時，

$$P(T_x^* = k) = C_{k-60}^6 p^{k-60} (1-p)^{6-(k-60)}, \quad k = 60, \cdots, 65$$

$$P(T_y^* = k) = C_{k-55}^6 p^{k-55} (1-p)^{6-(k-55)}, \quad k = 55, \cdots, 60$$

當 $60 \leqslant x < 65, 55 \leqslant y < 60$ 時，

$P(T_x^* = x + k) = C_{k-1}^{64-x} p^{k-1} (1-p)^{(64-x-k)}$，$k$ 為正整數且：$x + k \leqslant 65$

$P(T_y^* = y + k) = C_{k-1}^{59-y} p^{k-1} (1-p)^{(59-y-k)}$，$k$ 為正整數且：$y + k \leqslant 60$

①利率模型。

無風險利率採用帶跳的 Cox-Ingersoll-Ross 隨機模型

$$dr(t) = b(c - r(t))dt + \sigma\sqrt{r(t)}\,dW_t + adN_t$$

其中 N_t 是一個泊松過程，強度為 λ，b、c、$\sigma > 0$，$2bc \geqslant \sigma^2$，a 為每次跳的幅度，W_t 為標準布朗運動。用 $v(t, T-t)$ 代表第 t 年到 T 年的折現系數，由利

息理論可知：

$$V(t,\ T-t)=Ev(t,\ T)=Ee^{-\int_t^T r(s)ds}=\exp(A(t,\ T)-B(t,\ T)r(t)$$

$$\text{其中：}\begin{cases}A(t,\ T)=\int_t^T[\lambda(e^{aB(s)}-1)-bcB(s,\ T)]ds\\B(t,\ T)=\dfrac{2(e^{\gamma(T-t)}-1)}{(e^{\gamma(T-t)}-1)(\gamma+b)+2\gamma}\\\gamma=\sqrt{b^2+2\sigma^2}\end{cases}$$

②生存概率模型。

死力強度採用帶跳的 Feller 過程：

$$du(t)=a^*u(t)dt+\sigma^*\ \sqrt{u(t)}dW_t+dJ_t$$

其中 W_t 是標準布朗運動，J_t 是純複合泊松過程，強度為 λ^*，均值為 μ，W_t 與 J_t 相互獨立。生存概率可表示為

$${}_tp_x=P(T_x>t)=E(\exp^{-\int_0^t u_x(s)ds})=\exp^{C_t+D_t u}$$

其中：T_x 代表年齡為 x 歲的剩餘壽命

$$\begin{cases}C(t)=\dfrac{\lambda^*\mu D(t)}{c^*-\mu^t}-\dfrac{\lambda^*\mu(c^*+d)}{b^*(d+u)(c^*-\mu)}\cdot\\{}[\ln(\mu-c^*-(d+u)e^{b^*t})-\ln(-c^*-d)]\\D(t)=\dfrac{1-e^{b^*t}}{c^*+de^{b^*t}}\end{cases}$$

其中：$b^*=-\sqrt{a^{*\ 2}+2\sigma^{*\ 2}}$，$c^*=\dfrac{b^*+a^*}{2}$，$d=\dfrac{b^*-a^*}{2}$

(3) 彈性退休養老保險隱性債務模型

①「老人」養老保險隱性債務現值：

$$\mathrm{IPD}_1^*=\sum_{x=T_{i,x}^*+t-z}^{\omega-1}\mathrm{LO}_{x.\ t}\cdot M\cdot\sum_{k=1}^{\varpi-x}(1+\varphi\cdot g)^k\cdot v^k$$

其中：$\mathrm{LO}_{x.\ t}$ 代表 t 年 x 歲「老人的人數」，M 代表年養老金給付額，φ 表示養老金按工資增長率的調整率；g 為社會平均工資增長率。

「老人」養老保險隱性債務精算現值模型：

男性為

$$\mathrm{IPD}_1=E(\mathrm{IPD}_1^*)=\sum_{j=60}^{65}[\sum_{x=j+t-z}^{\omega-1}\mathrm{LO}_{x.\ 2012}\cdot M\cdot\sum_{k=1}^{\varpi-x}(1+\varphi\cdot g)^k\cdot v^k\cdot{}_kp_x]\cdot P(T_{i,\ x}^*=j)$$

女性為

$$\mathrm{IPD}_1=E(\mathrm{IPD}_1^*)=\sum_{j=55}^{60}[\sum_{x=j+t-z}^{\omega-1}\mathrm{LO}_{x.\ 2012}\cdot M\cdot\sum_{k=1}^{\varpi-x}(1+\varphi\cdot g)^k\cdot v^k\cdot{}_kp_x]\cdot P(T_{i,\ x}^*=j)$$

②「過渡中人」基礎性養老金和過渡性養老金隱性債務精算模型。

x 歲「過渡中人」退休後領取的基礎性養老金，在測算點的現值為

$$\mathrm{IPD}_{21}^{*} = \lambda \cdot \overline{W} \cdot \sum_{x=T_x^*+t-2005}^{T_x^*+t-n-1} M_{x,t}\left\{\sum_{k=0}^{w-x-1}\left[(1+\varphi\cdot g)^k \cdot v^k\right]\cdot\frac{x-a-(t-n)}{(T_x^*-x)}\right\}$$

其中：$M_{x,t}$ 代表 t 年 x 歲「中人的人數」；λ 養老金計發比率；$\overline{W}$ 為職工退休時上年度的社會平均工資。

精算現值：

男性為

$$\begin{aligned}\mathrm{IPD}_{21} &= E(\mathrm{IPD}_{21}^{*})\\ &= \lambda \cdot \overline{W} \cdot \sum_{j=60}^{65}\Big\{\sum_{x=T_x^*+t-2005}^{T_x^*+t-n-1} M_{x,t}\Big[\sum_{k=0}^{w-x-1}\big[{}_kp_x \cdot \\ &\qquad (1+\varphi\cdot g)^k \cdot v^k\big]\cdot\Big[\frac{x-a-(t-n)}{(T_x^*-x)}\Big]\Big\}\cdot P(T_{i,x}^{*}=j)\Big]\end{aligned}$$

女性為

$$\begin{aligned}\mathrm{IPD}_{21} &= E(\mathrm{IPD}_{21}^{*})\\ &= \lambda \cdot \overline{W} \cdot \sum_{j=55}^{60}\Big\{\sum_{x=T_x^*+t-2005}^{T_x^*+t-n-1} M_{x,t}\Big[\sum_{k=0}^{w-x-1}\big[{}_kp_x \cdot (1+\varphi\cdot g)^k \cdot v^k\big]\cdot \\ &\qquad \Big[\frac{x-a-(t-n)}{(T_x^*-x)}\Big]\Big\}\cdot P(T_{i,x}^{*}=j)\Big]\end{aligned}$$

x 歲「過渡中人」退休後領取的過渡性養老金，在測算點的現值為

$$\begin{aligned}\mathrm{IPD}_{22}^{*} = \varepsilon \cdot \beta \cdot \overline{W} \cdot \sum_{j=60}^{65}\Big[(T_x^*-a)\cdot \sum_{x=T_x^*+t-2005}^{T_x^*+t-n-1} M_{x,t}\Big(\sum_{k=0}^{\varpi-x-1} {}_kp_x \cdot v^k\Big)\Big]\cdot \\ P(T_{i,x}^{*}=j)\end{aligned}$$

其中：ε 是過渡養老金計發比率；β 為平均繳費指數。

精算現值：

男性為

$$\mathrm{IPD}_{22} = E(\mathrm{IPD}_{22}^{*})$$

$$= \varepsilon\cdot\beta\cdot\overline{W}\cdot\sum_{j=60}^{65}\Big[(T_x^*-a)\cdot\sum_{x=T_x^*+t-2005}^{T_x^*+t-n-1} M_{x,t}\cdot\Big(\sum_{k=0}^{\varpi-x-1}{}_kp_x\cdot v^k\Big)\Big]\cdot P(T_{i,x}^{*}=j)$$

女性為 $\mathrm{IPD}_{22} = E(\mathrm{IPD}_{22}^{*})$

$$= \varepsilon\cdot\beta\cdot\overline{W}\cdot\sum_{j=55}^{60}\Big[(T_x^*-a)\cdot\sum_{x=T_x^*+t-2005}^{T_x^*+t-n-1} M_{x,t}\cdot\Big(\sum_{k=0}^{\varpi-x-1}{}_kp_x\cdot v^k\Big)\Big]\cdot P(T_{i,x}^{*}=j)$$

「過渡中人」養老保險隱性債務精算現值模型：$IPD_2 = IPD_{21} + IPD_{22}$

③「在職中人」基礎性養老金和過渡性養老金隱性債務精算模型。

x 歲「在職中人」退休後領取的基礎性養老金，在測算點的現值為

$$IPD_{31}^* = \sum_{x=a+t-n}^{T_x^*-1} M_{x,t}\{(\frac{\overline{W}_0 + \overline{W}_i}{2}) \cdot (T_x^* - a) \cdot 1\% \cdot v^{(T_x^*-x)}$$

$$[\sum_{k=0}^{w-T_x^*-1}[(1+\varphi \cdot g)^k \cdot v^k] \cdot [\frac{x-a-(t-n)}{(T_x^*-x)}]\}$$

精算現值：

男性為

$$IPD_{31} = E(IPD_{31})$$

$$= \sum_{j=60}^{65}\{\sum_{x=a+t-n}^{T_x^*-1} M_{x,t}[(\frac{\overline{W}_0 + \overline{W}_i}{2}) \cdot (T_x^* - a) \cdot 1\% \cdot {}_{(T_x^*-x)}p_x \cdot v^{(T_x^*-x)}]$$

$$\cdot [\sum_{k=0}^{w-T_x^*-1} {}_kp_{T_x^*}(1+\varphi \cdot g)^k \cdot v^k] \cdot [\frac{x-a-(t-n)}{(T_x^*-x)}] \cdot P(T_{i,x}^* = j)\}$$

女性為

$$IPD_{31} = E(IPD_{31}^*)$$

$$= \sum_{j=55}^{60}\{\sum_{x=a+t-n}^{T_x^*-1} M_{x,t}[(\frac{\overline{W}_0 + \overline{W}_i}{2}) \cdot (T_x^* - a) \cdot$$

$$1\% \cdot {}_{(T_x^*-x)}p_x \cdot v^{(T_x^*-x)}] \cdot [\sum_{k=0}^{w-T_x^*-1} {}_kp_{T_x^*}(1+\varphi \cdot g)^k \cdot v^k] \cdot$$

$$[\frac{x-a-(t-n)}{(T_x^*-x)}] \cdot P(T_{i,x}^* = j)\}$$

x 歲「在職中人」退休後領取的過渡性養老金，在測算點的現值為

$$IPD_{32}^* = \varepsilon \cdot \beta \cdot (T_x^* - a) \cdot W_{t-1} \cdot (1+g)^{(T_{i,x}^*-x-1)} \cdot v^{(T_{i,x}^*-x)} \cdot (\sum_{k=0}^{w-T_{i,x}^*-1} v^k)$$

精算現值：

男性為

$$IPD_{32} = E(IPD_{32}^*)$$

$$= \varepsilon \cdot \beta \cdot \sum_{j=60}^{65}[(T_x^* - a) \cdot W_{t-1} \cdot (1+g)^{(T_{i,x}^*-x-1)} \cdot v^{(T_{i,x}^*-x)} \cdot {}_{(T_x^*-x)}p_x \cdot$$

$$(\sum_{k=0}^{(w-T_{i,x}^*-1)} {}_kp_{T_{i,x}^*} \cdot v^k)] \cdot P(T_{i,x}^* = j)$$

女性為

$$\mathrm{IPD}_{32} = E(\mathrm{IPD}_{32}^{*})$$

$$= \varepsilon \cdot \beta \cdot \sum_{j=55}^{60} [(T_x^* - a) \cdot W_{t-1} \cdot (1+g)^{(T_{i,x}^* - x - 1)} \cdot v^{(T_{i,x}^* - x)} \cdot {}_{(T_x^* - x)}p_x \cdot$$

$$(\sum_{k=0}^{(w - T_{i,x}^* - 1)} {}_k p_{T_{i,x}^*} \cdot v^k)] \cdot P(T_{i,x}^* = j)$$

「在職中人」養老保險隱性債務精算現值模型：$\mathrm{IPD}_3 = \mathrm{IPD}_{31} + \mathrm{IPD}_{32}$

④「退休中人」基礎性養老金和過渡性養老金隱性債務精算模型。

「退休中人」退休後領取的基礎性養老金，在測算點的現值為：

$$\mathrm{IPD}_{41}^{*} = \sum_{x=T_x^*}^{T_x^* + t - 2006} M_{x,t} \cdot (\overline{W}_0 - \overline{W}_i/2) \cdot (T_x^* - a) \cdot 1\% \cdot$$

$$\left\{ \sum_{k=0}^{w-x-1} [(1+\phi \cdot g)^k \cdot v^k] \cdot [\frac{x - a - (t-n)}{(T_x^* - x)}] \right.$$

精算現值：

男性為

$$\mathrm{IPD}_{41} = E(\mathrm{IPD}_{41}^{*})$$

$$= \sum_{j=60}^{65} \{ \sum_{x=T_x^*}^{T_x^* + x - 2006} M_{x,t} \cdot [(\overline{W}_0 - \overline{W}_i/2) \cdot (T_x^* - a) \cdot 1\%]$$

$$[\sum_{k=0}^{w - T_x^* - 1}]\ {}_kp_x(1+\phi \cdot g)^k \cdot v^k] \cdot [\frac{x - a - (t-n)}{(T_x^* - x)}] \} \cdot$$

$$P(T_{i,x}^* = j)$$

女性為

$$\mathrm{IPD}_{41} = E(\mathrm{IPD}_{41}^{*})$$

$$= \sum_{j=55}^{60} \{ \sum_{x=T_x^*}^{T_x^* + x - 2006} M_{x,t} \cdot [(\overline{W}_0 - \overline{W}_i/2) \cdot (T_x^* - a) \cdot 1\%]$$

$$[\sum_{k=0}^{w - T_x^* - 1}]\ {}_kp_x(1+\phi \cdot g)^k \cdot v^k] \cdot [\frac{x - a - (t-n)}{(T_x^* - x)}] \} \cdot$$

$$P(T_{i,x}^* = j)$$

「退休中人」退休後領取的基礎性養老金，在測算點的現值為

$$\mathrm{IPD}_{41}^{*} = \sum_{x=T_x^*}^{T_x^* + t - 2006} M_{x,t} \cdot (\frac{\overline{W}_0 + \overline{W}_i}{2}) \cdot (T_x^* - a) \cdot 1\% \cdot$$

$$\left\{ \sum_{k=0}^{w-x-1} [(1+\varphi \cdot g)^k \cdot v^k] \cdot [\frac{x - a - (t-n)}{(T_x^* - x)}] \right\}$$

其中：$\overline{W}_0$ 是上年度在職職工平均工資；$\overline{W}$ 是指數化平均繳費工資。

精算現值:

男性為

$$\mathrm{IPD}_{41} = E(\mathrm{IPD}_{41}^{*})$$

$$= \sum_{j=60}^{65} \{ \sum_{x=T_x^*}^{T_x^*+x-2006} M_{x,t} \cdot [(\frac{\overline{W}_0 + \overline{W}_i}{2}) \cdot (T_x^* - a) \cdot 1\%] \cdot [\sum_{k=0}^{w-T_x^*-1} {}_kp_x (1+\varphi \cdot g)^k \cdot v^k] \cdot [\frac{x-a-(t-n)}{(T_x^* - x)}] \} \cdot P(T_{i,x}^* = j)$$

女性為

$$\mathrm{IPD}_{41} = E(\mathrm{IPD}_{41}^{*})$$

$$= \sum_{j=55}^{60} \left\{ \sum_{x=T_x^*}^{T_x^*+x-2006} M_{x,t} \cdot [(\frac{\overline{W}_0 + \overline{W}_i}{2}) \cdot (T_x^* - a) \cdot 1\%] \cdot [\sum_{k=0}^{w-T_x^*-1} {}_kp_x (1+\varphi \cdot g)^k \cdot v^k] \cdot [\frac{x-a-(t-n)}{(T_x^* - x)}] \right\} \cdot P(T_{i,x}^* = j)]$$

「退休中人」退休後領取的過渡性養老金, 在測算點的現值為

$$\mathrm{IPD}_{42}^{*} = \varepsilon \cdot \beta \cdot \overline{W} \cdot (T_x^* - a) \cdot \sum_{x=T_x^*}^{T_x^*+t-2006} M_{x,t} \cdot (\sum_{k=0}^{w-x-1} v^k)$$

精算現值:

男性為

$$\mathrm{IPD}_{42} = E(\mathrm{IPD}_{42}^{*})$$

$$= \varepsilon \cdot \beta \cdot \overline{W} \cdot \sum_{j=60}^{65} [\sum_{x=T_x^*}^{T_x^*+t-2006} M_{x,t} \cdot (T_x^* - a) \cdot (\sum_{k=0}^{w-x-1} {}_kp_x \cdot v^k)] \cdot P(T_{i,x}^* = j)$$

女性為

$$\mathrm{IPD}_{42} = E(\mathrm{IPD}_{42}^{*})$$

$$= \varepsilon \cdot \beta \cdot \overline{W} \cdot \sum_{j=55}^{60} [\sum_{x=T_x^*}^{T_x^*+t-2006} M_{x,t} \cdot (T_x^* - a) \cdot (\sum_{k=0}^{w-x-1} {}_kp_x \cdot v^k)] \cdot P(T_{i,x}^* = j)$$

「退休中人」養老保險隱性債務精算現值模型: $\mathrm{IPD}_4 = \mathrm{IPD}_{41} + \mathrm{IPD}_{42}$

總的養老保險隱性債務精算現值模型: $\mathrm{IPD} = \mathrm{IPD}_1 + \mathrm{IPD}_2 + \mathrm{IPD}_3 + \mathrm{IPD}_4$

$$\mathrm{IPD}_{42}^{*} = \varepsilon \cdot \beta \cdot \overline{W} \cdot (T_x^* - a) \cdot \sum_{x=T_x^*}^{T_x^*+t-2006} M_{x,t} \cdot \sum_{k=0}^{w-x-1} v^k$$

精算現值：

男性為

$$\mathrm{IPD}_{42}=E(\mathrm{IPD}_{42}^{*})=\varepsilon\cdot\beta\cdot\overline{W}\cdot\sum_{j=60}^{65}\Big[\sum_{x=T_i^{*}}^{T_i^{*}+t-2006}M_{x,t}\cdot(T_x^{*}-a)\cdot\Big(\sum_{k=0}^{w-x-1}kp_x\cdot v^{k}\Big)\Big]\cdot P(T_{i,x}^{*}=j)$$

女性為

$$\mathrm{IPD}_{42}=E(\mathrm{IPD}_{42}^{*})=\varepsilon\cdot\beta\cdot\overline{W}\cdot\sum_{j=55}^{60}\Big[\sum_{x=T_i^{*}}^{T_i^{*}+t-2006}M_{x,t}\cdot(T_x^{*}-a)\cdot\Big(\sum_{k=0}^{w-x-1}kp_x\cdot v^{k}\Big)\Big]\cdot P(T_{i,x}^{*}=j)$$

「退休中人」養老保險隱性債務精算現值模型：$\mathrm{IPD}_4=\mathrm{IPD}_{41}+\mathrm{IPD}_{42}$

總的養老保險隱性債務精算現值模型：$\mathrm{IPD}=\mathrm{IPD}_1+\mathrm{IPD}_2+\mathrm{IPD}_3+\mathrm{IPD}_4$

（4）IPD 規模測算

參考相關文獻及中國實際參數設定如下：

①假定彈性退休制的實施從 2014 年年初開始，因此模型中的 t 時刻為 2014 年 1 月 1 日。原有退休制度男性退休年齡為 60 歲，女性為 55 歲。

②職工的參保年齡 a 為 23 歲。

③生存極限年齡 ϖ 參考國內外大多數學者對生存極限年齡的設定——90 歲。

④參保職工死亡率本文採用的生命表為《全國城鎮從業人口生命表（男性）》（1989—1990）和《全國城鎮從業人口生命表（女性）》（1989—1990）。

⑤設定平均工資增長率 g 為 10%。

⑥養老金增長調整系數設定為 0.8。

⑦設定過渡養老金計發比例為 1.2%。

⑧平均繳費指數設定為 100%。

⑨假設在職人員平均工資與指數化平均繳費工資相等，即 $\overline{W}_t=\overline{W}$。

⑩根據相關政策規定設頂養老金發放比例 $\lambda=20\%$。

⑪為符合實際情況，設定養老金替代率為 80%。

分年齡的在職職工人數與退休職工人數。根據《2013 年中國勞動和社會保障年鑒》及其相關文獻數據，在 2000—2003 年中國經驗生命表死亡率以及 5%失業率的假設下，近似估計出 2013 年養老金計劃覆蓋人口的年齡結構，見表 3-3~表 3-6。

表 3-3　2013 年中國「老人」人數表

年齡（歲）	男	女	年齡（歲）	男	女
71	/	2, 800, 756	81	862, 011	1, 039, 467
72	/	2, 697, 643	82	751, 128	831, 608
73	/	2, 396, 135	83	613, 422	838, 761
74	/	2, 478, 524	84	554, 405	652, 767
75	/	2, 000, 113	85	438, 159	561, 558
76	1, 769, 248	1, 781, 232	86	389, 871	482, 868
77	1, 740, 843	1, 741, 905	87	307, 606	393, 449
78	1, 160, 674	1, 434, 300	88	177, 052	270, 049
79	1, 276, 920	1, 393, 166	89	109, 091	228, 916
80	1, 085, 561	1, 334, 149			

表 3-4　2013 年中國「過渡中人」人數表

年齡（歲）	男	女	年齡（歲）	男	女
63	/	3, 514, 215	70	2, 886, 483	2, 980, 236
64	/	3, 322, 085	71	2, 721, 950	/
65	/	3, 209, 987	72	2, 501, 977	/
66	/	3, 283, 510	73	2, 155, 027	/
67	/	3, 347, 891	74	2, 335, 655	/
68	2, 659, 989	2, 782, 756	75	1, 802, 710	/
69	2, 960, 214	3, 127, 919			

表 3-5　2013 年中國「在職中人」人數表

年齡（歲）	男	女	年齡（歲）	男	女
39	10, 469, 314	10, 422, 817	50	6, 806, 614	8, 128, 294
40	8, 037, 086	8, 022, 778	51	7, 676, 442	6, 953, 314
41	8, 934, 864	9, 322, 949	52	6, 566, 779	7, 187, 595
42	9, 589, 420	9, 566, 172	53	6, 788, 036	7, 244, 823
43	9, 657, 379	9, 399, 850	54	6, 842, 083	6, 554, 500

表3-5(續)

年齡（歲）	男	女	年齡（歲）	男	女
44	9,435,052	9,896,213	55	6,190,135	/
45	8,160,486	8,088,950	56	6,207,025	/
46	4,712,444	4,767,885	57	5,220,656	/
47	5,463,573	5,483,245	58	5,149,720	/
48	6,320,219	6,277,297	59	4,881,170	/
49	7,207,266	7,076,712			

表 3-6　2013 年中國「退休中人」人數表

年齡（歲）	男	女	年齡（歲）	男	女
55	/	5,722,891	62	3,397,966	3,508,849
56	/	5,431,382	63	3,254,895	/
57	/	5,277,579	64	3,131,495	/
58	/	4,615,870	65	3,061,747	/
59	/	4,456,701	66	3,161,898	/
60	4,059,676	4,007,812	67	2,662,933	/
61	3,619,729	3,830,761			

為了測算相關指標，需要對退休年金函數的相關參數進行設定，考慮到中國的實際利率水準，並參考尚勤、秦學志（2009）及其他相關文獻的方法，本節中設定參數的結果見表 3-7。

表 3-7　退休年金精算函數參數設定表

$r(0)$	a	σ	λ	b	c
0.05	0.000,15	0.017,5	0.000,12	0.005	0.005,5
$u_x(0)$	a^*	σ^*	λ^*	μ	p
0.000,50	0.069	0.000,2	0.001,5	-0.000,06	0.7

根據參數設定表，對退休年金精算函數進行模擬測算，其結果見表 3-8。

表 3-8　退休年金精算函數模擬測算表

p	x	$\ddot{a}_{x:\overline{T^*-x}\rceil}$	$(T^*-x)\mid\ddot{a}_x$	P
0.4	$x = 30$	16.244,9	2.986,8	0.183,8
	$x = 35$	14.832,5	3.846,2	0.299,3
	$x = 40$	12.895,6	4.798,1	0.372,1
0.7	$x = 30$	16.928,7	2.764,8	0.163,2
	$x = 35$	15.124,6	3.500,4	0.231,4
	$x = 40$	13.284,5	4.247,9	0.319,8

從表 3-8 可以看出，在其他參數保持不變的情況下，$p = 0.4$ 與 $p = 0.7$ 的年金精算相比，$p = 0.4$ 時各年齡 $\ddot{a}_{x:\overline{T^*-x}\rceil}$ 現值都低於 $p = 0.7$ 時，變動幅度大約在 4 個百分點左右。相應地，均衡淨保費 $p = 0.4$ 時都高於 $p = 0.7$ 時，這是由於 $p < 0.5$ 為正偏分佈，$p > 0.5$ 為負偏分佈。正偏分代表期望退休年齡變小，負偏分佈代表期望退休年齡延遲。

為了比較退休年齡分佈特徵對 IPD 的影響，對年齡分佈參數進行了比較設置，運用統計軟件對 IPD 進行測算其相關結果見表 3-9。

表 3-9　隱性債務測算表　　　　單位：萬億

p	IPD_1	IPD_2	IPD_3	IPD_4	IPD
0.4	5.477,9	6.277,5	48.255,2	8.859,4	68.870,0
0.7	5.285,0	6.062,7	47.948,6	8.737,5	68.033,8

經測算，中國 2014 年年初養老金隱性債務總量，在 $p = 0.4$ 約為 68.870,0 萬億元，在 $p = 0.7$ 約為 68.033,8 萬億元，分別約占 2013 年 GDP 的 121.07%、119.60%。$p < 0.5$ 為正偏分佈，$p > 0.5$ 為負偏分佈。負偏分佈下債務規模有所降低，而負偏分佈意味著人們更趨向於延遲退休。該結果與國內相關學者如李莉（2009），李丹（2009），房海燕（2008、2010）等的結論較一致。

3.2.3　中國養老金隱性債務問題的對策研究

隱性債務會影響到在基金制養老保險制度下養老金支付的順利進行，因此必須給予妥善解決。

3.2.3.1 中國養老金隱性債務償付存在的困境

中國的養老金制度轉軌導致中國將來要償付大量的養老金債務，這些逐步顯性化的隱性債務，不僅給各省市帶來了巨大的財政壓力，而且還給國家的經濟帶來了很大的負擔。中國的養老金制度雖然在不斷地改善，但是到目前為止仍然沒有形成一個完善有效的償付機制。完善的償付機制並不是一時之舉，它的建立要涉及和考慮到養老金的支付、增值、立法等方面。如果中國不為此採取相應的措施，它將會影響到中國養老金隱性債務的償付問題，所以我們需要多管齊下、立體運作，這樣才能逐漸地解決隱性債務的問題。從縱向上看，我們需要對養老金繳費的餘額進行投資增值，這樣可以提高目前的現有資金存量，從而為將來的償付提供更多的資金支持；從橫向上看，我們需要進行削減養老金支出和擴展籌資渠道，從而在一定資金存量的前提下解決如何償還養老金債務的問題。但是從目前的角度看，中國的養老金償付在支付、立法和籌資方面仍在存在很多的問題，這將嚴重影響中國養老金隱性債務的有效償付。

中國主要是按照 2005 年的新規定進行養老金的發放，另外還制定了相關的調整機制。由於各地的經濟情況不同，因此按照各地區在崗職工的平均工資年增長率的一定比例進行調整，具體的調整方式各地區按照各地區的物價和工資水準來進行，再報勞動保障部、財政部進行審批，審批通過後再執行。雖然已經有相對完善的措施保障養老金的支出，但是養老金的支付目前仍然存在著一定的困境。

（1）中國養老金的支付困境

地區之間管理不規範，存在的差異大。由於中國各地的物價和工資水準有高有低，各不相同，因此各個地區的養老金支付情況也不盡相同，從而造成了一定的差異，導致有的地區的養老金連年結餘，有的地區的養老金卻連年赤字。

此外，在進行省級統籌中，我們主要通過轉移支付，並根據每個地區的標準去對養老金的支付餘缺進行調節，但是高工資收入的企業、欠繳額度大的部門等，這些由於部分原因根本不屬於當地養老金部門，因此也就不歸他們進行控制，所以這樣的調整轉移支付只能加大養老金的管理成本，甚至還會發生拖欠以及挪用養老金等違法情況發生。

（2）中國養老金監管的困境

為了保證中國養老金的正常營運，國家也採取了一定的措施去進行正常的維護和管理養老金，雖然中國在養老金的監管上採取了很多的措施，但是仍然存在著一些監管的困境。

①養老金保值增值的效率低。

由於養老金關係到公民退休後的基本生活，加上中國股票市場的不穩定，所以中國主要採用買公債和銀行存款兩種穩定可靠的方式來對養老金的資產進行增值。但是近些年來，隨著通貨膨脹日益加劇，中國的銀行存款利率在不斷下調，從而導致一部分養老金的增值率下降，而國有資產的變現也基本上是一筆空帳，加上目前國有資產的逐漸自由化，更加導致了空帳的形成。養老金的保值增值額完全不夠未來的支出。

②法律體系不完善，監管制度不健全。

由於中國國家立法滯後，地區立法分散，中國的保險制度被一律分割開來，而且中國到目前為止仍然沒有一個適用範圍廣、統一的養老金保險制度，這就導致中國在養老金的繳費、支付等方面仍然在依靠規定和行政手段去推行，沒了法律的保障，加上規定以及行政手段的薄弱約束力，一旦以後在養老金債務上發生爭議，國家承擔的責任將不言而喻。

目前，中國的社保基金是由當地的社保基金管理中心代為管理。由於制度的不完善導致這些管理中心承擔著不同的行政職能，並沒有一定的法人資產，甚至沒有一定的獨立性，因此在一定程度上就很難建立有效的信息披露制度、監管機制和風險防範機制，加上每年中國養老金都擁有大量的結餘，而在利益的驅使下，地方政府在做任何建設工作缺乏資金的時候都會首先想要挪用社保資金，從而導致我們的養老金沒有了保障。

(3) 中國養老金籌資的困境

雖然在養老金籌資方面，中國已經採取了許多有效的措施，但是仍然存在著以下幾種困境。

①各地區整體統籌層次不高，養老覆蓋層面較窄。

雖然按照規定中國已經被劃分為2,000多個統籌單位，但是各統籌單位之間政策等有很大差別。由於各級統籌層次不高，養老金的調劑和互濟功能就很難發揮作用。中國的農民工大部分進行跨省的工作，但是由於中國跨地區的就業勞動者的繳費年限不能累計計算，所以農民工在養老金繳費上就出現了很大的問題，每年都有大量的農民工由於麻煩跨省繳費而進行退保。

中國養老金統籌層次低的主要原因有兩種：一是中國目前的財稅體制是中央和地方分開，各省養老金各省獨自出資，所以資金跨省調劑很困難；二是發達省份擔心對不發達地區進行統籌後會降低本省的養老金待遇水準。

此外，中國的養老金的覆蓋範圍主要集中在城鎮國有企業和集體企業職工，大部分的農村人口由於傳統觀念而沒有進行投保。這個問題產生的主要原因是中國城鄉二元經濟結構的差異性。由於中國工業化的發展，城鎮經濟的發展先於農村經濟的發展，城鎮的各項發展制度也走在前面，加上農村地區的宣傳力度不廣，尤其貧苦山區，在經濟困難以及信息不流通的雙層壓力下，難以得知中國養老金的相關政策，從而導致了中國養老金覆蓋範圍的狹窄。

②養老金繳費欠繳現象嚴重。

中國保費欠繳的原因主要有兩個方面：一是地方政府的責任，二是企業的責任。就地方政府來講，有些縣級政府機構並沒有按照保險法的要求去確定以單位職工工資總額為繳費基數，這導致許多企業沒有按照這個標準來進行養老金的收繳，從而導致養老金欠繳的現象。就企業來講，在企業中，一方面由於有些省份並沒有對全省實現繳費比例的統一，這就導致有的企業繳費比例高，有的企業繳費比例低，有可能造成繳費均值低於正常繳費值，從而導致養老金欠繳。另外，由於沒有相關法律的保障，有一些企業主動逃避繳費，他們以生產效益低、收益水準低等理由不給職工進行養老金的繳付，或者把職工繳付的一部分養老金進行扣留而不再繳付，從而造成大量職工的養老金欠繳。

3.2.3.2 解決中國養老金隱性債務問題的可行性措施

通過對中國養老金隱性債務規模的測算，並且對中國養老金隱性債務償付機制出現的問題進行分析，再結合國外經驗的借鑑，可以從支付、監管和籌資三個方面對解決中國養老金隱性債務的問題提出了幾點應對措施。

(1) 從支付角度解決中國養老金隱性債務問題

養老金的支付問題關係到公民退休後的生活保障，在總結經驗的基礎上我們主要提出了以下幾點措施。

①控制退休年齡。

因為我們無法從根本上解決目前的人口數量，所以對於目前已有的人口，我們只能通過控制退休年齡來相應控制中國的養老金隱性債務規模。

中國目前的人均預期壽命正在逐年升高，根據國家 2017 年統計局的統計結果。中國人的人均壽命是：女性平均壽命為 76 歲；男性平均壽命為 74 歲。而像北京、上海這類發達城市的人均預期壽命已達 80 歲以上，這對各省市的養老金規模造成了很大的壓力。據測算，如果我們每提高一歲的退休年齡，那麼養老金可減少支出 160 億元，增加收入 40 億元，這樣可以相應減緩 200 億元的缺口。另外，中國公民目前接受的教育年限正在逐步上升，碩士和博士研究生的數量正在逐年增多，接受教育的人數增多就意味著越少的勞動力在進行工作，加上老人在長期的工作中，已經累積了大量的工作經驗，具備了很高的技術水準，若重新培養新的經驗職工需要大量的資金和技術的支持，所以提高公民的退休年齡不僅有利於減輕各省市的財政負擔，而且還創造了更多的社會價值。

②適當提高居民的最低工資。

提高中國居民的最低工資有助於提高中國工資增長率，由於時滯的影響，工資增長率的增長明顯快於養老金費用的增長，因此中國的城鎮職工的平均工資的增長要快於退休人員工資的增長，這樣相對變動的結果就是退休人員的人均養老金對在崗職工的平均工資替代率逐年下降。隨著社會主義市場經濟的建立，中國的養老金制度逐漸變得多元化和社會化，並且隨著中國養老金覆蓋面的擴大，層次的變多，養老金替代率勢必會有所降低，這一降低也會造成在職居民和退休居民之間的矛盾，所以適當地提高居民的最低工資，讓其增長率快於名義上導致替代率下降的增長率，可以緩解中國居民間的矛盾，也會相應減少中國的財政缺口。

(2) 從監管角度解決中國養老金隱性債務問題

在養老金的監管方面，需要加強立法。保障養老金的正常發放必須有強大的立法支持，只有為其提供強大的法律後盾，才能增強政策實施的執行力。因此，在養老金政策的實施上，我們仍然需要一套完善的立法設施去支持，法律的固定以及強制性可以保證各省市順利開展養老金發放以及徵收。到目前為止，中國在立法保障方面已經取得了一定的進展，但是總體上來講，中國的養老金立法制度仍然因為體系單薄和設定內容稀少而滯後。為此，下面提出了幾點養老金法律體系建設的建議。

首先，需要加強社會保險信息系統的法律建設，促進跨省養老金的繳付。

公民繳付的養老金費用都是退休之後才能進行領取，如果中國對公民個人的保險信息記錄得不準確或者造成遺失的話，就會對居民造成嚴重的損害。因此我們在建立信息系統的時候，要為其設定一套法律保障監督機制，並安排專員對其進行管理，這樣還能避免挪用等非法現象的發生。而且通過每年的繳費情況以及支付的養老金情況，可以清晰地對當地的財政收入等方面進行觀察和監督。另外，對信息平臺進行聯網，我們還可以對農民工等異地打工人士提供跨省繳費服務，從而擴大了居民的繳費範圍，並減少因為麻煩而導致的農民工退保現象。此外，通過立法措施還限制了管理人員的權限，強制保障了中國的社會保障制度。

其次，必須建立完整的社會保障法律體系。

養老金屬於社會保障中的關鍵部分，所以建設養老金法律體系要求我們從根本上建立一套完整的社會保障法律體系。下面我們從建立一個完整的法典式法律出發，提出設計一個合理的社會保障法律體系應該有的三個層次。

第一層次，應該制定一個完整的有人民代表大會通過的統一的法律，該法律應該像《憲法》一樣管制和指導著社會保障的各項內容的《社會保險法》。第二層次，也就是與其配套的一些條例，這些條例應該涉及社會、養老、失業、工商以及醫療等各個角度，因為這幾個角度每個都可以作為一個獨立體，加上之前中國已有的立法體系，再由國務院重新統一修改或指定，這樣在這個層次上的每個角度都有各自的保障。第三層次，該層次就涉及地方性的法律、法規和規章制度。第三層次是最需要關注的層次，因為該層次主要是面向廣大農民，而農民本身屬於弱勢群體，他們不管從知識還是自我保護意識上，都存在著缺陷，所以該層次法律的設定必須詳細，盡量地細化到農民能觸及的各個方面。

我們要在《憲法》的基礎上，配合著《勞動法》的現狀，切實完善地建立好以《社會保險法》為主的社會保障法律體系，這樣才能保證各項工作的順利完成，也能保障中國養老金制度的各種貫徹實施。

最後，需要明確各級責任，督促落實地方養老金投入。

在養老金的投入上，地方政府的投入很少，缺位很大，中央政府雖然在整體上對養老金進行了大幅度的投入，但是還是缺少科學化和規範化的制度安排。此外，雖然中國對養老金等社會保障上進行了大幅度的投入，但是實際上與發達國家的平均水準相比，仍然有很大的差距，而且中國在社會保障上的投入僅占全部財政收入的百分之十左右，發達國家卻占據了百分之三十左右的比例。為此，我們希望國家制定相關的立法措施，用法律明確中央和地方政府的責任，從而在促進國家投入的基礎上，提高地方政府的重視，減少其依賴性。

（3）從籌資角度解決中國養老金隱性債務問題

養老金隱性債務是一個即將償付的總數問題，為此，想要徹底解決隱性債務問題，就必須從各個角度出發，採用多種途徑共同發揮作用。而中國為此也應該建立一個「三支柱一保障」的償付機制，三支柱主要是指減少養老支出、拓寬籌資渠道以及餘額投資增值，而一保障就是輔助保障措施。三大支柱是三個主要的必須路徑，一保障為三支柱提供了重要的保障措施。此外，具備充實的資金也是未來償還養老金隱性債務的重要措施，因此擴展資金道路也成為償付債務的首要任務。

首先，需要調整財政支出結構。

目前只有調整養老保險補助支出在財政支出中的比重，才能逐步解決中國的養老金隱性債務問題。調整財政支出結構對於每一個國家來說，都是至關重要的，任何國家養老金的運轉都離不開政府財政的支持，因此調整財政支出是解決養老金債務問題最簡單、最直接的辦法。

在中國財政支出中占比重比較大的支出是經濟建設支出，高於百分之二十，中國仍然是以經濟建設為中心，財政支出也主要為其服務，而不是以公共服務產品為主的民生財政。另外，在政府財政支出中，公務員公款消費的比例非常大，我們可以在這方面採取一定的措施，減少行政管理支出，盡可能地把這些支出投入到社會保障中去。為此提出兩點建議：第一，對政府機構進行精簡，並控制人員編排，從而提高政府的支出效率，人員的減少和機構的精簡會直接減少行政支出費用，並且有利於政府對財政支出總量進行控制；第二，強化政府管理支出，對其嚴格監督並嚴格控制政府管理預算，並對管理範圍進行設定，對超範圍或者金額的項目和支出不予以補貼，從而達到淨化支出的目的，地方政府每年據此設定最低範圍的預算，並根據預算去設定和安排政府行政管理經費，避免公費出遊等惡劣消費行為的出現。

總體來說，調整財政支出的主要方向是壓縮管理支出，逐步建立以民生為主的財政支出轉變，這些方面的調整將會給財政帶來大量的餘額，從而提供更多的資金去支持中國的養老金隱性債務。

其次，可以採取變現或劃撥部分國有存量資產的方式。

變現或劃撥部分國有存量資產早在 1993 年的時候就由周小川和王林提出過。他們認為，社會保障是企業的一部分，它的職能因此也可以從中劃分出來，過去形成的養老和醫療基金，我們可以把其看作國有資產，也將其劃分出來，因此可以將其按照一定的基金預籌累積制進行委託經營。隨後通過變現貨劃撥部分國有存量資產來償付養老金隱性債務問題也逐步地浮出了水面。

縮減國有資產來解決隱性債務的主要措施有：一是出售一部分國有資產，將政府原來承擔的債務轉移到個人或者企業上面；二是對國有資產進行股份制轉化，將其轉化為私有控股，以股利來維持企業的經營發展；三是盡量減少國家控股，這樣可以逐步減輕國家的財政負擔，此外，對於地方政府，也可以採用拍賣或者出售國有資產的方式來匯聚現金。國有資產的轉變非一日即成，我們需要在維持中國現階段國情的基礎上再逐步地進行轉變，當國家的資本發展完善的時候才可以順利地進行。

最後，加快和完善養老金基金化進程，開發更多的投資產品。

養老金是公民在退休前幾十年一直繳付，並在其退休時按照一定的比例進行發放，而在這幾十年的期間，養老金的保值增值問題成為一個重點，如何將養老金金額進行增值，成了目前的一個關鍵問題，為此，尋找一個安全透明並且能夠盈利的方式對養老金進行管理，也是目前我們需要解決的一個難題。2016年12月6日由全國社會保證基金理事會發布公告，根據《基本養老基金投資管理辦法》和全國社會保障基金理事會相關評審規定，評選21家基本養老保險基金證券投資管理機構，落實託管機構和投資管理機構、確定入市資金量、實際入市等流程。這意味著中國養老金入市已經漸漸拉開帷幕，而入市的資金規模、投資方向以及入市目標成了養老金入市一個關鍵問題。

養老金入市只是拓寬投資渠道的一種措施，另外在中國巨大的養老金債務的壓力下，我們可以逐步放鬆中國對養老金的投資限制，並制定一系列的措施，比如政府可以發放有價債券、基金跟股票等對養老金進行保值增值，這些都可以逐步的緩解中國的養老金壓力。

4　彈性退休社會養老保險帳戶償付能力精算模型

基本養老保險是國家強制要求的，有法律法規約束的，在全社會範圍內實施的一種保障職工退休後的生活水準的社會保險。在這種社會保險制度下，企業及其員工都必須依法繳納養老保險費，在勞動者達到國家法定的退休年齡或是因其他法律允許的原因而退出勞動崗位後，基金管理部門依法向退休職工發放養老金。

中國現行的統帳結合的部分累積制是對現收現付制和完全累積制的整合，兼容了近期橫向平衡原則和遠期縱向平衡原則的籌資模式。部分累積制相對於現收現付制，提高了繳費積極性；相對於完全累積制，減小了基金貶值風險。按照《國務院關於完善企業職工基本養老保險制度的決定》（國發〔2005〕38號）的規定，目前中國可用於部分累積制養老金支付的資金共有兩部分：一是社會統籌現收現付部分的基礎養老金，每年可以用於支付的規模是當期的養老金收入；二是個人帳戶基金規模每年用於支付的規模，按照文件規定，個人帳戶支出年限根據各地區實際情況確定。

城鎮企業職工基本養老保險帳戶支付能力，是衡量城鎮企業職工基本養老保險基金收支平衡狀況和基本養老保險制度財務可持續性的重要指標。隨著人口老齡化進程的加速，養老金帳戶的支付壓力越來越大，已經對現有的養老保險制度提出了巨大的挑戰。對於如何解決養老保險帳戶支付能力不足這一問題，越來越多的學者認為延長退休年齡能夠改善養老保險制度的償付能力。國外如 Roseveare 等（1996）、Fenge（2004）、Galasso（2008）、Shoven 和 Goda（2008）、Kalemli-Ozcan 和 Weil（2010）等分別從不同方面論證了延長退休年齡對維持公共養老金收支平衡、降低繳納的費率水準等方面的好處。國內的學者對延遲退休問題有較大的分歧。支持者如鄭功成（2007）認為受人均預期壽命延長、受教育年限延長以及人口老齡化等因素的影響，必須延遲退休年齡。汪涵（2013）通過對養老保險相關指標如：收益率、替代率及政府財政支出等方面的定量分析，提出了提高女性退休年齡的必要性。楊翠迎、馮廣剛（2013）運用精算方法建立了養老保險基金的精算模型，分析了上海市採用延遲退休等政策對城鎮基本養老保險基金的影響。而反對者的主要觀點是認為延遲退休年齡可能對增加青壯年就業和提高經濟效率產生影響，而後者是在當前經濟社會環境中需要實現的首要任務。

關於養老保險基金償付能力的研究，從國外來看，Boldrin 等（1999）以歐盟為研究對象，指出導致養老保險基金支付能力不足的三個主要原因；Casamatta（2000）、Galasso 和 Profeta（2004）相繼論證了「制度參數調整」做法的脆弱性和不穩定性；Boado-Penas 等（2008）提出對現收現付制養老保險基金的償付能力使用資產負債表來測算的觀點；Haberman 等（2000）認為貢獻率風險和償付能力風險是影響養老保險基金收支及其安全性的主要風險的觀點。從國內來看主要有：黃曉等（2006）基於精算原理運用終值法分析了養老金的收支平衡問題；張思峰（2007）對人口規模和結構對養老金收支的影響進行了分析；王鑒崗（2001）研究了影響養老保險基金收支平衡的風險因素；柳清瑞（2004）、朱楠（2009）、王增文（2010）、金剛（2010）根據壽險精算原理得到基金收入和支出的現值，最後比較現值的大小來分析分析了養老保險基金的支付能力。

4.1 固定延遲退休基本養老保險帳戶償付能力精算模型

所謂固定延遲退休是指在人口老齡化背景下，為緩解帳戶支付壓力對現有的法定退休年齡進行統一的延長。

模型設定的基本假設：

①城鎮企業職工開始進入勞動力市場的年齡均為 23 歲，並且從進入勞動力市場時就參加城鎮企業職工基本養老保險。

②城鎮企業職工男性延遲後的退休年齡為 m 歲，女性延遲後的退休年齡為 b 歲。

③本節中養老金的繳納、發放以及人口死亡均發生在各年度末，且先後順序為養老金的繳納、人口死亡和發放。此外養老金的繳納和發放均以年數據進行計算。

④不考慮人員遷入或遷出的影響，假設人口系統是封閉的。

⑤假設參保時同齡的職工在退休後同一時刻的養老金水準相同。

⑥不存在提前退休、傷殘等因素對養老金支付的影響。

在此採用熊俊順等學者的觀點，以當前養老保險基金的結餘與當前面臨的養老金支付水準的比值來衡量養老保險基金償付能力，即社會統籌帳戶和個人帳戶不加區分地綜合考慮。文中養老保險基金償付能力測算模型以《國務院關於完善企業職工基本養老保險制度的決定》（國發〔2005〕38 號）規定的收支計算辦法為依據，以基金收入和支出測算模型為基礎進行構建，而養老保險基金的累積結餘為測算年以前各年度基金的收支餘額在測算年的本息和。

城鎮企業職工基本養老保險基金支出主要包括「老人」「過渡中人」「新中人」「新人」等養老金支出與死亡引起的個人帳戶支出。其中「老人」是指在《國務院關於建立統一的企業職工基本養老保險制度的決定》(國發〔1997〕26 號）實施前已經退休的職工。「過渡中人」指在《國務院關於建立統一的企業職工基本養老保險制度的決定》（國發〔1997〕26 號）實施前入職，在《國務院關於完善企業職工基本養老保險制度的決定》（國發〔2005〕38 號）實施前退休的職工。「新中人」是指在《國務院關於建立統一的企業職工基本養老保險制度的決定》（國發〔1997〕26 號）實施前入職，在《國務院關於完善企業職工基本養老保險制度的決定》（國發〔2005〕38 號）實施後退休的職工。若 n 代表彈性退休制實施的年份，這部分人可分為 n 年前退休和 n 年後退休的人員，而 n 年後退休的「新中人」又分為 n 年至 t 年前退休和 t 年後退休兩個階段。按國家相關養老金支付政策，「中人」在領取基礎養老金和個人帳戶養老金的基礎上，還要領取過渡養老金，因此「中人」的養老金支出精算現值可以分為基礎養老金、過渡養老金及個人帳戶養老金三個部分來測算。「新人」是指在《國務院關於建立統一的企業職工基本養老保險制度的決定》（國發〔1997〕26 號）實施後入職的人員，按有關政策規定「新人」養老金支出包括基礎養老金和個人帳戶養老金兩個部分。死亡引起的個人帳戶支出設計為職工死亡將其個人帳戶餘額一次性付給受益人，考慮到「老人」無個人帳戶，「過渡中人」在彈性退休制實施時，退休時間已經很長，而其個人帳戶累積時間很短，其帳戶餘額可忽略，故本文對死亡所引起的個人帳戶支付主要考慮「新中人」與「新人」。

壽險精算方法有所謂的過去法、將來法。筆者在此提出不同於已有相關文獻的研究方法即運用將來法的精算方法，對某一時刻的人群總體按年齡結構分別建立城鎮企業職工基本養老保險帳戶未來收支的精算現值模型，從而評價帳戶的支付能力。

(1) 城鎮企業職工基本養老保險帳戶收入精算模型

城鎮企業職工基本養老保險基金收入由繳費收入和基金收益構成，由於基金投資增值部分比例較小，在模型構建中，主要考慮企業繳費收入和個人繳費收入。關於養老保險基金保費繳納的規則，職工個人繳納的基本養老保險金為本人繳費工資的8%；企業在為職工繳納基本養老保險金時，金額為全企業職工總繳費工資的20%。由於不同行業、不同企業、不同職工的繳費工資的差異性很大，本節考慮全行業繳費工資的期望值，即每年的職工繳費工資參數統一設定為城鎮企業職工社會平均工資。設 I_t 第 t 年末的養老保險基金收入，a 代表參工的起始年齡，$\bar{W}_t$ 代表第 t 年的社會平均工資，$L_{q,t}$ 代表第 t 年 q 歲參保職工人數，$L_{x,t}$、$L_{y,t}$ 分別 x 歲男性與 y 歲女性的參保職工人數，則 t 年後未來城鎮企業職工基本養老保險基金收入現值為

$$I_t = \sum \left(\sum_{x=23}^{[b_m-1]} L_{x,t} + \sum_{x=23}^{[b_f-1]} L_{y,t} \right) \times \bar{W}_t \times 28\%$$

(2) 城鎮企業職工基本養老保險帳戶支出精算模型

①「老人」支出精算現值。

按照文件規定，「老人」的養老金發放月標準是以退休前一年職工月平均工資為基數，按照社會平均工資增長率的一定比例調整。假設支付標準按現有政策不變。第 t 年基金支出精算現值：

男性為 $P_1^{lt} = \sum_{x=60+t-1998}^{\omega} [L_{x,t} \cdot M \cdot \sum_{k=1}^{\varpi-x} (1+\varphi \cdot g)^k \cdot V(k) \cdot {}_k p_x]$

女性為 $P_2^{lt} = \sum_{y=50+t-1998}^{\omega} [L_{y,t} \cdot M \cdot \sum_{k=1}^{\varpi-x} (1+\varphi \cdot g)^k \cdot V(k) \cdot {}_k p_y]$

其中：M 代表年養老金給付額；φ 表示養老金按工資增長率的調整率；g 為社會平均工資增長率。

②「過渡中人」支出精算現值。

「過渡中人」在第 t 年未來支出的基礎性養老金現值為

$$AP_1^{gzt} = \lambda \cdot \bar{W}_{t-1} \cdot \sum_{q=60+t-2006}^{60+t-1998} L_{q,t} \cdot [\sum_{j=q}^{T_q} (1+g)^{(j-q)} \cdot v(j-q)]$$

精算現值：

男性為 $P_{11}^{gzt} = E(AP_1^{gzt})$

$$= \lambda \cdot \bar{W}_{t-1} \cdot \sum_{x=60+t-2006}^{60+t-1998} L_{x,t} \cdot [\sum_{j=x}^{\varpi} (1+g)^{(j-x)} \cdot {}_{j-x}p_x \cdot V(j-x)]$$

女性為 $P_{12}^{gzt} = E(AP_1^{gzt})$

$$= \lambda \cdot \bar{W}_{t-1} \cdot \sum_{y=50+t-2006}^{50+t-1998} L_{y,t} \cdot [\sum_{j=y}^{\varpi} (1+g)^{(j-y)} \cdot {}_{j-y}p_y \cdot V(j-y)]$$

其中：λ 為基礎養老金計發比率。

「過渡中人」第 t 年未來領取的過渡性養老金現值為

$$AP_2^{gzt} = \varepsilon \cdot \beta \cdot \overline{W}_{t-1} \cdot \sum_{q=60+t-2006}^{60+t-1998} L_{q,t} \cdot (q - a - t + 1998) \cdot \left[\sum_{j=q}^{T_q} (1+g)^{(j-q)} \cdot v(j-q) \right]$$

其中：ε 是過渡養老金計發比率，β 表示在職職工平均工資繳費指數。為簡化計算，假設所有「老中人」的視同繳費年限均滿 15 年。

精算現值：

男性為

$$P_{21}^{gzt} = E(AP_2^{gzt})$$
$$= \varepsilon \cdot \beta \cdot \overline{W}_{t-1} \cdot \sum_{x=60+t-2006}^{60+t-1998} L_{x,t} \cdot (q - a - t + 1997) \cdot \left[\sum_{j=x}^{\varpi} (1+g)^{(j-x)} \cdot {}_{j-x}p_x \cdot V(j-x) \right]$$

女性為

$$P_{22}^{gzt} = E(AP_2^{gzt})$$
$$= \varepsilon \cdot \beta \cdot \overline{W}_{t-1} \cdot \sum_{y=50+t-2006}^{50+t-1998} L_{y,t} \cdot (q - a - t + 1997) \cdot \left[\sum_{j=y}^{\varpi} (1+g)^{(j-y)} \cdot {}_{j-y}p_y \cdot V(j-y) \right]$$

「過渡中人」第 t 年未來領取的個人帳戶養老金的現值為

$$AP_3^{gzt} = \frac{1}{N} \cdot 8\% \cdot \overline{W}_{1997} \cdot \sum_{q=60+t-2006}^{60+t-1998} L_{q,t} \cdot \left[\sum_{j=q-(t-1998)}^{T} (1+g)^{(j-q-(t-1998))} \cdot (1+r)^{(T-j)} \right) \cdot \left(\sum_{k=0}^{T_q - x} v(k)) \right]$$

精算現值：

男性為

$$P_{31}^{gzt} = E(AP_3^{gzt}) = \frac{1}{N} \cdot 8\% \cdot \overline{W}_{1997} \cdot \sum_{x=60+t-2006}^{60+t-1998} L_{x,t} \cdot \left\{ \sum_{j=x-(t-1998)}^{59} \left[(1+g)^{(j-x-(t-1998))} \cdot (1+r)^{(59-j)} \cdot \left(\sum_{k=0}^{\varpi - x} V(k) \cdot {}_k p_x \right) \right] \right\}$$

女性為

$$P_{32}^{gzt} = E(AP_3^{gzt})$$
$$= \frac{1}{N} \cdot 8\% \cdot \overline{W}_{1997} \cdot \sum_{y=50+t-2006}^{50+t-1998} L_{y,t} \cdot \left\{ \sum_{j=y-(t-1998)}^{49} \left[(1+g)^{(j-y-(t-1998))} \cdot (1+r)^{(49-j)} \cdot \left(\sum_{k=0}^{\varpi - x} V(k) \cdot {}_k p_y \right) \right] \right\}$$

其中：r 是養老保險基金個人帳戶增值率，N 表示個人帳戶計發年數。

③「新中人」支出精算現值。

n 年後退休的「新中人」在第 t 年未來支出的基礎性養老金現值為

$$AP_1^{zzt} = (\frac{1+\beta}{2}) \cdot 1\% \cdot \{ \sum_{q=a+t-1998}^{T_1-1} (T_q^* - a) \cdot L_{q,t} \cdot \overline{W}_{t+T_q^*-q-1} \cdot v(T_q^* - q) \cdot [\sum_{k=0}^{T_q-T_q^*} (1+g)^k \cdot v(T_q^* - q, k)] + \sum_{q=T_1}^{T_1+t-2006} L_{q,t} \cdot \overline{W}_{t+T_q^*-q-1} \cdot (T_q^* - a) \cdot \{ v(T_q^* - q) I_{(T_q^* > q)} \cdot [\sum_{k=0}^{T_q-T_q^*} (1+g)^k \cdot v(T_q^* - q, k)] + (1+g)(q - T_q^*) I_{(T_q^* \leq q)} \cdot [\sum_{k=0}^{T_q-q} (1+g)^k \cdot v(k)] \}$$

精算現值：

男性為

$$P_{11}^{zzt} = E(AP_1^{zzt})$$

$$= (\frac{1+\beta}{2}) \cdot 1\% \cdot \{ \sum_{x=a+t-1998}^{59} L_{x,t} \cdot \{ \sum_{j=60}^{65} (j-a) \cdot \overline{W}_{t+j-x-1} \cdot V(j-x) \cdot [\sum_{k=0}^{\varpi-j} (1+g)^k \cdot {}_kp_x \cdot V(j-x, k)] \} \cdot P(T_x^* = j) + \sum_{x=60}^{60+t-2006} L_{x,t} \cdot \{ \sum_{j=x+1}^{65} \overline{W}_{t+j-x-1}(j-a) \cdot V(j-x) \cdot [\sum_{k=0}^{w-j} (1+g)^k \cdot V(j-x, k)] + \sum_{j=60}^{x} (1+g)^{(x-j)} \cdot [\sum_{k=0}^{w-x} (1+g)^k \cdot {}_kp_x \cdot V(k)] \} \cdot P(T_x^* = j) \}$$

女性為

$$P_{12}^{zzt} = E(AP_1^{zzt})$$

$$= (\frac{1+\beta}{2}) \cdot 1\% \cdot \{ \sum_{y=a+t-1998}^{54} L_{y,t} \cdot \{ \sum_{j=55}^{60} (j-a) \cdot \overline{W}_{t+j-y-1} \cdot V(j-y) \cdot [\sum_{k=0}^{\varpi-j} (1+g)^k \cdot {}_kp_y \cdot V(j-y, k)] \} \cdot P(T_y^* = j) + \sum_{y=55}^{55+t-2006} L_{y,t} \cdot \{ \sum_{j=y+1}^{60} \overline{W}_{t+j-y-1}(j-a) \cdot V(j-y) \cdot [\sum_{k=0}^{w-j} (1+g)^k \cdot {}_kp_y \cdot V(j-y, k)] + \sum_{j=55}^{y} (1+g)^{(y-j)} \cdot [\sum_{k=0}^{w-y} (1+g)^k \cdot {}_kp_y \cdot V(k)] \} \cdot P(T_y^* = j) \}$$

n 年後退休的「新中人」在第 t 年未來支出的過渡性養老金現值為

$$AP_2^{zzt} = \varepsilon \cdot \beta \cdot \{ \sum_{q=a+t-1998}^{T_1-1} (T_q^* - q + t - 1997) \cdot L_{q,t} \cdot \overline{W}_{t+T_q^*-q-1} \cdot v(T_q^* - q) \cdot [\sum_{k=0}^{T_q-T_q^*} (1+g)^k \cdot v(T_q^* - q, k)] +$$

$$\sum_{q=T_1}^{T_1+t-2006} L_{q,t} \cdot \overline{W}_{t+T_q^*-q-1} \cdot (T_q^* - q + t - 1997) \cdot$$

$$\{v(T_q^* - q) I_{(T_q^* > q)} \cdot [\sum_{k=0}^{T_q - T_q^*} (1+g)^k \cdot v(T_q^* - q, k)]$$

$$+ (^1 + g)(q - T_q^*) I_{(T_q^* \leqslant q)} \cdot [\sum_{k=0}^{T_q - q} (1+g)^k \cdot v(k)]\}$$

精算現值:

男性為

$$P_{21}^{zzt} = E(AP_2^{zzt})$$

$$= \varepsilon \cdot \beta \cdot \{\sum_{x=a+t-1998}^{59} L_{x,t} \cdot \{\sum_{j=60}^{65} (j - x + t - 1997) \cdot$$

$$\overline{W}_{t+j-x-1} \cdot V(j-x) \cdot [\sum_{k=0}^{\varpi - j} (1+g)^k \cdot {}_k p_x \cdot V(j-x, k)]\}$$

$$\cdot P(T_x^* = j) + \sum_{x=60}^{60+t-2006} L_{x,t} \cdot \{\sum_{j=x+1}^{65} \overline{W}_{t+j-x-1} \cdot (j - x + t - 1997) \cdot$$

$$V(j-x) \cdot [\sum_{k=0}^{w-j} (1+g)^k \cdot V(j-x, k)]$$

$$+ \sum_{j=60}^{x} (1+g)^{(x-j)} \cdot [\sum_{k=0}^{w-x} (1+g)^k \cdot {}_k p_x \cdot V(k)]\} \cdot P(T_x^* = j)\}$$

女性為

$$P_{22}^{zzt} = E(AP_2^{zzt})$$

$$= \varepsilon \cdot \beta \cdot \{\sum_{y=a+t-1998}^{54} L_{y,t} \cdot \{\sum_{j=60}^{65} (j - y + t - 1997) \cdot \overline{W}_{t+j-y-1} \cdot V(j-y) \cdot [\sum_{k=0}^{\varpi - j}$$

$$(1+g)^k \cdot {}_k p_y \cdot V(j-y, k)]\} \cdot P(T_y^* = j) + \sum_{y=55}^{55+t-2006} L_{y,t} \cdot \{\sum_{j=y+1}^{60} \overline{W}_{t+j-y-1} \cdot$$

$$(j - y + t - 1997) \cdot V(j-y) \cdot [\sum_{k=0}^{w-j} (1+g)^k \cdot$$

$$V(j-y, k)] + \sum_{j=60}^{y} (1+g)^{(y-j)} \cdot [\sum_{k=0}^{w-x} (1+g)^k \cdot {}_k p_y \cdot V(k)]\} \cdot P(T_y^* =$$

$$j)\}$$

n 年後退休的「新中人」在第 t 年未來支出的個人帳戶養老金現值為

$$AP_3^{zzt} = \frac{1}{N} \cdot 8\% \cdot \overline{W}_{1997} \cdot \{\sum_{q=a+t-1998}^{T_1 - 1} L_{q,t} \cdot v(T_q^* - q) \cdot [\sum_{h=q+1998-t}^{T_q^*} (1+g)^{(h-q-1998+t)} \cdot$$

$$(1+r)^{(T_q^* - h)} \cdot (\sum_{k=0}^{T_q - T_q^*} v(T_q^* - q, k))] + \sum_{q=T_1}^{T_1+t-2006} L_{q,t} \cdot \{\sum_{h=q+1998-t}^{T_q^*}$$

$$(1+g)^{(h-q-1998+t)} \cdot (1+r)^{(T_q^* - h)} \cdot [I_{(T_q^* > q)} \cdot v(T_q^* - q) \cdot (\sum_{k=0}^{T_q - T_q^* - 1} v(T_q^* -$$

$$q, k)) + I_{(T_q^* \leq q)} \cdot [\sum_{k=0}^{T_q - q} v(k)]\}$$

精算現值：

男性為

$$P_{31}^{zzt} = E(AP_3^{zzt})$$

$$= \frac{1}{N} \cdot 8\% \cdot \bar{W}_{1997} \cdot \{\sum_{x=a+t-1998}^{59} L_{x,t} \cdot \{\sum_{j=60}^{65} V(j-x) \cdot [\sum_{h=x+1998-t}^{j} (1+g)^{(h-x-1998+t)} (1+r)^{(j-h)} \sum_{k=0}^{w-j} {}_kp_x \cdot V(j-x, k)] \cdot P(T_x^* = j)\} + \sum_{x=60}^{60+t-2006} L_{x,t} \cdot \{\sum_{j=x+1}^{65} V(j-x) \cdot [\sum_{h=x+1998-t}^{j} (1+g)^{(h-x-1998+t)} (1+r)^{(j-h)} (\sum_{k=0}^{w-j} {}_kp_x \cdot V(j-x, k))] + \sum_{j=60}^{x} [\sum_{h=x+1998-t}^{j} (1+g)^{(h-x-1998+t)} (1+r)^{(j-h)} (\sum_{k=0}^{w-x} {}_kp_x \cdot V(k))]\} \cdot P(T_x^* = j)\}$$

女性為

$$P_{32}^{zzt} = E(AP_3^{zzt})$$

$$= \frac{1}{N} \cdot 8\% \cdot \bar{W}_{1997} \cdot \{\sum_{y=a+t-1998}^{54} L_{y,t} \cdot \{\sum_{j=55}^{60} V(j-y) \cdot [\sum_{h=x+1998-t}^{j} (1+g)^{(h-y-1998+t)} (1+r)^{(j-h)} \sum_{k=0}^{w-j} {}_kp_y \cdot V(j-y, k)] \cdot P(T_y^* = j)\} + \sum_{x=55}^{55+t-2006} L_{y,t} \cdot \{\sum_{j=x+1}^{60} V(j-y) \cdot [\sum_{h=y+1998-t}^{j} (1+g)^{(h-y-1998+t)} (1+r)^{(j-h)} (\sum_{k=0}^{w-j} {}_kp_y \cdot V(j-y, k))] + \sum_{j=55}^{y} [\sum_{h=y+1998-t}^{j} (1+g)^{(h-y-1998+t)} (1+r)^{(j-h)} (\sum_{k=0}^{w-x} {}_kp_y \cdot V(k))]\} \cdot P(T_y^* = j)\}\}$$

n 年後退休的「新中人」在第 t 年後死亡未來支出的個人帳戶餘額現值為

$$AP_4^{zzt} = 8\% \cdot \bar{W}_{1997} \cdot \{\sum_{q=a+t-1998}^{T-1} L_{q,t} \cdot v(T_q - q) \cdot \{[\sum_{h=q+1998-t}^{T_q^*} (1+g)^{(h-q-1997+t)} \cdot (1+r)^{(T_q^*-h)}] \cdot \max(1 - \frac{T_q - T_q^*}{N}, 0)\} + \sum_{q=T}^{T+t-2006} L_{q,t} \cdot v(T_q - q) \cdot \{[\sum_{h=q+1998-t}^{T_q^*} (1+g)^{(h-q-1998+t)} \cdot (^1 + r)\ (T_q^* - h)] \cdot \max(1 - \frac{T_q - T_q^*}{N}, 0)\}$$

精算現值：

男性為

$$P_{41}^{zzt} = E(AP_4^{zzt})$$

$$= 8\% \cdot \overline{W}_{1997} \cdot \{ \sum_{x=a+t-1998}^{59} L_{x,t} \cdot \{ \sum_{k=66}^{w} V(k-q) \cdot {}_{k-1|}q_x \cdot \{ \sum_{j=60}^{65} [\sum_{h=x+1998-t}^{j} (1+g)^{(h-x-1998+t)} (1+r)^{(j-h)}] \cdot P(T_x^* = j) \} \cdot \max(1 - \frac{k-j}{N}, 0) \} + \{ \sum_{x=60}^{60+t-2006} L_{x,t} \cdot \{ \sum_{k=66}^{w} V(k-q) \cdot {}_{k-1|}q_x \cdot \{ \sum_{j=x+1}^{65} [\sum_{h=x+1998-t}^{j} (1+g)^{(h-x-1998+t)} (1+r)(j-h) + \sum_{j=60}^{x} [\sum_{h=x+1998-t}^{j} (1+g)^{(h-x-1998+t)} (1+r)^{(j-h)}] \} \cdot P(T_x^* = j) \} \cdot \max(1 - \frac{k-j}{N}, 0) \}$$

女性為

$$P_{42}^{zzt} = E(AP_4^{zzt})$$

$$= 8\% \cdot \overline{W}_{1997} \cdot \{ \sum_{y=a+t-1998}^{54} L_{y,t} \cdot \{ \sum_{k=61}^{w} V(k-q) \cdot {}_{k-1|}q_y \cdot \{ \sum_{j=55}^{60} [\sum_{h=y+1998-t}^{j} (1+g)^{(h-y-1998+t)} (1+r)^{(j-h)}] \cdot P(T_y^* = j) \} \cdot \max(1 - \frac{k-j}{N}, 0) \} + \{ \sum_{y=55}^{55+t-2006} L_{y,t} \cdot \{ \sum_{k=61}^{w} V(k-q) \cdot {}_{k-1|}q_x \cdot \{ \sum_{j=x+1}^{60} [\sum_{h=y+1998-t}^{j} (1+g)^{(h-y-1998+t)} (1+r)(j-h) + \sum_{j=60}^{y} [\sum_{h=y+1998-t}^{j} (1+g)^{(h-y-1998+t)} (1+r)^{(j-h)}] \} \cdot P(T_y^* = j) \} \cdot \max(1 - \frac{k-j}{N}, 0) \} \}$$

n 年前退休的「新中人」在第 t 年未來支出的基礎性養老金現值為

$$AP_1^{Tzt} = (\frac{1+\beta}{2}) \cdot (T_1 - a) \cdot 1\% \cdot \overline{W}_{t-1} \cdot \sum_{q=T_1+t-n}^{T_1+t-2006} L_{q,t} \cdot [\sum_{k=0}^{T_q-q} (1+g)^k \cdot v(k)]$$

精算現值:

男性為

$$P_{11}^{Tzt} = E(AP_1^{Tzt})$$

$$= (\frac{1+\beta}{2}) \cdot (60-a) \cdot 1\% \cdot \overline{W}_{t-1} \cdot \sum_{x=60+t-n}^{60+t-2006} L_{x,t} \cdot [\sum_{k=0}^{w-x} (1+g)^k \cdot {}_kp_x \cdot V(k)]$$

女性為

$$P_{12}^{Tzt}=E(AP_1^{Tzt})$$
$$=\cdot\left(\frac{1+\beta}{2}\right)\cdot(50-a)\cdot 1\%\cdot\overline{W}_{t-1}\sum_{y=50+t-n}^{50+t-2006}L_{y,t}\cdot\left[\sum_{k=0}^{w-y}(1+g)^k\cdot{}_kp_y\cdot V(k)\right]$$

n 年前退休的「新中人」在第 t 年未來支出的過渡性養老金的現值為

$$AP_2^{Tzt}=(T_1-a)\cdot\varepsilon\cdot\beta\cdot\overline{W}_{t-1}\cdot\sum_{q=T_1+t-n}^{T_1+t-2006}L_{q,t}\cdot\left[\sum_{k=0}^{T_q-q}(1+g)^k\cdot v(k)\right]$$

精算現值:

男性為

$$P_{21}^{Tzt}=E(AP_2^{Tzt})=(60-a)\cdot\varepsilon\cdot\beta\cdot\overline{W}_{t-1}\cdot\sum_{x=60+t-n}^{60+t-2006}L_{x,t}\cdot\left[\sum_{k=0}^{w-x}(1+g)^k\cdot{}_kp_x\cdot V(k)\right]$$

女性為

$$P_{22}^{Tzt}=E(AP_2^{Tzt})=(50-a)\cdot\varepsilon\cdot\beta\cdot\overline{W}_{t-1}\cdot\sum_{y=50+t-n}^{50+t-2006}L_{y,t}\cdot\left[\sum_{k=0}^{w-y}(1+g)^k\cdot{}_kp_y\cdot V(k)\right]$$

n 年前退休的「新中人」在第 t 年未來支出的個人帳戶養老金現值為

$$AP_3^{Tzt}=\frac{1}{N}\cdot 8\%\cdot\overline{W}_{1997}\cdot\sum_{q=T_1+t-n}^{T_1+t-2006}L_{q,t}\cdot\sum_{h=q+1998-t}^{T_1}(1+g)^{(h-q-1998+t)}(1+r)^{(T_1-h)}\cdot$$
$$\left[\sum_{k=0}^{T_q-q}v(k)\right]$$

精算現值:

男性為

$$P_{31}^{nt}=E(AP_3^{Tzt})$$
$$=\frac{1}{N}\cdot 8\%\cdot\overline{W}_{1997}\cdot\sum_{x=60+t-n}^{60+t-2006}L_{x,t}\cdot\sum_{h=x+1998-t}^{60}(1+g)^{(h-x-1998+t)}(1+r)^{(60-h)}\cdot$$
$$\left[\sum_{k=0}^{w-x}{}_kp_x\cdot V(k)\right]$$

女性為

$$P_{32}^{nt}=E(AP_3^{Tzt})$$
$$=\frac{1}{N}\cdot 8\%\cdot\overline{W}_{1997}\cdot\sum_{y=50+t-n}^{50+t-2006}L_{x,t}\cdot\sum_{h=x+1998-t}^{50}(1+g)^{(h-y-1998+t)}(1+r)^{(50-h)}\cdot$$
$$\left[\sum_{k=0}^{w-y}{}_kp_y\cdot V(k)\right]$$

n 年前退休的「新中人」在第 t 年後死亡未來支出的個人帳戶餘額現值為

$$AP_4^{Tzt}=8\%\cdot\overline{W}_{1997}\cdot\sum_{q=T_1+t-n}^{T_1+t-2006}L_{q,t}\cdot v(T_q-q)\cdot\left[\sum_{h=1998}^{T+t-q-1998}(1+g)^{(h-1998)}\right.$$

$$(1+r)^{(T+t-q-1998-h)}]\cdot\max(1-\frac{T_q-T}{N},0)$$

精算現值:

男性為

$$P_{41}^{Tzt}=E(AP_4^{Tzt})$$

$$=8\%\cdot\overline{W}_{1997}\cdot\sum_{x=60+t-n}^{60+t-2006}L_{x,t}\cdot$$

$$\{\sum_{k=x+1}^{w}{}_{k-1|}q_x\cdot V(k-q)\cdot[\sum_{h=1998}^{60+t-x-1998}(1+g)^{(h-1998)}(1+r)^{(60+t-x-1998-h)}]\cdot$$

$$\max(1-\frac{k-60}{N},0)\}$$

女性為

$$P_{42}^{Tzt}=E(AP_4^{Tzt})$$

$$=8\%\cdot\overline{W}_{1997}\cdot\sum_{y=50+t-n}^{50+t-2006}L_{y,t}\cdot\{\sum_{k=y+1}^{w}{}_{k-1|}q_y\cdot V(k-q)\cdot[\sum_{h=1997}^{50+t-y-1997}(1+g)^{(h-1997)}$$

$$(1+r)^{(50+t-y-1997-h)}]\cdot\max(1-\frac{k-50}{N},0)\}$$

④「新人」支出精算現值

養老金支出包括基礎養老金和個人帳戶養老金。

「新人」退休後領取的基礎性養老金，在測算點的現值為

$$AP_1^{nt}=1\%\cdot(\frac{1+\beta}{2})\cdot\sum_{q=0}^{t-1998+a}\{L_{q,t}\cdot(T_q^*-a)\cdot v(T_q^*-q)\cdot\overline{W}_{t+T_q^*-q-1}\cdot$$

$$\sum_{k=0}^{T_s-T_q^*}[(1+g)^k\cdot v(T_q^*-q,k)]\}$$

精算現值:

男性為

$$P_{11}^{nt}=E(AP_1^{nt})=1\%\cdot(\frac{1+\beta}{2})\cdot$$

$$\sum_{j=60}^{65}\{\sum_{x=0}^{t-1998+a-1}L_{x,t}\cdot(j-a)\cdot V(j-x)\cdot\overline{W}_{t+j-x-1}]\cdot$$

$$[\sum_{k=0}^{w-j}{}_kp_x\cdot(1+g)^k\cdot V(j-x,k)]\}\cdot P(T_x^*=j)$$

女性為

$$P_{12}^{nt}=E(AP_1^{nt})=1\%\cdot(\frac{1+\beta}{2})\cdot$$

$$\sum_{j=55}^{60}\{\sum_{y=0}^{t-1998+a-1} L_{y,t}\cdot(j-a)\cdot V(j-y)\cdot \overline{W}_{t+j-y-1}]\cdot$$

$$[\sum_{k=0}^{w-j} {}_{k}p_{y}\cdot(1+g)^{k}\cdot V(j-y,\ k)]\}\cdot P(T_{y}^{*}=j)$$

「新人」退休後領取的個人帳戶養老金，在測算點的現值為

$$AP_{2}^{nt}=8\%\cdot\frac{1}{N}\cdot\sum_{q=0}^{t-1998+a} L_{q,t}\cdot v(T_{q}^{*}-q)\cdot \overline{W}_{a-q+t-1}\cdot[\sum_{h=a}^{T_{q}^{*}}(1+g)^{(h-a)}\cdot$$

$$(1+r)^{(T_{q}^{*}-h)}\cdot(\sum_{k=0}^{T_{q}-T_{q}^{*}} v(T_{q}^{*}-q,\ k))]$$

精算現值：

男性為

$$P_{21}^{nt}=E(AP_{2}^{nt})=8\%\cdot\frac{1}{N}\cdot$$

$$\{\sum_{x=0}^{t-1998+a} L_{x,t}\cdot \overline{W}_{a-x+t-1}\cdot\{\sum_{j=60}^{65} V(j-x)\cdot[\sum_{h=a}^{j}(1+g)^{(h-a)}\cdot$$

$$(1+r)(j-h)\cdot(\sum_{k=0}^{w-x} {}_{k}p_{x}\cdot V(j-x,\ k))]\cdot P(T_{x}^{*}=j)\}\}$$

女性為

$$P_{22}^{nt}=E(AP_{2}^{nt})=8\%\cdot\frac{1}{N}\cdot\{\sum_{y=0}^{t-1998+a} L_{y,t}\cdot \overline{W}_{a-y+t-1}\cdot\{\sum_{j=55}^{60} V(j-y)\cdot[\sum_{h=a}^{j}$$

$$(1+g)^{(h-a)}\cdot(^{1}+r)(j-h)\cdot(\sum_{k=0}^{w-y} {}_{k}p_{y}\cdot V(j-y,\ k))]\cdot P(T_{y}^{*}=j)\}\}$$

「新人」在第 t 年後死亡未來支出的個人帳戶餘額現值為

$$AP_{3}^{nt}=8\%\cdot\{\sum_{q=0}^{t-1998+a-1} L_{q,t}\cdot v(T_{q}-q)\cdot \overline{W}_{t+a-q-1}\cdot\{\sum_{h=a}^{T_{q}^{*}}[(1+g)^{h-a}$$

$$(1+r)^{(T_{q}^{*}-h)}]\cdot\max(1-\frac{T_{q}-T_{q}^{*}}{N},\ 0)\}$$

精算現值：

男性為

$$P_{31}^{nt}=E(AP_{3}^{nt})=8\%\cdot\{\sum_{x=0}^{t-1998+a-1} L_{x,t}\cdot \overline{W}_{t+a-q-1}\cdot\{\sum_{k=66}^{w} {}_{k-1|}q_{x}\cdot V(k-q)\cdot$$

$$\{\sum_{j=60}^{65}\sum_{h=a}^{j}[(1+g)^{h-a}(1+r)^{(j-h)}]\cdot P(T_{x}^{*}=j)\}\cdot\max(1-\frac{k-j}{N},\ 0)\}$$

女性為

$$P_{32}^{nt}=E(AP_{3}^{nt})=8\%\cdot\{\sum_{y=0}^{t-1998+a-1} L_{y,t}\cdot \overline{W}_{t+a-y-1}\cdot\{\sum_{k=61}^{w} {}_{k-1|}q_{y}\cdot V(k-q)\cdot$$

$$\left\{\sum_{j=55}^{60}\sum_{h=a}^{j}\left[(1+g)^{h-a}(1+r)^{(j-h)}\right]\cdot P(T_y^*=j)\right\}\cdot\max\left(1-\frac{k-j}{N},\ 0\right)\right\}$$

則 t 年後未來城鎮企業職工基本養老保險基金支出精算現值：

統籌帳戶為

$$P_1^t=\sum_{i=1}^{2}P_i^{Jt}+\sum_{i=1}^{2}\sum_{j=1}^{2}P_{ij}^{gzt}+\sum_{i=1}^{2}\sum_{j=1}^{2}P_{ij}^{zzt}+\sum_{i=1}^{2}\sum_{j=1}^{2}P_{ij}^{Tzt}+\sum_{i=1}^{2}P_{1i}^{nt}$$

個人帳戶為

$$P_2^t=\sum_{i=1}^{2}P_{3i}^{gzt}+\sum_{i=1}^{2}P_{3i}^{zzt}+\sum_{i=1}^{2}P_{3i}^{Tzt}+\sum_{i=1}^{2}P_{4i}^{Tzt}+\sum_{i=1}^{2}P_{2i}^{nt}+\sum_{i=1}^{2}P_{3i}^{nt}$$

如果 $CM^t < P_1^t + P_2^t$，表明帳戶支付能力具有支付能力，反之，表明支付能力不足。

4.2 彈性退休基本養老保險帳戶償付能力精算模型

對彈性退休基本養老保險帳戶償付能力的精算分析，是為了建立彈性退休制在中國的可行性以及財務上的可持續性的理論基礎，而理論界對這一領域的研究幾乎是空白體現出了該研究的現實緊迫性。彈性退休不同於固定延遲退休，每個人的退休年齡是由本人在一定的制度框架內做出決定的，所以從精算技術的角度講，需要對退休年齡做隨機化處理，難度更大。

本精算模型建立基於以下四點假設：

①不考慮人員遷入或遷出的影響，假設人口系統是封閉的；

②假設養老金的繳納、發放以及人口死亡引起的支付均發生在各年度末；

③假設參保時同齡的職工在退休後同一時刻的養老金水準相同；

④不存在提前退休、傷殘等因素對養老金支付的影響。

（1）城鎮企業職工基本養老保險帳戶收入精算模型

城鎮企業職工基本養老保險基金收入由繳費收入和基金收益構成，由於基金投資增值部分比例較小，本模型構建中，主要考慮企業繳費收入和個人繳費收入。關於養老保險基金保費繳納的規則，職工個人繳納的基本養老保險金為本人繳費工資的 8%；企業在為職工繳納基本養老保險金時，金額為全企業職工總繳費工資的 20%。由於不同行業、不同企業、不同職工的繳費工資的差異性很大，本模型考慮全行業繳費工資的期望值，即每年的職工繳費工資參數統一設定為城鎮企業職工社會平均工資。設 I_t 第 t 年末的養老保險基金收入，a 代表參工的起始年齡，$\overline{W}_t$ 代表第 t 年的社會平均工資，$L_{q,t}$ 代表第 t 年 q 歲參保職工人數，$L_{x,t}$、$L_{y,t}$ 分別 x 歲男性與 y 歲女性的參保職工人數，T 表示現有職工退休年齡，w 代表極限壽命，假定利率過程、死力過程與退休時間相互獨立，則 t 年後未來城鎮企業職工基本養老保險基金收入現值為

$$I_t = \{ \sum_{q=0}^{a-1} L_{q,t} \cdot v(a-q) \cdot [\sum_{h=a}^{T_q^*} (1+g)^{(h-x)} \cdot v(a-q, h-x)] + \sum_{q=a}^{T_t - 1} L_{q,t} \cdot [\sum_{h=q}^{T_q^*} (1+g)^{(h-y)} \cdot v(h-y)] \} \cdot \overline{W}_{t-1} \cdot 28\%$$

其精算現值為

$$CM^t = EI_t = (A_{1t} + A_{2t} + A_{3t} + A_{4t} + A_{5t} + A_{6t}) \cdot \overline{W}_{t-1} \cdot 28\%$$

其中：$v(t) = v(0, t)$ $V(t) = V(0, t)$

$$A_{1t} = \sum_{x=0}^{a-1} L_{x,t} \cdot V(a-x) \cdot \left\{ \sum_{k=60}^{65} [\sum_{h=x}^{k} (1+g)^{(h-x)} \cdot V(a-x, h-x)] \cdot P(T_x^* = k) \right\}$$

$$A_{2t} = \sum_{y=0}^{a-1} L_{y,t} \cdot V(a-y) \cdot \left\{ \sum_{k=55}^{60} [\sum_{h=y}^{k} (1+g)^{(h-y)} \cdot V(a-y, h-y)] \cdot P(T_y^* = k) \right\}$$

$$A_{3t} = \sum_{x=a}^{59} L_{x,t} \cdot \left\{ \sum_{k=60}^{65} [\sum_{h=x}^{k} (1+g)^{(h-x)} \cdot V(h-x)] \cdot P(T_x^* = k) \right\}$$

$$A_{4t} = \sum_{x=60}^{65} L_{x,t} \cdot \left\{ \sum_{j=x+1}^{65} [\sum_{h=x}^{j} (1+g)^{(j-x)} \cdot V(j-x)] \cdot P(T_x^* = j) \right\}$$

$$A_{5t} = \sum_{y=a}^{54} L_{y,t} \cdot \left\{ \sum_{k=55}^{60} [\sum_{h=y}^{k-1} (1+g)^{(h-x)} \cdot V(h-x)] \cdot P(T_y^* = k) \right\}$$

$$A_{6t} = \sum_{x=55}^{60} L_{y,t} \cdot \left\{ \sum_{j=y+1}^{60} [\sum_{h=y}^{j} (1+g)^{(j-y)} \cdot V(j-y)] \cdot P(T_y^* = j) \right\}$$

（2）城鎮企業職工基本養老保險帳戶支出精算模型

①「老人」支出精算現值。

假設支付標準按現有政策不變。第 t 年基金支出精算現值：

男性為 $P_1^{lt} = \sum_{x=60+t-1998}^{\omega} [L_{x.t} \cdot M \cdot \sum_{k=1}^{\varpi - x} (1+\varphi \cdot g)^k \cdot V(k) \cdot {}_k p_x]$

女性為 $P_2^{lt} = \sum_{y=50+t-1998}^{\omega} [L_{y.t} \cdot M \cdot \sum_{k=1}^{\varpi - x} (1+\varphi \cdot g)^k \cdot V(k) \cdot {}_k p_y]$

其中：M 代表年養老金給付額；φ 表示養老金按工資增長率的調整率；g 為社會平均工資增長率。

②「過渡中人」支出精算現值。

「過渡中人」在第 t 年未來支出的基礎性養老金現值為

$$AP_1^{gzt} = \lambda \cdot \overline{W}_{t-1} \cdot \sum_{q=60+t-2006}^{60+t-1998} L_{q,t} \cdot \left[\sum_{j=q}^{T_q} (1+g)^{(j-q)} \cdot v(j-q) \right]$$

精算現值:

男性為 $P_{11}^{gzt} = E(AP_1^{gzt})$

$$= \lambda \cdot \overline{W}_{t-1} \cdot \sum_{x=60+t-2006}^{60+t-1998} L_{x,t} \cdot \left[\sum_{j=x}^{\varpi} (1+g)^{(j-x)} \cdot {}_{j-x}p_x \cdot V(j-x) \right]$$

女性為 $P_{12}^{gzt} = E(AP_1^{gzt})$

$$= \lambda \cdot \overline{W}_{t-1} \cdot \sum_{y=50+t-2006}^{50+t-1998} L_{y,t} \cdot \left[\sum_{j=y}^{\varpi} (1+g)^{(j-y)} \cdot {}_{j-y}p_y \cdot V(j-y) \right]$$

其中：λ 為基礎養老金計發比率。

「過渡中人」第 t 年未來領取的過渡性養老金現值為

$$AP_2^{gzt} = \varepsilon \cdot \beta \cdot \overline{W}_{t-1} \cdot \sum_{q=60+t-2006}^{60+t-1998} L_{q,t} \cdot (q-a-t+1998) \cdot \left[\sum_{j=q}^{T_q} (1+g)^{(j-q)} \cdot v(j-q) \right]$$

其中：ε 是過渡養老金計發比率，β 表示在職職工平均工資繳費指數。為簡化計算，假設所有「老中人」的視同繳費年限均滿 15 年。

精算現值:

男性為 $P_{21}^{gzt} = E(AP_2^{gzt})$

$$= \varepsilon \cdot \beta \cdot \overline{W}_{t-1} \cdot \sum_{x=60+t-2006}^{60+t-1998} L_{x,t} \cdot (q-a-t+1997) \cdot \left[\sum_{j=x}^{\varpi} (1+g)^{(j-x)} \cdot {}_{j-x}p_x \cdot V(j-x) \right]$$

女性為 $P_{22}^{gzt} = E(AP_2^{gzt})$

$$= \varepsilon \cdot \beta \cdot \overline{W}_{t-1} \cdot \sum_{y=50+t-2006}^{50+t-1998} L_{y,t} \cdot (q-a-t+1997) \cdot \left[\sum_{j=y}^{\varpi} (1+g)^{(j-y)} \cdot {}_{j-y}p_y \cdot V(j-y) \right]$$

「過渡中人」第 t 年未來領取的個人帳戶養老金的現值為

$$AP_3^{gzt} = \frac{1}{N} \cdot 8\% \cdot \overline{W}_{1997} \cdot \sum_{q=60+t-2006}^{60+t-1998} L_{q,t} \cdot \left\{ \sum_{j=q-(t-1998)}^{T} (1+g)^{[j-q-(t-1998)]} \cdot (1+r)^{(T-j)} \cdot \left[\sum_{k=0}^{T_q-x} v(k) \right] \right\}$$

精算現值:

男性為

$P_{31}^{gzt} = E(AP_3^{gzt})$

$$= \frac{1}{N} \cdot 8\% \cdot \overline{W}_{1997} \cdot \sum_{x=60+t-2006}^{60+t-1998} L_{x,t} \cdot \left\{ \sum_{j=x-(t-1998)}^{59} \left[(1+g)^{[j-x-(t-1998)]} \cdot \right.\right.$$

$$(1+r)^{(59-j)} \cdot (\sum_{k=0}^{\varpi-x} V(k) \cdot {}_k p_x)]\}$$

女性為

$$P_{32}^{gzt} = E(AP_3^{gzt})$$

$$= \frac{1}{N} \cdot 8\% \cdot \overline{W}_{1997} \cdot \sum_{y=50+t-2006}^{50+t-1998} L_{y,t} \cdot \{ \sum_{j=y-(t-1998)}^{49} [(1+g)^{(j-y-(t-1998))} \cdot$$

$$(1+r)^{(49-j)} \cdot (\sum_{k=0}^{\varpi-x} V(k) \cdot {}_k p_y)]\}$$

其中：r 是養老保險基金個人帳戶增值率，N 表示個人帳戶計發年數。

③「新中人」支出精算現值。

n 年後退休的「新中人」在第 t 年未來支出的基礎性養老金現值為

$$AP_1^{zzt} = (\frac{1+\beta}{2}) \cdot 1\% \cdot \{ \sum_{q=a+t-1998}^{T_1-1} (T_q^* - a) \cdot L_{q,t} \cdot \overline{W}_{t+T_q^*-q-1} \cdot v(T_q^* - q) \cdot [\sum_{k=0}^{T_q-T_q^*}$$

$$(1+g)^k \cdot v(T_q^* - q, k)] + \sum_{q=T_1}^{T_1+t-2006} L_{q,t} \cdot \overline{W}_{t+T_q^*-q-1} \cdot (T_q^* - a) \cdot \{v(T_q^*$$

$$-q) I_{(T_q^* > q)} \cdot [\sum_{k=0}^{T_q-T_q^*} (1+g)^k \cdot v(T_q^* - q, k)] + (1+g)^{(q-T_q^*)} I_{(T_q^* \leq q)} \cdot$$

$$[\sum_{k=0}^{T_q-q} (1+g)^k \cdot v(k)]\}\}$$

精算現值：

男性為

$$P_{11}^{zzt} = E(AP_1^{zzt})$$

$$= (\frac{1+\beta}{2}) \cdot 1\% \cdot \{ \sum_{x=a+t-1998}^{59} L_{x,t} \cdot \{ \sum_{j=60}^{65} (j-a) \cdot \overline{W}_{t+j-x-1} \cdot V(j-x) \cdot [\sum_{k=0}^{\varpi-j}$$

$$(1+g)^k \cdot {}_k p_x \cdot V(j-x, k)]\} \cdot P(T_x^* = j) + \sum_{x=60}^{60+t-2006} L_{x,t} \cdot \{ \sum_{j=x+1}^{65} \overline{W}_{t+j-x-1} (j$$

$$-a) \cdot V(j-x) \cdot [\sum_{k=0}^{w-j} (1+g)^k \cdot V(j-x, k)] + \sum_{j=60}^{x} (1+g)^{(x-j)} \cdot [\sum_{k=0}^{w-x}$$

$$(1+g)^k \cdot {}_k p_x \cdot V(k)]\} \cdot P(T_x^* = j)\}$$

女性為

$$P_{12}^{zzt} = E(AP_1^{zzt})$$

$$= (\frac{1+\beta}{2}) \cdot 1\% \cdot \{ \sum_{y=a+t-1998}^{54} L_{y,t} \cdot \{ \sum_{j=55}^{60} (j-a) \cdot \overline{W}_{t+j-y-1} \cdot V(j-y) \cdot [\sum_{k=0}^{\varpi-j}$$

$$(1+g)^k \cdot {}_k p_y \cdot V(j-y, k)]\} \cdot P(T_y^* = j) + \sum_{y=55}^{55+t-2006} L_{y,t} \cdot \{ \sum_{j=y+1}^{60} \overline{W}_{t+j-y-1} (j$$

$$- a) \cdot V(j-y) \cdot [\sum_{k=0}^{w-j}(1+g)^{k} \cdot {}_{k}p_{y} \cdot V(j-y, k)] + \sum_{j=55}^{y}(1+g)^{(y-j)} \cdot$$

$$[\sum_{k=0}^{w-y}(1+g)^{k} \cdot {}_{k}p_{y} \cdot V(k)]\} \cdot P(T_{y}^{*}=j)\}$$

n 年後退休的「新中人」在第 t 年未來支出的過渡性養老金現值為

$$AP_{2}^{zzt} = \varepsilon \cdot \beta \cdot \{\sum_{q=a+t-1998}^{T_1-1}(T_{q}^{*}-q+t-1997) \cdot L_{q,t} \cdot \overline{W}_{t+T_{q}^{*}-q-1} \cdot v(T_{q}^{*}-q) \cdot [\sum_{k=0}^{T_q-T_q^*}$$

$$(1+g)^{k} \cdot v(T_{q}^{*}-q, k)] + \sum_{q=T_1}^{T_1+t-2006} L_{q,t} \cdot \overline{W}_{t+T_{q}^{*}-q-1} \cdot (T_{q}^{*}-q+t-1997)$$

$$\cdot \{v(T_{q}^{*}-q)I_{(T_{q}^{*}>q)} \cdot [\sum_{k=0}^{T_q-T_q^*}(1+g)^{k} \cdot v(T_{q}^{*}-q, k)] +$$

$$(1+g)^{(q-T_{q}^{*})}I_{(T_{q}^{*} \leqslant q)} \cdot [\sum_{k=0}^{T_q-q}(1+g)^{k} \cdot v(k)]\}\}$$

精算現值:

男性為

$$P_{21}^{zzt} = E(AP_{2}^{zzt})$$

$$= \varepsilon \cdot \beta \cdot \{\sum_{x=a+t-1998}^{59} L_{x,t} \cdot \{\sum_{j=60}^{65}(j-x+t-1997) \cdot \overline{W}_{t+j-x-1} \cdot V(j-x) \cdot [\sum_{k=0}^{\varpi-j}$$

$$(1+g)^{k} \cdot {}_{k}p_{x} \cdot V(j-x, k)]\} \cdot P(T_{x}^{*}=j) + \sum_{x=60}^{60+t-2006} L_{x,t} \cdot \{\sum_{j=x+1}^{65}\overline{W}_{t+j-x-1} \cdot$$

$$(j-x+t-1997) \cdot V(j-x) \cdot [\sum_{k=0}^{w-j}(1+g)^{k} \cdot V(j-x, k)] + \sum_{j=60}^{x}$$

$$(1+g)^{(x-j)} \cdot [\sum_{k=0}^{w-x}(1+g)^{k} \cdot {}_{k}p_{x} \cdot V(k)]\} \cdot P(T_{x}^{*}=j)\}$$

女性為

$$P_{22}^{zzt} = E(AP_{2}^{zzt})$$

$$= \varepsilon \cdot \beta \cdot \{\sum_{y=a+t-1998}^{54} L_{y,t} \cdot \{\sum_{j=60}^{65}(j-y+t-1997) \cdot \overline{W}_{t+j-y-1} \cdot V(j-y) \cdot [\sum_{k=0}^{\varpi-j}$$

$$(1+g)^{k} \cdot {}_{k}p_{y} \cdot V(j-y, k)]\} \cdot P(T_{y}^{*}=j) + \sum_{y=55}^{55+t-2006} L_{y,t} \cdot \{\sum_{j=y+1}^{60}\overline{W}_{t+j-y-1} \cdot$$

$$(j-y+t-1997) \cdot V(j-y) \cdot [\sum_{k=0}^{w-j}(1+g)^{k} \cdot V(j-y, k)] + \sum_{j=60}^{y}$$

$$(1+g)^{(y-j)} \cdot [\sum_{k=0}^{w-x}(1+g)^{k} \cdot {}_{k}p_{y} \cdot V(k)]\} \cdot P(T_{y}^{*}=j)\}$$

n 年後退休的「新中人」在第 t 年未來支出的個人帳戶養老金現值為:

$$AP_{3}^{zzt} = \frac{1}{N} \cdot 8\% \cdot \overline{W}_{1997} \cdot \{\sum_{q=a+t-1998}^{T_1-1} L_{q,t} \cdot v(T_{q}^{*}-q) \cdot [\sum_{h=q+1998-t}^{T_q^*}(1+g)^{(h-q-1998+t)} \cdot$$

$$(1+r)^{(T_q^*-h)} \cdot (\sum_{k=0}^{T_q-T_q^*} v(T_q^* - q, k))] + \sum_{q=T_1}^{T_1+t-2006} L_{q,t} \cdot \{ \sum_{h=q+1998-t}^{T_q^*} (1+g)^{(h-q-1998+t)} \cdot (1+r)^{(T_q^*-h)} \cdot [I_{(T_q^*>q)} \cdot v(T_q^* - q) \cdot [\sum_{k=0}^{T_q-T_q^*-1} v(T_q^* - q, k)] + I_{(T_q^* \leq q)} \cdot [\sum_{k=0}^{T_q-q} v(k)]\}\}$$

精算現值:

男性為

$$P_{31}^{zzt} = E(AP_3^{zzt})$$

$$= \frac{1}{N} \cdot 8\% \cdot \overline{W}_{1997} \cdot \{ \sum_{x=a+t-1998}^{59} L_{x,t} \cdot \{ \sum_{j=60}^{65} V(j-x) \cdot [\sum_{h=x+1998-t}^{j} (1+g)^{(h-x-1998+t)} (1+r)^{(j-h)} \sum_{k=0}^{w-j} {}_k p_x \cdot V(j-x, k)] \cdot P(T_x^* = j)\} + \sum_{x=60}^{60+t-2006} L_{x,t} \cdot \{ \sum_{j=x+1}^{65} V(j-x) \cdot [\sum_{h=x+1998-t}^{j} (1+g)^{(h-x-1998+t)} (1+r)^{(j-h)} (\sum_{k=0}^{w-j} {}_k p_x \cdot V(j-x, k))] + \sum_{j=60}^{x} [\sum_{h=x+1998-t}^{j} (1+g)^{(h-x-1998+t)} (1+r)^{(j-h)} (\sum_{k=0}^{w-x} {}_k p_x \cdot V(k))]\} \cdot P(T_x^* = j)\}\}$$

女性為

$$P_{32}^{zzt} = E(AP_3^{zzt})$$

$$= \frac{1}{N} \cdot 8\% \cdot \overline{W}_{1997} \cdot \{ \sum_{y=a+t-1998}^{54} L_{y,t} \cdot \{ \sum_{j=55}^{60} V(j-y) \cdot [\sum_{h=x+1998-t}^{j} (1+g)^{(h-y-1998+t)} (1+r)^{(j-h)} \sum_{k=0}^{w-j} {}_k p_y \cdot V(j-y, k)] \cdot P(T_y^* = j)\} + \sum_{x=55}^{55+t-2006} L_{y,t} \cdot \{ \sum_{j=x+1}^{60} V(j-y) \cdot [\sum_{h=y+1998-t}^{j} (1+g)^{(h-y-1998+t)} (1+r)^{(j-h)} (\sum_{k=0}^{w-j} {}_k p_y \cdot V(j-y, k))] + \sum_{j=55}^{y} [\sum_{h=y+1998-t}^{j} (1+g)^{(h-y-1998+t)} (1+r)^{(j-h)} (\sum_{k=0}^{w-x} {}_k p_y \cdot V(k))]\} \cdot P(T_y^* = j)\}\}$$

n 年後退休的「新中人」在第 t 年後死亡未來支出的個人帳戶餘額現值為

$$AP_4^{zzt} = 8\% \cdot \overline{W}_{1997} \cdot \{ \sum_{q=a+t-1998}^{T-1} L_{q,t} \cdot v(T_q - q) \cdot \{[\sum_{h=q+1998-t}^{T_q^*} (1+g)^{(h-q-1997+t)} \cdot (1+r)^{(T_q^*-h)}] \cdot \max(1 - \frac{T_q - T_q^*}{N}, 0)\} + \sum_{q=T}^{T+t-2006} L_{q,t} \cdot v(T_q - q) \cdot \{[\sum_{h=q+1998-t}^{T_q^*} (1+g)^{(h-q-1998+t)} \cdot (1+r)^{(T_q^*-h)}] \cdot \max(1 - \frac{T_q - T_q^*}{N}, 0)\}$$

精算現值：

男性為

$$P_{41}^{zzt} = E(AP_4^{zzt})$$

$$= 8\% \cdot \overline{W}_{1997} \cdot \{ \sum_{x=a+t-1998}^{59} L_{x,t} \cdot \{ \sum_{k=66}^{w} V(k-q) \cdot {}_{k-1|}q_x \cdot \{ \sum_{j=60}^{65} [\sum_{h=x+1998-t}^{j} (1+g)^{(h-x-1998+t)} (1+r)^{(j-h)}] \cdot P(T_x^* = j) \} \cdot \max(1 - \frac{k-j}{N}, 0) \} + \{ \sum_{x=60}^{60+t-2006} L_{x,t} \cdot \{ \sum_{k=66}^{w} V(k-q) \cdot {}_{k-1|}q_x \cdot \{ \sum_{j=x+1}^{65} [\sum_{h=x+1998-t}^{j} (1+g)^{(h-x-1998+t)} (1+r)^{(j-h)} + \sum_{j=60}^{x} [\sum_{h=x+1998-t}^{j} (1+g)^{(h-x-1998+t)} (1+r)^{(j-h)}] \} \cdot P(T_x^* = j) \} \cdot \max(1 - \frac{k-j}{N}, 0) \} \}$$

女性為

$$P_{42}^{zzt} = E(AP_4^{zzt})$$

$$= 8\% \cdot \overline{W}_{1997} \cdot \{ \sum_{y=a+t-1998}^{54} L_{y,t} \cdot \{ \sum_{k=61}^{w} V(k-q) \cdot {}_{k-1|}q_y \cdot \{ \sum_{j=55}^{60} [\sum_{h=y+1998-t}^{j} (1+g)^{(h-y-1998+t)} (1+r)^{(j-h)}] \cdot P(T_y^* = j) \} \cdot \max(1 - \frac{k-j}{N}, 0) \} + \{ \sum_{y=55}^{55+t-2006} L_{y,t} \cdot \{ \sum_{k=61}^{w} V(k-q) \cdot {}_{k-1|}q_x \cdot \{ \sum_{j=x+1}^{60} [\sum_{h=y+1998-t}^{j} (1+g)^{(h-y-1998+t)} (1+r)^{(j-h)} + \sum_{j=60}^{y} [\sum_{h=y+1998-t}^{j} (1+g)^{(h-y-1998+t)} (1+r)^{(j-h)}] \} \cdot P(T_y^* = j) \} \cdot \max(1 - \frac{k-j}{N}, 0) \} \}$$

n 年前退休的「新中人」在第 t 年未來支出的基礎性養老金現值為

$$AP_1^{Tzt} = (\frac{1+\beta}{2}) \cdot (T_1 - a) \cdot 1\% \cdot \overline{W}_{t-1} \cdot \sum_{q=T_1+t-n}^{T_1+t-2006} L_{q,t} \cdot [\sum_{k=0}^{T_q-q} (1+g)^k \cdot v(k)]$$

精算現值：

男性為

$$P_{11}^{Tzt} = E(AP_1^{Tzt})$$

$$= (\frac{1+\beta}{2}) \cdot (60 - a) \cdot 1\% \cdot \overline{W}_{t-1} \cdot \sum_{x=60+t-n}^{60+t-2006} L_{x,t} \cdot [\sum_{k=0}^{w-x} (1+g)^k \cdot {}_kp_x \cdot V(k)]$$

女性為

$$P_{12}^{Tzt} = E(AP_1^{Tzt})$$

$$=\cdot\left(\frac{1+\beta}{2}\right)\cdot(50-a)\cdot 1\%\cdot\overline{W}_{t-1}\sum_{y=50+t-n}^{50+t-2006}L_{y,t}\cdot\left[\sum_{k=0}^{w-y}(1+g)^{k}\cdot{}_{k}p_{y}\cdot V(k)\right]$$

n 年前退休的「新中人」在第 t 年未來支出的過渡性養老金的現值為

$$AP_{2}^{Tzt}=(T_{1}-a)\cdot\varepsilon\cdot\beta\cdot\overline{W}_{t-1}\cdot\sum_{q=T_{1}+t-n}^{T_{1}+t-2006}L_{q,t}\cdot\left[\sum_{k=0}^{T_{q}-q}(1+g)^{k}\cdot v(k)\right]$$

精算現值：

男性為

$$P_{21}^{Tzt}=E(AP_{2}^{Tzt})=(60-a)\cdot\varepsilon\cdot\beta\cdot\overline{W}_{t-1}\cdot\sum_{x=60+t-n}^{60+t-2006}L_{x,t}\cdot\left[\sum_{k=0}^{w-x}(1+g)^{k}\cdot{}_{k}p_{x}\cdot V(k)\right]$$

女性為

$$P_{22}^{Tzt}=E(AP_{2}^{Tzt})=(50-a)\cdot\varepsilon\cdot\beta\cdot\overline{W}_{t-1}\cdot\sum_{y=50+t-n}^{50+t-2006}L_{y,t}\cdot\left[\sum_{k=0}^{w-y}(1+g)^{k}\cdot{}_{k}p_{y}\cdot V(k)\right]$$

n 年前退休的「新中人」在第 t 年未來支出的個人帳戶養老金現值為

$$AP_{3}^{Tzt}=\frac{1}{N}\cdot 8\%\cdot\overline{W}_{1997}\cdot\sum_{q=T_{1}+t-n}^{T_{1}+t-2006}L_{q,t}\cdot\sum_{h=q+1998-t}^{T_{1}}(1+g)^{(h-q-1998+t)}(1+r)^{(T_{1}-h)}\cdot\left[\sum_{k=0}^{T_{q}-q}v(k)\right]$$

精算現值：

男性為

$$P_{31}^{nt}=E(AP_{3}^{Tzt})$$
$$=\frac{1}{N}\cdot 8\%\cdot\overline{W}_{1997}\cdot\sum_{x=60+t-n}^{60+t-2006}L_{x,t}\cdot\sum_{h=x+1998-t}^{60}(1+g)^{(h-x-1998+t)}(1+r)^{(60-h)}\cdot\left[\sum_{k=0}^{w-x}{}_{k}p_{x}\cdot V(k)\right]$$

女性為

$$P_{32}^{nt}=E(AP_{3}^{Tzt})$$
$$=\frac{1}{N}\cdot 8\%\cdot\overline{W}_{1997}\cdot\sum_{y=50+t-n}^{50+t-2006}L_{x,t}\cdot\sum_{h=x+1998-t}^{50}(1+g)^{(h-y-1998+t)}(1+r)^{(50-h)}\cdot\left[\sum_{k=0}^{w-y}{}_{k}p_{y}\cdot V(k)\right]$$

n 年前退休的「新中人」在第 t 年後死亡未來支出的個人帳戶餘額現值為

$$AP_4^{Tzt} = 8\% \cdot \overline{W}_{1997} \cdot \sum_{q=T_1+t-n}^{T_1+t-2006} L_{q,\ t} \cdot v(T_q - q) \cdot [\sum_{h=1998}^{T+t-q-1998} (1+g)^{(h-1998)} (1+r)^{(T+t-q-1998-h)}] \cdot \max(1 - \frac{T_q - T}{N},\ 0)$$

精算現值:

男性為

$$P_{41}^{Tzt} = E(AP_4^{Tzt})$$

$$= 8\% \cdot \overline{W}_{1997} \cdot \sum_{x=60+t-n}^{60+t-2006} L_{x,\ t} \cdot \{\sum_{k=x+1}^{w} {}_{k-1|}q_x \cdot V(k-q) \cdot [\sum_{h=1998}^{60+t-x-1998} (1+g)^{(h-1998)} (1+r)^{(60+t-x-1998-h)}] \cdot \max(1 - \frac{k-60}{N},\ 0)\}$$

女性為

$$P_{42}^{Tzt} = E(AP_4^{Tzt})$$

$$= 8\% \cdot \overline{W}_{1997} \cdot \sum_{y=50+t-n}^{50+t-2006} L_{y,\ t} \cdot \{\sum_{k=y+1}^{w} {}_{k-1|}q_y \cdot V(k-q) \cdot [\sum_{h=1997}^{50+t-y-1997} (1+g)^{(h-1997)} (1+r)^{(50+t-y-1997-h)}] \cdot \max(1 - \frac{k-50}{N},\ 0)\}$$

④「新人」支出精算現值。

「新人」退休後領取的基礎性養老金，在測算點的現值為

$$AP_1^{nt} = 1\% \cdot (\frac{1+\beta}{2}) \cdot \sum_{q=0}^{t-1998+a} \{L_{q,\ t} \cdot (T_q^* - a) \cdot v(T_q^* - q) \cdot \overline{W}_{t+T_q^*-q-1} \cdot \sum_{k=0}^{T_s-T_q^*} [(1+g)^k \cdot v(T_q^* - q,\ k)]\}$$

精算現值:

男性為

$$P_{11}^{nt} = E(AP_1^{nt})$$

$$= 1\% \cdot (\frac{1+\beta}{2}) \cdot \sum_{j=60}^{65} \{\sum_{x=0}^{t-1998+a-1} L_{x,\ t} \cdot (j-a) \cdot V(j-x) \cdot \overline{W}_{t+j-x-1}] \cdot [\sum_{k=0}^{w-j} {}_kp_x \cdot (1+g)^k \cdot V(j-x,\ k)]\} \cdot P(T_x^* = j)$$

女性為

$$P_{12}^{nt} = E(AP_1^{nt}) = 1\% \cdot (\frac{1+\beta}{2}) \cdot \sum_{j=55}^{60} \{\sum_{y=0}^{t-1998+a-1} L_{y,\ t} \cdot (j-a) \cdot V(j-y) \cdot \overline{W}_{t+j-y-1}] \cdot [\sum_{k=0}^{w-j} {}_kp_y \cdot (1+g)^k \cdot V(j-y,\ k)]\} \cdot P(T_y^* = j)$$

「新人」退休後領取的個人帳戶養老金，在測算點的現值為

$$AP_2^{nt} = 8\% \cdot \frac{1}{N} \cdot \sum_{q=0}^{t-1998+a} L_{q,t} \cdot v(T_q^* - q) \cdot \overline{W}_{a-q+t-1} \cdot [\sum_{h=a}^{T_q^*} (1+g)^{(h-a)} \cdot (1+r)^{(T_q^*-h)} \cdot (\sum_{k=0}^{T_q-T_q^*} v(T_q^* - q, k))]$$

精算現值：

男性為

$$P_{21}^{nt} = E(AP_2^{nt})$$
$$= 8\% \cdot \frac{1}{N} \cdot \{\sum_{x=0}^{t-1998+a} L_{x,t} \cdot \overline{W}_{a-x+t-1} \cdot \{\sum_{j=60}^{65} V(j-x) \cdot [\sum_{h=a}^{j} (1+g)^{(h-a)} \cdot (1+r)^{(j-h)} \cdot (\sum_{k=0}^{w-x} {}_kp_x \cdot V(j-x, k))] \cdot P(T_x^* = j)\}\}$$

女性為

$$P_{22}^{nt} = E(AP_2^{nt})$$
$$= 8\% \cdot \frac{1}{N} \cdot \{\sum_{y=0}^{t-1998+a} L_{y,t} \cdot \overline{W}_{a-y+t-1} \cdot \{\sum_{j=55}^{60} V(j-y) \cdot [\sum_{h=a}^{j} (1+g)^{(h-a)} \cdot (1+r)^{(j-h)} \cdot (\sum_{k=0}^{w-y} {}_kp_y \cdot V(j-y, k))] \cdot P(T_x^* = j)\}\}$$

「新人」在第 t 年後死亡未來支出的個人帳戶餘額現值為

$$AP_3^{nt} = 8\% \cdot \{\sum_{q=0}^{t-1998+a-1} L_{q,t} \cdot v(T_q - q) \cdot \overline{W}_{t+a-q-1} \cdot \{\sum_{h=a}^{T_q^*} [(1+g)^{h-a} (1+r)^{(T_q^*-h)}] \cdot \max(1 - \frac{T_q - T_q^*}{N}, 0)\}$$

精算現值：

男性為

$$P_{31}^{nt} = E(AP_3^{nt})$$
$$= 8\% \cdot \{\sum_{x=0}^{t-1998+a-1} L_{x,t} \cdot \overline{W}_{t+a-q-1} \cdot \{\sum_{k=66}^{w} {}_{k-1|}q_x \cdot V(k-q) \cdot \{\sum_{j=60}^{65} \sum_{h=a}^{j} [(1+g)^{h-a} (1+r)^{(j-h)}] \cdot P(T_x^* = j)\} \cdot \max(1 - \frac{k-j}{N}, 0)\}$$

女性為

$$P_{32}^{nt} = E(AP_3^{nt})$$
$$= 8\% \cdot \{\sum_{y=0}^{t-1998+a-1} L_{y,t} \cdot \overline{W}_{t+a-y-1} \cdot \{\sum_{k=61}^{w} {}_{k-1|}q_y \cdot V(k-q) \cdot \{\sum_{j=55}^{60} \sum_{h=a}^{j} [(1+g)^{h-a} (1+r)^{(j-h)}] \cdot P(T_y^* = j)\} \cdot \max(1 - \frac{k-j}{N}, 0)\}$$

則 t 年後未來城鎮企業職工基本養老保險基金支出精算現值：

統籌帳戶為 $P_1^t = \sum_{i=1}^{2} P_i^{lt} + \sum_{i=1}^{2}\sum_{j=1}^{2} P_{ij}^{gzt} + \sum_{i=1}^{2}\sum_{j=1}^{2} P_{ij}^{zzt} + \sum_{i=1}^{2}\sum_{j=1}^{2} P_{ij}^{Tzt} + \sum_{i=1}^{2} P_{1i}^{nt}$

個人帳戶為 $P_2^t = \sum_{i=1}^{2} P_{3i}^{gzt} + \sum_{i=1}^{2} P_{3i}^{zzt} + \sum_{i=1}^{2} P_{3i}^{Tzt} + \sum_{i=1}^{2} P_{4i}^{Tzt} + \sum_{i=1}^{2} P_{2i}^{nt} + \sum_{i=1}^{2} P_{3i}^{nt}$

如果 $CM^t < P_1^t + P_2^t$，表明帳戶具有支付能力，反之，表明支付能力不足。

4.2.2 模擬測算

假定彈性退休制的實施從 2025 年年初開始，因此模型中的 n 時刻為 2025 年 1 月 1 日。考慮中國的實際經濟狀況及相關文獻，相關主要參數設定如下：

①職工的參保年齡 a 為 22 歲。

②生存極限年齡 ϖ 參考國內外大多數學者對生存極限年齡的設定為 90 歲。

③設定平均工資增長率 g 為 6%。

④養老金收益率 r 設定為 4%。

⑤養老金增長調整系數設定為 0.8。

⑥設定過渡養老金計發比例為 1.2%。

⑦平均繳費指數設定為 100%。

⑧假設在職人員平均工資與指數化平均繳費工資相等。

⑨根據相關政策規定設定養老金發放比例 $\lambda = 20\%$ 。

⑩設定養老金替代率為 80%，計發年數假定 $N = 15$。

根據《2019 年中國勞動統計年鑒》及其相關文獻數據的基礎上，在 5%失業率的假設下，近似估計出各測算年度年城鎮企業職工分年齡，分性別的養老金計劃覆蓋人口數。為了比較退休年齡分佈特徵對養老保險帳戶的影響，對退休年齡分佈參數進行了比較設置，分別設置為 $P = 0.4$ 和 $P = 0.7$，統籌帳戶與個人帳戶收支水準的模擬測算相關結果見表 4-1～表 4-4。

表 4-1　彈性退休制下統籌帳戶測算表（$P = 0.4$） 單位：億元

年份	帳戶收入	支出					收支差
		「老人」	「過渡中人」	「在職中人」	「新人」	合計	
2025	66.536,7	0.987,9	10.794,6	48.329,4	7.934,2	68.046,1	−1.508,5
2035	80.208,73	0.199,8	9.057,7	64.217,3	8.032,1	81.506,9	−1.219,6
2040	90.382,4	0.028,92	8.257,6	74.978,6	8.210,4	91.475,5	−1.093,1

表 4-2　彈性退休制下個人帳戶測算表（$P=0.4$）　單位：億元

年份	帳戶收入	支出					收支差
		「老人」	「過渡中人」*	「在職中人」	「新人」	合計	
2025	20.432,5	0	0	19.032,4	1.302,4	19.773,2	0.097,7
2035	23.972,3	0	0	20.867	1.310,1	22.177,6	1.794,7
2040	24.657,2	0	0	21.221,3	1.345,2	22.566,5	2.090,7

*「過渡中人」個人帳戶因繳費水準低，繳費年限短，其支出規模較小，在此表中忽略不計，表 4-4 同

表 4-3　彈性退休制下統籌帳戶測算表（$P=0.7$）

單位：萬億元

年份	帳戶收入	支出					收支差
		「老人」	「過渡中人」	「在職中人」	「新人」	合計	
2025	66.049,7	1.197,5	11.794,2	43.876,6	5.594,7	62.463,0	3.586,7
2035	80.082,4	0.208,9	9.201,4	57.462,4	6.824,2	73.698,0	6.385,5
2040	91.142,5	0.038,2	8.356,4	68.672,8	7.298,6	84.366,0	6.765,0

表 4-4　彈性退休制下個人帳戶測算表（$P=0.7$）　單位：億元

年份	帳戶收入	支出					收支差
		「老人」	「過渡中人」	「在職中人」	「新人」	合計	
2025	22.062,4	0	0	17.864,3	1.242,3	19.106,6	2.955,8
2035	25.878,5	0	0	19.049,9	1.239,5	20.289,4	5.589,1
2040	26.158,6	0	0	19.876,4	1.264,4	21.140,8	5.017,8

當 $p<0.5$ 為正偏分佈，$p>0.5$ 為負偏分佈。正偏分佈意味著職工在可選擇的退休年齡趨向於早退休，而負偏分佈意味著人們更趨向於延遲退休。從表 4-1 與表 4-2 可以看出：當 $P=0.4$ 時，統籌帳戶基金會出現虧空問題，但收支逆差逐年減小，而個人帳戶收支順差，結合個人帳戶，在 2035 年後統籌帳戶與個人帳戶總的收入精算現值會大於帳戶支出的精算現值，可實現收支的基本平衡；從表 4-3 與表 4-4 可以看出：在 $P=0.7$ 時，統籌帳戶與個人帳戶收支都會是順差，具有足夠的支付能力，說明職工延遲退休意願越強烈，帳戶的

償付能力越強。相關測算結果也說明，彈性退休制這種養老保險制度具有財務上的可持續性，在中國具有可行性。

結合社會養老保險中公平、效率原則，運用將來法的精算原理給出非連續隨機條件下的「老人」「中人」和「新人」的基本養老保險收支精算模型，進而評價彈性退休制下企業職工基本養老保險帳戶的償付能力，這為評估彈性退休制在中國的可行性、保證養老保險制度財務可持續性提供了重要的精算理論基礎，具有重要的理論意義。

從實證結果來看，帳戶的支付能力與職工的退休意願有很大關係，且退休年齡在負偏分佈條件下更有力於增強帳戶的支付能力，故政府應該在頂層制度設計方面出抬更多鼓勵職工延遲退休的舉措，這方面西方發達國家有很多成功的經驗值得借鑑。

5 主要研究結論與政策建議

5.1 主要研究結論

本書首先從中國人口發展變化規律的角度說明了實行延遲退休的必要性。綜合世界較早進入老齡化發達國家的退休制度實踐以及中國人口預期壽命延長等因素說明了彈性退休具有實行的人口條件。從居民延長退休方式選擇意願的社會調研結果來看個人因素中，年齡對居民延遲退休意願有顯著影響，年齡越大的居民，越願意彈性年齡延遲退休。同時，文化程度對居民的延遲退休意願也有顯著影響，文化程度越高，越願意彈性年齡延遲退休；家庭因素中，有贍養壓力的人更傾向於彈性年齡延遲退休；工作因素中，企業工作人員這些體制外的居民更願意彈性年齡延遲退休，原因在於體制外的就業安全保障、工資福利等待遇不確定因素高，彈性退休具有靈活性；其他因素中的工資調整政策和養老金調整政策對居民延遲退休也顯著影響，原因在於這些政策的調整對他們在未來在崗在預期收入及退休以後的養老保障有影響。這些結論對相關部門進行養老保險改革的頂層制度設計提供了民意基礎。

本書的主要目標是從精算角度分析彈性退休制度下中國的城鎮職工社會基本養老保險帳戶的財務可持續性，分析了兩個方面：一是隱形債務問題；二是償付能力問題。為實現這一目標，本書對彈性退休社會基本養老保險精算模型進行了研究，提出了在利率與死亡率均為帶跳的非連續隨機過程條件下的一些的相關精算函數，這些精算函數包括彈性退休退休年金函數、彈性退休制下「老人」「中人」「新中人」及「新人」社會基本養老保險收入與支出帳戶精算模型等，這些精算函數為彈性退休養老保險精算提供了理論基礎，同時也是對社會養老保險精算理論的發展，具有重要的理論價值。

從實證研究結論來看：假設彈性退休制度設計為男性在［60，65］，女性在［55，60］區間彈性選擇退休年齡，職工的參保年齡為 23 歲，生存極限年齡參考國內外大多數學者對生存極限年齡的設定為 90 歲，根據《2013 年中國勞動和社會保障年鑒》及其相關文獻數據的基礎上，在 2000—2003 年中國經驗生命表死亡率以及 5%失業率的假設下，運用作者所提出的彈性退休城鎮職工基本養老保險帳戶隱形債務模型，經測算中國 2014 年年初養老金隱性債務總量在 $P = 0.4$ 時約為 68.870,0 萬億元，在 $P = 0.7$ 時約為 68.033,8 萬億元，分別約占 2013 年 GDP 的 121.07%、119.60%。$p < 0.5$ 為正偏分佈，$p < 0.5$ 為負偏分佈。負偏分佈下債務規模有所降低，而負偏分佈意味著人們更趨向於延遲退休。該結果與國內相關學者如李莉等（2009）、李丹（2009）、房海燕（2008，2010）等的結論較一致。

在假定彈性退休制的實施從 2025 年年初開始，職工的參保年齡為 23 歲，生存極限年齡參考國內外大多數學者對生存極限年齡的設定為 90 歲。運用作者所提出的彈性退休制下城鎮職工基本養老保險帳戶償付能力模型得出：當 $p = 0.4$ 時，統籌帳戶基金會出現虧空問題，但收支逆差逐年減小，而個人帳戶收支順差，結合個人帳戶，在 2035 年後統籌帳戶與個人帳戶總的收入精算現值會大於帳戶支出的精算現值，可實現收支的基本平衡；在 $p = 0.7$ 時，統籌帳戶與個人帳戶收支都會是順差，具有足夠的支付能力，說明職工延遲退休意願越強烈，帳戶的償付能力越強，參保居民的延遲退休意願的程度對基本養老保險帳戶的隱形債務及償付那裡都有較大的影響。相關測算結果也說明，彈性退休制這種養老保險制度具有財務上的可持續性，在中國具有可行性。這些實證結論為保證彈性退休制度是否具有可行性提供了嚴謹的精算基礎。

5.2 政策建議

（1）增強彈性退休制下中國城鎮職工基本養老保險帳戶財務可持續性的可行性措施

通過對彈性退休制下中國城鎮職工基本養老金帳戶的隱性債務規模及償付能力的測算，再結合國外的經驗，我們可以從支付、監管和籌資三個方面中國養老金隱性債務。

①從支付角度解我們可以從提高參保居民的延遲退休意願和適當提高居民的最低工資等方面入手。

從實證結論來看，提高參保居民的延遲退休意願可以有效地降低中國基本養老保險帳戶的隱形債務及提高其償付能力，因此提高參保居民的延遲退休意願可以增強中國社會基本養老保險帳戶的財務可持續性。

隨著中國養老金覆蓋面的擴大，層次的變多，而養老金替代率勢必會有所降低，這一降低也會造成在職居民和退休居民之間的矛盾，所以相對於提高居民的最低工資，讓其增長率快於名義上導致替代率下降的增長率，這些都會緩解中國居民間的矛盾，也會相應地減少中國的財政缺口。

②從監管角度首先需要加強社會保險信息系統的法律建設，促進跨省養老金的繳付；其次必須建立完整的社會保障法律體系，建立具有層次性的完善的社會保障法律體系；最後需要明確各級責任，督促落實地方養老金投入。

③從籌資角度我們首先需要完善財政支出結構，減少不必要的行政開支，增加社會保障方面的投入，讓盡可能多的人分享到國家經濟發展的成果。加快和完善養老金基金化進程，開發更多的投資產品，使中國養老金在投資營運中穩中求進，真正為老百姓謀福利，從容應對人口老齡化。

（2）彈性退休制的有效推進措施

從對彈性退休制下中國城鎮職工基本養老保險帳戶財務持續性的模擬測算來看，彈性退休制在中國具有實施的可行性，當然，在具體實施中推行彈性退休政策不能操之過急，要經過全面的理論研究和實證分析，借鑑發達國家經驗，採用漸進策略，在中長期內逐步調整，出抬一系列的配套措施。具體而言，可以從以下幾個方面來推進彈性退休：

①從硬性法定退休年齡逐步向彈性化過度。

國家應出抬各個行業彈性退休政策指引。由企業根據勞動者所從事的崗位以及身的情況，在一定的年齡範圍內決定退休時間。要因人、因事、因崗位、因區域來定，如醫生、法官、檢察官、教師、藍領高級技工、一些高精尖領域的特殊人才，應本著雙方自願原則，放寬退休年齡限制；而對體力勞動者特別是從事重體力工作的勞動者，由於其本身工作性質對身體健康有一定的損傷，可以由企業根據勞動者的整體情況小範圍地調整，從而保障這部分勞動者的合法權益，進一步完善退休機制，逐步由退休年齡法定化向彈性化過渡。

②選擇有代表性的地區試點。

企業離退休人員基本養老金按時足額發放和完善養老保險制度是 20 年來社會保障體系建設的重點，也是中國老年保障制度發展的方向。從養老與就業的博弈來看，目前採取全面延長退休年齡政策還不合時宜，實施的政策阻力比較大，而彈性退休具有充分的自主性，實施的難度相對小一些，所以可以選擇個別有代表性的地區進行試點。實行彈性退休政策，就是一種人性化的管理，這種不搞「一刀切」的退休政策具有更積極的現實意義，是延長退休年齡的一種有效嘗試。

③試行彈性退休的激勵機制。

為了更好地試行這個制度，鼓勵一部分人延長退休年齡，可以採取相應的激勵機制。比如延遲退休一年，養老金就相應增加 5%，以便鼓勵更多的人參與到這個制度中來，還可以抑制提前退休。

參考文獻

A. H. 羅伯遜, 1995. 美國社會保障 [M]. 北京: 中國人民大學出版社.

D. 倫敦, 1998. 生存模型 [M]. 上海: 上海科學技術出版社.

N. L. 鮑爾斯, 等, 1996. 精算數學 [M]. 餘躍年, 鄭楹瑜, 譯. 上海: 上海科學技術出版社.

N. L. 鮑爾斯, 等, 1998. 風險理論 [M]. 上海: 上海科學技術出版社.

R. L. 布朗, 1998. 人口數學 [M]. 上海: 上海科學技術出版社.

S. G. 凱利森, 等, 1998. 利息理論 [M]. 上海: 上海科學技術出版社.

柏滿迎, 雷黎, 2008. 中國養老保險隱性債務未來規模的預測 [J]. 數理統計與管理, 27 (2): 354-361.

蔡新中, 2001. 隨機利率下的聯合壽險 [J]. 蘇州大學學報, 17 (1): 12-19.

曾益, 任超然, 劉倩, 2013. 延長退休年齡有助於改善養老保險的償付能力嗎? ——基於精算模型的模擬分析 [J]. 經濟管理, (5): 108-117.

東明, 郭亞軍, 楊懷東, 2005. 隨機利率下社會養老保險隱性債務的精算分析 [J]. 系統工程, 23 (5): 55-60.

董克用, 王燕, 2000. 養老保險 [M]. 北京: 中國人民大學出版社.

範克新, 2000. 保險精算學教程 [M]. 南京: 南京大學出版社.

方兆本, 繆柏其, 1993. 隨機過程 [M]. 合肥: 中國科學技術大學出版社.

房海燕, 1998. 中國社會養老保險精算債務問題 [D]. 北京: 中國人民大學.

封鐵英, 劉芳, 2010. 城鎮企業職工基本養老保險基金支付能力預測研究 [J]. 西北人口 (2): 10-17.

高建偉, 丁克詮, 2005. 社會養老保險中個人帳戶養老金給付標準精算模型及模擬分析 [J]. 南方金融, 3: 52-55.

高建偉, 丁克詮, 2006. MA(q)利率下企業生存年金精算現值模型 [J]. 系統工程, 21 (2): 131-134.

高建偉，李春杰，2004. 隨機利率下繳費預定型企業年金保險中生存年金精算現值模型 [J]. 系統工程，22 (5)：53-56.

高建偉，張興平，高明，2006. 繳費預定型企業年金保險中基於滑動平均利率的生存年金精算現值模型 [J]. 系統工程理論與實踐，8：27-32.

何文炯，2000. 保險學 [M]. 杭州：浙江大學出版社.

何文炯，蔣慶榮，1998. 隨機利率下的增額壽險 [J]. 高校應用數學學報，13A (2)：145-151.

黃曉，趙輝，施莉，2006. 中國養老保險基金收支測算模型 [J]. 統計與決策 (22)：27-28.

江紅莉，姚洪興，2016. 延遲退休對養老保險收支平衡的影響 [J]. 保險研究，12：104-113.

金剛，2010. 中國退休年齡的現狀、問題及實施延遲退休的必要性研究 [J]. 社會保障研究 (2)：32-38.

郎艷懷，馮恩民，2001. 隨機利率下的綜合人壽保險 [J]. 大連理工大學學報，41 (5)，511-513.

李丹，2009. 中國養老金隱性債務償付機制研究 [D]. 上海：復旦大學.

李莉，梁明星，李超，2009. 中國 2010 年隱性公共養老基金債務的測算 [J]. 統計與決策，21：46-48.

李曉林，1999. 複利數學 [M]. 北京：中國財政經濟出版社.

李曉林，1999. 精算學原理——利息理論 [M]. 北京：經濟科學出版社.

梁君林，蔡慧，宋言奇，2010. 中國養老保險隱性債務顯性化研究 [J]. 中國人口科學，5：36-48.

劉晗，辛怡，李騰，等，2014. 天津市居民延遲退休意願的影響因素分析——以南開區為例 [J]. 科技創業月刊，11：83-85.

劉凌雲，汪榮明，2001. 一類隨機利率下的增額壽險模型 [J]. 應用概率統計 (3)：283-290.

柳瑞清，苗紅軍，2004. 人口老齡化背景下的推遲退休年齡策略研究 [J]. 人口學刊 (4)：3-7.

駱正清，陳周燕，陸安，2010. 人口因素對中國基本養老保險基金收支平衡的影響研究 [J]. 預測，2：42-46.

呂志勇，2009. 新政策下養老保險基金收支平衡精算模型的相關因素分析——以山東省為例 [J]. 山東大學學報 (哲社版)，1：19-26.

彭浩然，申曙光，宋世斌，2009. 中國養老保險隱性債務問題研究——基於封閉與開放系統的測算［J］. 統計研究，26（3）：44-51.

錢文浩，黃潔綱，1995. 企業養老金計劃的精算模型［J］. 系統工程理論方法應用，3：35-39.

邱菀華，高建偉，2002. 個人帳户中養老金給付精算模型及其應用［J］. 北京航空航天大學學報（社會科學版），3：22-26.

尚勤，秦學志，2009. 隨機死亡率和利率下退休年金的長壽風險分析［J］. 系統工程，27（11）：56-61

孫榮，2008. 關於半連續終生壽險的精算比較［J］. 統計與決策，24：29-30.

孫榮，2010. 基於隨機利率的養老金計劃多重衰減模型與精算［J］. 統計與決策，22：16-17.

孫榮，2012. 一種利率雙隨機條件下的有序狀態壽險精算模型［J］. 工程數學學報，29（1）：35-39.

孫榮，2015. 彈性退休制下中國基本養老保險隱性債務的測算［J］. 經濟與管理研究，36（10）：80-87.

孫榮，2016. 彈性退休制下退休年金的隨機精算模型與模擬測算［J］. 工程數學學報，33（2）：111-119.

孫榮，2018. 城鎮企業職工基本養老保險帳户支付能力精算分析［J］. 統計與決策，10：36-41.

孫榮，2018. 基於 Logistic 迴歸的重慶市居民延遲退休方式意願調查［J］. 調研世界，12：14-18.

孫榮，張天永，2012. 隨機右截尾保險壽命數據的非參數迴歸估計［J］. 統計與決策，11：75-77.

譚湘渝，2003. 中國養老保險制度轉軌隱形債務的精算測評［J］. 統計與決策，7：18-19

田立法，梁學平，強福榮，等，2017. 漸進式延遲退休年齡政策的接受意願影響因素研究——以天津市為例［J］. 科學決策，1：18-35.

汪涵，2013. 提高女性退休年齡的必要性分析［J］. 華中師範大學學報，（2）：21-25.

王荼香，2005. 養老保險金中的精算分析［J］. 統計與決策，10：96-97.

王鑒崗，1999. 社會養老保險平衡測算［M］. 北京：經濟管理出版社.

王鑒崗，2001. 養老保險平衡風險因素分析［J］. 市場與人口分析（1）：12-20.

王鑒崗，尚新力，張勇進，1999. 穩定態與非穩定態人口養老保險基金平衡分析［J］. 中國青年政治學院學報，1：94–100.

王麗燕，趙晶，楊德禮，2007. 隨機利率下的聯合保險［J］. 大連理工大學學報，47（6）：920–924.

王啓華. 生存數據統計分析［M］. 北京：科學出版社，2006.

王壽仁，2000. 概率論基礎和隨機過程［M］. 北京：科學出版社.

王曉軍，1996. 企業養老金計劃精算模型［J］. 統計研究，2：63–66.

王曉軍，2001. 對城鎮職工養老保險制度長期精算平衡狀況的分析［J］. 人口與經濟，10：39–41.

王曉軍，2000. 社會保險精算原理［M］. 北京：中國人民大學出版社.

王曉軍，2002. 對中國養老金制度債務水準的估計與預測［J］. 預測，2：29–33.

王燕，徐滇慶，王直，等，2001. 中國養老金隱性債務、轉軌成本、改革方式及其影響——可計算一般均衡分析［J］. 經濟研究，5：3–13.

王增文，2010. 城鎮居民基本養老保險基金的財政支出與退休年齡的敏感分析［J］. 保險研究（1）：57–64.

魏潤泉，1991. 國際保險通論［M］. 北京：中國金融出版社.

魏徵宇，2009. 城鎮居民延長退休年齡意願與影響因素的調查研究——基於浙江省5座城市的調研［J］. 現代經濟信息，11：269–271.

徐露琴，2015. 基層公務員延遲退休意願及其影響因素研究——以江西省某縣為例［D］. 南昌：江西農業大學.

楊翠迎，馮廣剛，2013. 上海市基本養老保險制度三大改革的基金精算評估［J］. 湖南工程學院學報，15（3）：66–73.

揚良初，2003. 中國社會保障制度［M］. 北京：經濟科學出版社.

楊靜平，吴嵐，1997. 關於n年期壽險的極限分佈［J］. 北京大學學報（自然科學版），33（5）：561–566.

殷俊，黃蓉，2013. 人口老齡化視角下的基礎養老金長期精算平衡研究［J］. 統計與決策，13：163–167.

張樂川，2013. 上海地區延長退休年齡意願研究——基於 Logistic 迴歸分析［J］. 人口與經濟，1：61–67.

張樂川，2012. 中國城鎮基本養老保險金「年齡缺口」分析——基於延長退休年齡的假設［J］. 南方人口，27（4）：32–38.

張思峰，2007. 引入省際人口遷移因素的基本養老保險基金收支測算——

以陝西為例［J］. 西安交通大學學報（社會科學版）（2）：43-50.

張文慧，吴君民，2007. 繳費確定制下個人帳户養老金精算平衡模型分析［J］. 山西財經大學學報，2：37-41.

張熠，2011. 延遲退休年齡與養老保險收支餘額：作用機制及政策效應［J］. 財經研究（7）：4-16.

張志強，付世棟，2000. 壽險精算導論［M］. 北京：中國經濟出版社.

趙彦英，姚儉，2005. 利率模型為 Vasicek 模型的企業補充養老金保險計劃精算模型［J］. 上海理工大學學報，27（3）：268-270.

鄭功成，2007. 中國社會保障制度改革的新思考［J］. 山東社會科學（6）：5-10.

周旭，2014. 中國實施彈性退休制度的可行性及難點研究［D］. 成都：西南財經大學.

朱楠，2009. 中國延長退休年齡的財務平衡預算及其方案設計［J］. 中央財經大學學報（8）：10-14.

ALBINA O，2017. Pension funds risk analysis：Stochastic solvency in a management perspective［J］. Problems & perspectives in management，8（3）：160-164.

BOLDRIN M，DOLADO J J，JIMENO J F，PERACCHI F，1999. The future of pensions in Europe［J］. Economic policy，14（29）：287-320

BOYLE P P，1976. Rates of Return as Random Variables［J］. Journal of risk and insurance，43：693-713.

BUHLMANN H，1992. Stochastic discounting［J］. Insurance：mathematics and economics，11：113-127.

CAIRNS A J G，BLAKE D，DOWD K，2006. Pricing death：frameworks for the valuation and securitization of mortality risk［J］. Astin bulletin，36（1）：79-120.

CASAMATTA G，CREMER H，PESTIEAU P，2000. The political economyof social security［J］. Scandinavian journal of economics，102（3）：503-522.

COLIN M R，1993. Annuity distributions：A new class of compound Poisson distributions［J］Insurance：mathematics and economics，13（1）：15-22.

COX J C，INGERSOLL J E，ROSS S A，1985. A theory of the term structure of interest rates.［J］. Econometrica，53（2）：385-407.

DE SCHEPPER A，DE VYLDER F，GOOVAERTS M，et al.，1992. Interest

randomness in annuities certain [J] Insurance: mathematics and economics, 11 (4): 271-281.

DE SCHEPPER A, GOOVAERTS M, 1992. Some further results on annuities cerain with random interest [J] Insurance: mathematics and economics, 11 (4): 283-290.

DE SCHEPPER A, GOOVAERTS M, DELBAEN F, 1992. The Laplace transform of annuities certain with exponential time distribution [J]. Insurance: mathematics and economics, 11: 291-294.

DE SEHEPPER A, TUNEN M, GOOVAERTS M, 1994. An analytical inversion of a Laplace transform related to annuities certain [J]. Insurance: mathematics and eonomics, 14: 33-37.

DHAENE J, 1989. On approximating distribution by their depril transforms [J]. Scandinavian Actuarial Journal, 5: 1-23.

FENGE R, WERDING M, 2004. Ageing and the tax implied in public pension schemes: Simulations for selected OECD countrries [J]. Fiscal studies, 25 (2): 159-200.

FREES E W, 1990. Stochastic life contingencies with solvency considerations [J]. Transaction of societies of actuaries, 42: 91-148.

GALASSO V, 2008. Postponing retirement: the political effect of aging [J]. Journal of public economics, 92: 2157-2169.

GALASSO V, PROFETA P, 2004. Lessons for an ageing society: the political sustainability of social security systems [J]. Economic policy, 19 (38): 63-115.

GARY P, 1994. Limiting distribution of the persent value of a portfolio [J]. Astin bulletin, 24 (1): 47-60.

GARY P, 1994. Moments of the present value of the future of a portfolio of policies [J]. Scandinavian actuarial journal, 1: 53-67.

GERBER H U, 1997. Life Insurance Mathematic (3rd) [M]. London: Springer-Verlag.

GREG T, 2002. Stochastic control of funding systems [J]. Insuranee: mathematies and economies, 30: 32 (3): 322-350.

HABERMAN S, 1997. Stochastic investment return and contribution rate risk in a defined benefit pension scheme [J]. Insurance: mathematics and economics, 19: 127-139.

HABERMAN S, BUTT Z, MEGALOUDI C, 2000. Contribution and solvency risk in a defined benefit pension scheme [J]. Insurance: mathematics and economics, 27 (2): 237–259.

HAGEMANN R P, NICOLETTI G, 1989. Population ageing: economic effects and some policy implication for financing public pension [R]. OECD economic studies, No. 12.

JETTON M F, 1988. Interest rates scenarios [J]. Transcations of the soeiety of actuaries, 40 (5): 423–437.

JOHN A B, CLINTON P F, 1993. One approach to dual rarndomness in life insurance [J]. Scandinavian actuarial journal, 2: 173–182.

JOHN A B, CLINTON P F, 1990. Interest and mortarliy rarndomness in some annuities [J]. Insurance: mathematics and eeonomics, 9: 185–196.

JOHN A B, CLINTON P F, 1991. Extar randomness in certain annuity models [J]. Insurance: mathematics and eeonomics, 10: 275–287.

KALEMLI-OZCAN S, WEIL D, 2010. Mortality change, the uncertainty effect, and retirement [J]. Journal of economic growth, 5: 65–91.

KEYFITZL N, 1985. Technology, employment and succession of generation [J]. Insurance: mathematics and economics, 3 (4): 219–230.

MACCIONI A F, 2011. A stochastic model for the analysis of demographic risk in Pay–As–You–Go pension funds [J]. Revista de análisis económico, 9 (1): 237–249.

MARC Y, 1993. From planar Brownian windings to Asian options [J]. Insurance: mathematics and economics, 13 (1): 23–34.

NIGGEMEYER B, RADTKE M, REICH A, 2013. Applications of risk theory and multivariateanalysis in insurance practice [J]. Applied stochastic models and data analysis, 11 (3): 231–244.

NOEL B, 1995. Early warning to insolvency in the pension fund: the french case [J]. Risks, 1 (1): 1–13.

PANIER H H, BELLHOUSE D R, 1980. Modeling of interest rates wth aplieation to lifeconting geneies [J]. Journal of risk and insuarnce, 47: 91–110.

PERRY D, WOLFGANG S, 2001. Function space integration for annuities [J]. Insurance: mathematies and economics, 29 (1): 73–82.

PERRY D, STADJE W, YOSEF R, 2003. Annuities with controlled random interest rates [J]. Insurance: mathematics and eeonomies, 32: 245-253.

RENSHAW A E, HABERMAN S, 2003. Lee-Carter mortality forecasting with age-specific enhancement [J]. Insurance: mathematics and economics, 33 (2): 255-272.

ROBERTA M, ALESSANDRO T, 2012. Mathematical and statistical methods for actuarial sciences and finance [M]. Springer: Berlin.

ROSEVEARE D, LEIBFRITZ W, FORE D, Et Al., 1996. Ageing populations, pension systemsand government budgets: simulations for 20 OECD countries [R]. OECD economics department working paper.

SHOVEN J B, GODA G S, 2008. Adjusting government policies for age inflation [R]. NBER working papers.

VANNESTE M, GOOVAERTS M J, DESCHEPPR A, et al., 1997. A straight forward analytical calculation of the distribution of an annuity certain with stoehastic interest rate [J]. Insuarnce: mathematies and economics, 20: 35-41.

YANG J, WU L, 1997. On the limit distribution of n-yeare term life insuraneet [J]. Acta seientiarum naturalium universitatis pekinensis, 33 (5): 561-566.

ZAKS A, 2001. Annuities under random rates of interest [J]. Insurance: mathematics and economics, 28: 1-11.

彈性退休制度下社會養老保險精算問題研究

作　　者：孫榮 著
發 行 人：黃振庭
出 版 者：財經錢線文化事業有限公司
發 行 者：財經錢線文化事業有限公司

E-mail：sonbookservice@gmail.com
粉 絲 頁：https://www.facebook.com/sonbookss/
網　　址：https://sonbook.net/
地　　址：台北市中正區重慶南路一段六十一號八樓 815 室
Rm. 815, 8F., No.61, Sec. 1, Chongqing S. Rd., Zhongzheng Dist., Taipei City 100, Taiwan (R.O.C)
電　　話：(02)2370-3310
傳　　真：(02) 2388-1990

印　　刷：京峯彩色印刷有限公司（京峰數位）

國家圖書館出版品預行編目資料

彈性退休制度下社會養老保險精算問題研究 / 孫榮著 . -- 第一版 . -- 臺北市：財經錢線文化事業有限公司 , 2020.12
　面；　公分
POD 版
ISBN 978-957-680-490-8(平裝)
1. 年金保險 2. 精算 3. 中國
563.748　109016919

官網

臉書

定　　價：420 元
發行日期：2020 年 12 月第一版
◎本書以 POD 印製

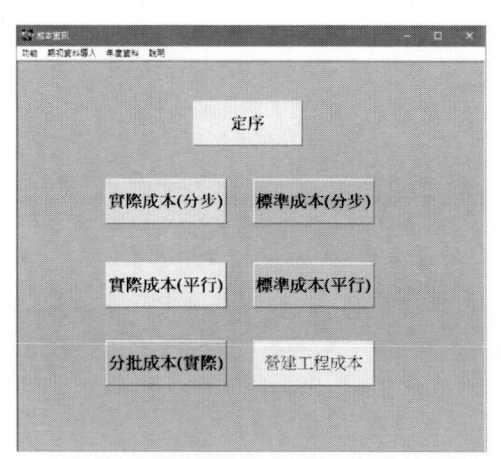

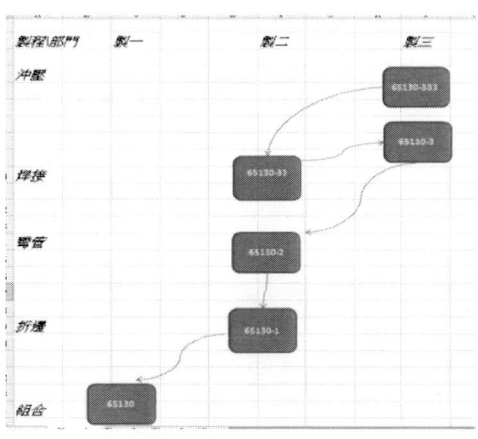